Zhongguo Gangtiechanye de
Faluguizhi Yanjiu

中国钢铁产业的
法律规制研究

林红珍 ◎ 著

中国法制出版社
CHINA LEGAL PUBLISHING HOUSE

序

近年来，一些行业产能过剩成为我国经济运行中的突出矛盾和诸多问题的根源。钢铁业在高速发展的同时，随着资源和环境约束日益加大，成为典型的"高能耗、高污染、高排放"产业，其转型升级势在必然。林红珍对法律、法治在其中能够发挥的作用进行思考，以此撰写博士论文，充实了法学研究中相对薄弱的一个环节，亦可望发挥应有的社会效用。

针对钢铁业总体产能过剩、结构失衡、产业集中度低及铁矿石资源控制力弱等种种问题，本书从政府与市场、中央与地方、政府与社会三个方面的关系展开分析。作者指出，在政府与市场的关系中，政府越位与缺位并存，重视审批，而忽视持续监管。在中央与地方的关系中，"上有政策、下有对策"博弈的根源主要在于事权与财权的失衡，以及政绩考核体系不合理。在政府与社会方面，由于行业协会定位不清和功能弱化，致使政府依法对钢铁业的规制缺少行业协会的合作和接力。

本书在对我国钢铁产业政策法的成败得失进行探讨的基础上，借鉴其他国家的立法和实践经验，从政府与市场、中央与地方、政府与行业协会这三个维度构建规制框架。首先，合理确定政府与市场的边界。针对钢铁产业规制中存在的问题，提出要进一步发挥市场调节的作用，政府则重点促进结构优化和产业升级，提高日常监管、信息流通、诚信机制建设等公共服务水平。其次，理顺中央和地方的关系。一方面，要深化财税体制改革，使地方的财权与事权相匹配，从根源上消除地方政府因税源问题对钢铁企业的不当干预；另一方面，要完善地方政府政绩考核标准和地方领导干部考核任用制度，由 GDP 导向转向发展质量、生态环境保护等综合导向，从而消除地方政府对国家产业政策实现的掣肘。再次，重构政府与行业协会的关系，在政府与钢铁行业协会之间建立一种彼此相对独立、职责明确、相互补充和配合的政会合作机制。最后，提出制定一部综合性的《中华人民共和国钢铁产业调整法》，作为对钢铁产业多层次立法予以系统整合和统领的法律，并尝试写了一部民间建议稿。这是一种开创性的探索，也体现了本书的实践价值。

作为林红珍的博士生导师，我为她的博士论文出版感到高兴。希望她在已有研究的基础上，继续关注产业发展和产业政策的实践，立足国情不断深入探索，为我国经济法学和经济法治的发展作出自己应有的一份贡献。

史际春

中国人民大学法学院教授、博士生导师

2015 年 9 月 20 日

目 录

Contents

第 一 章

导 论

一、研究背景及意义

作为国民经济的重要基础产业的钢铁业在国防建设、经济建设、财政税收以及就业等方面发挥着重要作用。正因如此，新中国成立以来，钢铁产业的发展受到国家的高度重视。中国虽成为世界产钢大国之一，但远不是钢铁强国。中国钢铁产业在发展过程中，往往注重产能的扩张，忽视结构的优化和升级，使钢铁产业成为典型的"高能耗、高污染、高排放"的产业，随着资源、环境的制约日益加强，此种粗放式的发展方式难以为继。1987 年党的十三大报告中提出经济发展要"从粗放经营为主逐步转向集约经营为主的轨道"；1992 年十四大继续坚持"促进整个经济由粗放式向集约式转变"；1995 年我国在制定"九五"计划时，提出两个根本性转变，即从传统的计划经济体制向社会主义市场经济体制转变，从粗放式经济增长方式向集约式经济转变；2005 年在"十一五规划"中进一步强调应加快推进粗放型经济增长方式转变；2007 年十七大提出"转变经济发展方式"的要求；2012 年党的十八大强调着力推进绿色发展、循环发展、低碳发展，形成节约资源和保护环境的空间格局、产业结构和生产方式。由此可见，中国经济的发展目标已经从对数量、规模的追求转向对质量、效益和生态保护的追求。

随着我国工业化和城镇化的快速发展，钢铁产业在企业数量和产量大增的同时，积累的矛盾和问题越来越多。首当其冲的是产能结构性过剩，低端产品严重过剩而高端产品不足；市场集中度低，在国际铁矿石谈判中多头分散对外导致丧失定价权；产业布局不合理，因钢铁产业对地方 GDP 贡献大，全国大部分省市将钢铁产业作为其支柱产业，形成"小而全"的分散布局；产业技术效率低，能耗高，污染严重；钢材出口多集中低附加值产品，国际竞争力较低。

针对钢铁产业的种种问题，作为建设资源节约型、环境友好型社会，实现经济增长与资源、环境相协调的突破口，钢铁产业已成为国家宏观调控首当其冲的主要产业之一。近些年来，国家出台了一系列的钢铁产业调整和优化政策。

2005 年，国家发改委发布了《钢铁产业发展政策》，但是调控效果并不明显。例如，针对钢铁业产能结构性过剩问题，国家推出了一系列限制、压缩和淘汰落后产能的政策措施，结果反倒逆向催化了固定钢铁资产投资和产能的大幅提高，钢铁产能越压制越增长；针对钢铁产业集中度的调控反而使集中度不升反降，出现逆集中化趋势。2008 年国际金融危机爆发后，对我国整个钢铁产业造成较大影响，出口市场萎缩，国外大量廉价钢材冲击国内钢材市场，钢铁产业多年积累的矛盾爆发，内外交困，整个钢铁产业深受重创，陷入困境。在此背景下，2009 年国务院出台了《钢铁产业调整和振兴规划》，旨在化危机为机会，进行大整合，化解矛盾，优化结构，使我国钢铁产业在更高层次上获得新的发展。回顾我国政府钢铁产业调控，伴随着每次调控，钢铁产业经历着一次又一次的涨落起伏，国家调控效果不佳的主要原因在于体制性障碍。

在日益复杂的国内外经济环境中，钢铁产业能否健康稳定地发展，不仅关系到钢铁产业本身，而且关系到我国整个国民经济的可持续、可协调发展。为了与钢铁产业在国民经济中的重要作用相适应，有必要完善相关法律促进钢铁产业的健康发展。发达国家钢铁产业发展的历史经验也充分证明了这一点。韩国的《钢铁工业育成法》和日本的《特殊钢铁的合理化政策》就是较好的范本。这两个国家依靠政府的重视和合理引导，借助良好的钢铁产业发展法律保障，在其本国发展钢铁产业的资源匮乏的不利条件下，一跃成为世界钢铁强国。改革开放三十多年来，我国钢铁产业的快速发展离不开国家之手和市场之手的双重调控。随着资源和环境约束的日益加强，钢铁产业健康和持续发展客观上需要法律的有效规制，基于经济发展方式的转变以及建设资源节约型、环境友好型社会的时代背景，本书从价值定位、目标选择、国际比较、制度构建和立法完善等层面进行了系统而全面的研究，以期为我国钢铁产业优化结构和实现产业升级的法律政策保障提供借鉴与参考。本研究对丰富我国产业法的理论和促进钢铁产业的有效调控都具有重要的理论和实践意义。

二、国内外研究现状述评

(一) 国内研究

1. 关于产业法研究的文献综述

产业竞争力是国家竞争力的重要组成部分，近些年来经济学界研究产业竞争力的越来越多。在法学界，我国已有少数学者开始对产业法进行研究，目前学者对产业法的研究主要围绕产业法的法律地位、结构体系及作用等方面展开。吕忠梅（1996）认为产业属于宏观调控的对象，产业法作为国家调控经济的重要手段，以实现产业协调发展为目标。① 刘文华、张雪楳（2001）认为产业法属于经济法的重要组成部分。在产业法中，强调的是国家利益和个体利益以及经济效益和环境利益的平衡协调。认为日本产业法曾在克服私有制对资源合理分配的阻碍、保护民族经济与国际资本协调方面发挥过重要作用。产业法追求的目标是国民经济整体的协调发展。② 赵立新（2004）认为现代经济最大的特点就是生产行为的产业化，产业是国民经济的基本组成单位，产业分工和产业竞争将是经济国际化以后各国经济政策和经济立法的焦点，关乎国民经济健康发展的产业调控立法也将被提到重要位置。经济法应该以产业为轴心，重视产业要素的核心价值，从而使产业立法成为国民经济快速、协调和健康发展的重要法律制度保证。③ 王健（2002）认为在宏观调控法领域，政策与法有着密切的联系，其界限日趋模糊。产业政策法是产业政策的法律表现形式，是宏观调控法的重要组成部分。④ 王先林（2003）认为产业政策法是产业政策的法律化。产业政策法主要由产业布局政策法、产业结构政策法、产业技术政策法等构成。⑤ 李昌麒（2006）认为我国政府对产业的调节应该从政策之治迈向法律之治，强调运用经济法的方法来规范政府的产业调节行为，产业政

---

① 参见吕忠梅："产业结构调节法再探"，载《中南政法学院学报》1996 年第 6 期，第 8—10 页。

② 参见刘文华、张雪楳："论产业法的地位"，载《法学论坛》2001 年第 6 期，第 10—17 页。

③ 参见赵立新："产业法的地位研究"，载《江汉大学学报》2004 年第 3 期，第 42—44 页。

④ 参见王健："产业政策法若干问题研究"，载《法律科学》2002 年第 1 期，第 118—124 页。

⑤ 参见王先林："产业政策法初论"，载《中国法学》2003 年第 3 期，第 112—118 页。

策的制定、实施、监督主体应该法律化，产业政策的法律责任应该明晰化。[①] 杨俊琴（2004）认为很多发展中国家和地区的经济奇迹都离不开政府对产业发展积极而有效的干预，我国应充分考虑到产业发展在全球化趋势中面临的机遇与挑战，合理确定国民经济主导产业、支柱产业、战略产业与衰退产业，平衡各产业发展比例。与此相应，需要加强产业立法对产业健康发展的制度保障。[②] 卢炯星（2004）认为产业调节在国家宏观调控中具有重要的地位，产业调节法是宏观调控法的重要组成部分。推进产业结构优化升级，优化我国产业结构，加强我国产业调节法的理论研究，构建我国产业调节法的法律体系，制定和完善我国的产业调节法具有重要的现实意义。[③] 吴宏伟（2005）认为竞争政策和产业政策可以在立法层面上协调于《反垄断法》的适用范围、规制对象和执法机构三个方面。[④] 陈历幸（2009）认为在经济不景气背景下，产业结构调整立法具有较强的现实意义。产业结构调整立法应当具有合理、公平、适度、可操作、适时等价值目标，应当促进高新技术的产业化和主导产业的高新技术化，加大对符合循环经济理念的产业的支持，促进能够增加就业的产业的发展，产业结构调整立法刻不容缓。[⑤] 杨紫烜（2010）认为产业政策和产业法的经济基础相同，任务相同，产业政

---

① 参见李昌麒："政府干预市场的边界——以和谐产业发展的法治要求为例"，载《政治与法律》2006 年第 4 期，第 15—19 页。

② 参见杨俊琴："经济全球化与我国产业立法"，载《山西财经大学学报》2004 年第 2 期，第 56—58 页。

③ 参见卢炯星："论宏观经济法中产业调节法理论及体系的完善"，载《政法论坛》2004 年第 1 期，第 72—85 页。

④ 参见吴宏伟："我国反垄断法与产业政策、竞争政策目标"，载《法学杂志》2005 年第 2 期，第 16—20 页。

⑤ 参见陈历幸："经济不景气背景下的产业结构调整立法问题"，载《上海财经大学学报》2009 年第 6 期，第 42—49 页。

策对产业法具有重要指导作用，而产业法是实现产业政策的重要形式，重要的产业政策一般以产业法的形式表现出来。① 冯辉（2010）认为产业法与竞争法一直被公认为是经济法内部极其重要的两极。经济法是平衡与协调国民经济发展之法，国家制定和实施的产业法本质上体现的是国家对特定产业的规划、促进和整合，与以维护自由、充分竞争为目标的竞争法之间往往存在冲突，产业法与竞争法的协调应当秉承"共生"理念，共同促进国民经济协调发展。② 谭金可（2010）认为当前我国产业发展面临着资源短缺与环境污染严重、产业结构不合理等诸多问题与挑战，消除传统模式下产业发展上的问题，探索良性循环的生态产业发展新思路，建立高效、低耗、低污染的产业结构体系，客观上需要现行产业结构法律作出回应。依据生态发展规律，完善产业结构生态化规划和指导制度、产业生态化法律责任制度、产业生态化技术与标准制度、产业生态化激励机制、健全促进产业结构生态共生机制、改善生态不利产业淘汰和转向制度，对于寻求经济发展与生态环境之间的平衡具有重要意义。③ 张士元（2011）认为科学的产业政策应是客观经济规律的反映，产业政策法是特定的经济规律在法律上的反映。产业政策应该法治化，在制度层面明确规定权利、义务，在实施上强化执法者的责任。④ 蒋冬梅、闫翠翠（2011）认为产业法是产业政策规范化、

---

① 参见杨紫烜："对产业政策和产业法的若干理论的认识"，载《法学》2010 年第 9 期，第 17—19 页。

② 参见冯辉："产业法和竞争法的冲突与协调"，载《社会科学家》2010 年第 12 期，第 79—82 页。

③ 参见谭金可："产业结构调节法生态化变革探析"，载《现代经济探讨》2010 年第 8 期，第 46—50 页。

④ 参见张士元："完善产业政策法律制度应注意的几个问题"，载《法学》2010 年第 9 期，第 22—24 页。

法制化的产物，在整个经济立法体系中，产业法的内容贯穿于宏观经济调控、组织规范协调、市场管理规制、推动科技进步、优化产业地域布局等诸多领域，以实现社会资源优化配置和经济可持续、稳定、健康发展，是经济立法中重要的组成部分。① 张守文（2011）认为在产业结构方面，目前的立法主要有国务院的法规、指导目录等，在如此重要的领域，立法层级却较低。在区域结构方面，也存在类似的突出问题，对全国经济版图影响深远的区域结构调整，却受政策影响更大，法治化水平相对也更低。对于经济结构的调整，不仅应从经济层面、政策层面予以关注，也需要从法律层面特别是经济法层面加以审视，重视经济法在经济结构调整中的作用。应提高经济结构调整的法治化水平，加强经济立法，提高立法级次和立法质量。② 宾雪花（2011）认为出于赶超战略的需要，中国的产业政策法律、法规在一定程度上仿效日韩的倾斜式产业政策法，有意识地选择某些产业给予财政、人力、物力支持，有效地帮助、扶持了一定产业的发展。尤其自 2009 年起陆续出台了纺织业、钢铁业、汽车业、有色金属业等带有产业政策内容的十大重要产业振兴规划，鼓励重组和兼并，实现规模经济效应，应对经济危机，更加重了产业政策与反垄断法的冲突。在此种情境下，应处理好产业政策法和反垄断法的关系，否则，会给国民经济的发展带来不利的影响。③ 赵玉、江游（2012）认为产业是一个国家经济发展的依托，产业政策是国家调控社会经济的立足点和落脚点。因此，加强产业政策法体

---

① 参见蒋冬梅、闫翠翠："论产业结构法的生态化构建路径"，载《学术论坛》2011 年第 11 期，第 147—154 页。

② 参见张守文："'双重调整'的经济法思考"，载《法学杂志》2011 年第 1 期，第 22—26 页。

③ 参见宾雪花："当前中国产业政策法与反垄断法的冲突、调和"，载《湘潭大学学报》（哲学社会科学版）2011 年第 11 期，第 41—46 页。

系的构建，实现国家对产业调控的法治化具有重要的意义。①

2. 关于钢铁产业问题的文献综述

改革开放以来，我国钢铁产业在量的方面有了很大发展，但粗放式的发展方式带来严重的产能过剩问题，已经严重影响了我国钢铁产业的健康发展。纵观世界工业发展历史，产能过剩是市场经济国家在工业化过程中大多必须面对的重要课题。臧旭恒、裴春霞（2001）以资源配置效率和企业规模等主要指标对我国钢铁产业的集中度进行分析，得出我国钢铁产业集中度较低，同质过度竞争现象严重，提出要消除影响钢铁产业有效集中和产业资源优化配置的体制性障碍，促进钢铁产业资源的整合，提高集中度和整体产业效率。② 吴印玲、沈化森（2004）认为近些年来我国钢铁产业在量的方面快速扩张的同时，存在着产能过剩、产业结构不合理、产业绩效低、产业结构矛盾加剧，已成为影响我国钢铁产业健康发展的重要原因。要解决好这个矛盾仅仅依赖市场机制是无法解决问题的，必须在尊重市场的基础上，重视经济法律的引导和调控作用，才能促进钢铁产业的健康发展。③ 丁皓（2004）对我国钢铁产业发展存在的产业集中度低、产业布局分散等突出问题进行了分析，认为提高产业集中度是解决其他许多问题的根本。④ 冶金工业经济发展研究中心课题组（2006）认为中国已成为世界上最大的钢铁生产、消费

① 参见赵玉、江游："产业政策法基础理论问题探析"，载《天府新论》2012年第6期，第70—72页。

② 参见臧旭恒、裴春霞："中国产业组织结构分析及展望"，载《财经研究》2001年第2期，第3—9页。

③ 参见吴印玲、沈化森："浅析我国钢铁产业组织结构"，载《中国冶金》2004年第10期，第30—33页。

④ 参见丁皓："当前我国钢铁工业面临的问题及对策"，载《经济论坛》2004年第18期，第31—32页。

和进口国，但结构性矛盾非常突出，产业集中度低，技术创新能力不强、产品结构不合理、低水平扩张的现象严重。要改变现状，必须以提高我国钢铁产业集中度为突破口，重视政府的引导作用，消除阻碍钢铁企业联合重组的体制性因素。应从财税体制、社会保障体系、产权多元化等方面进行完善。联合重组要兼顾区域内重组和跨地区重组两个方面，并且要考虑与产业布局的优化相结合。①

李景云（2006）认为我国钢铁产业集中度低下影响了行业的整体效益和竞争力，通过钢铁企业有效并购整合可以发挥优势钢铁企业的管理和技术优势。淘汰污染严重、能耗高的落后产能，改善产品结构，研发高附加值的钢材产品满足经济发展的需求是钢铁产业规制的重点。② 陈汉欣（2006）通过对我国钢铁产业的空间布局进行研究，认为我国钢铁产业布局不合理，造成运输成本高昂，应通过产业政策引导合理的空间布局。③ 刘玉、焦兰英（2004）认为地方政府的过度投资是造成产能过剩和集中度低下的主要原因。④ 张爱华（2005）对钢铁产业的集中度进行了国际比较，指出我国钢铁产业集中度低下是造成国际竞争力不强的重要原因。⑤ 徐康宁、韩剑（2006）对我国钢铁产业生产布局、产品结构、集中度等问题进行了研究，提出当务之急是产业结构优化，否则钢铁产业会陷入更大的

---

① 参见冶金工业经济发展研究中心课题组："提高我国钢铁工业集中度研究"，载《冶金管理》2006 年第 4 期，第 4—11 页。

② 参见李景云："钢铁企业并购重组整合的选择与思考"，载《宏观冶金》2006 年第 5 期，第 9—11 页。

③ 参见陈汉欣："新世纪我国钢铁工业的发展与布局及其愿景"，载《经济地理》2006 年第 1 期，第 6—9 页。

④ 参见刘玉、焦兰英："论我国钢铁工业集中度"，载《钢铁》2004 年第 12 期，第 71—75 页。

⑤ 参见张爱华："中国钢铁工业集中度比较分析"，载《冶金经济与管理》2005 年第 2 期，第 20—22 页。

困境。① 欧阳小缨（2004）在对国外产钢大国的钢铁产业集中度进行比较研究的基础上，认为我国的钢铁产业集中度低下，不利于发挥规模经济的效应，与国外发达国家相比存在较大差距，政府在制定产业组织政策时应重视提高我国钢铁产业的集中度，与此同时，也应认识到钢铁产业的集中度与钢铁产业的发展周期所处的阶段相关，也与市场需求的分布状况有关，因此，要辩证地对待钢铁产业集中度。② 周维富（2005）对我国钢铁产业的布局现状进行了研究，认为我国钢铁产业的许多问题与集中度低、产业布局不合理密切相关，应该提高集中度、优化产业布局。③ 罗蓉（2006）认为中央政府对某些体制改革滞后，因钢铁产业对地方的 GDP 贡献大，地方政府投资钢铁产业的热情居高不下，导致各地低水平重复建设严重，是钢铁产能过剩的主要原因。④ 上证研究院（2006）认为地方政府在投资领域中在很大程度上代替了市场的选择，使得市场机制难以发挥调节总供给与总需求平衡的作用。⑤ 黄文（2012）提出提升钢铁产业集中度是中国钢铁企业面临的最大问题。许多钢铁企业在形式上合并为一个大集团，但在实质上并没有真正进行整合，出现"联而不合"的局面是多方面原因造成的，必须进行体制上的改革才

---

① 参见徐康宁、韩剑："中国钢铁产业的集中度、布局与结构优化研究"，载《中国工业经济》2006 年第 2 期，第 37—44 页。

② 参见欧阳小缨："辩证地看待钢铁行业的集中度"，载《钢铁》2004 年第 12 期，第 73—77 页。

③ 参见周维富："我国钢铁工业布局与结构现状、问题及对策"，载《中国经贸导刊》2005 年第 1 期，第 16—17 页。

④ 参见罗蓉："体制改革不到位导致产能过剩"，载《中国工业报》2006 年 7 月 5 日。

⑤ 参见上证研究院："我国产能过剩有四大深层原因"，载《上海证券报》2006 年 8 月 14 日。

能突破难题。① 闫旭骞（2003）对我国钢铁业的国际竞争力进行了分析，认为我国钢铁产业由于低端产品过剩，只有依靠出口进行消化，低附加值的产品国际竞争力不强，并且易遭反倾销诉讼，应该改变出口钢材产品的结构，向高附加值产品的方向转变。② 刘望辉（2006）指出我国钢铁业国际竞争力差，需要通过产业结构调整、通过兼并重组提高产业集中度、提高自主创新的能力、研发高附加值的产品等措施来改变我国钢铁产业竞争力低下的现状。③

我国钢铁产业存在产业布局不合理、高附加值的产品少，产业集中度低，技术进步增长率低，环境污染严重等问题。李拥军、武森（2008）研究了我国钢铁产业集中度逆集中化现象，认为钢铁产业集中度的提高是个系统工程，应在对我国经济发展对钢材的需求及钢铁产业所处的发展周期、产业面临的国内外环境等方面全面分析的基础上，采取合适的措施进行产业整合，提高规模经济效益。④ 李凯、乔红艳（2008）通过研究中国、日本和美国的钢铁产业发展历程，对此三国同一时期的钢铁产品结构进行了比较，认为我国钢铁产品结构不合理，低端产品过剩，高端产品不足，提出钢铁产品结构的优化是钢铁产业结构优化的关键。⑤ 张新（2003）通过实证研究提出了"体制因素下的价值转移与再分配"假说，认为有些并

---

① 参见黄文："供需矛盾有所缓解边际成本支撑价格——2012 年铁矿石市场分析"，载《冶金管理》2012 年第 3 期，第 12—15 页。

② 参见闫旭骞："我国钢铁业的国际竞争力分析"，载《工业技术经济》2003 年第 4 期，第 11—13 页。

③ 参见刘望辉："重组并购：提高中国钢铁工业竞争力的根本途径"，载《当代经理人》2006 年第 3 期，第 79—80 页。

④ 参见李拥军、武森："中国钢铁产业集中度相关产业环境的解析"，载《冶金管理》2008 年第 8 期，第 11—14 页。

⑤ 参见李凯、乔红艳："中美日钢铁产品结构比较研究——兼论中国钢铁产品结构演进绩效"，载《工业技术经济》2008 年第 1 期，第 12—14 页。

购重组发生后未必能够创造更好价值，而在我国并购重组特殊的动机与利益机制下的出现体现了价值利益相关者之间再分配或者转移的过程，此在钢铁行业表现得尤为明显。[1] 王利月、张丙宣（2010）认为国内钢铁企业的兼并重组及产业升级问题的关键是政府角色的适时转型和政府治理模式的问题，从根本上说，是政府与市场关系的问题，其根本途径是建立责任、法治的现代政府，和完善政府投资项目责任追究制度。[2] 杨捷、邱迪（2010）认为中国钢铁企业在海外投资铁矿石资源的过程中，面临着较大的风险，已成为我国钢铁企业海外投资的重大障碍。政府应有所作为，例如，建立海外风险投资基金，对符合国家产业政策的海外矿产资源投资项目适当扶持，缓解国内钢铁企业的铁矿石压力。[3] 周维富（2011）认为我国钢铁工业的污染物排放量和吨钢能耗在一定程度上得到改善，但其主要污染物排放在工业行业中仍靠前，其能源消耗仍占全国总能耗的较大比重，钢铁工业是我国推进节能减排的重点行业。[4] 郝雅琦、戴淑芬（2011）认为国产铁矿石在质和量的方面都不能满足我国钢铁产量快速增长的需求，铁矿石长期依赖进口的格局不会改变。为维护大部分钢铁企业的利益，政府应整顿和规范铁矿石进口市场，尽量避免多头对外，哄抬价格，造成"天价"铁矿石的局面。[5]

---

[1]　参见张新："并购重组是否创造价值"，载《经济研究》2003年第6期，第20—29页。

[2]　参见王利月、张丙宣："企业重组、政府作用与市场秩序——对近年来国内几个钢企并购案的分析"，载《浙江大学学报》2010年第9期，第16—23页。

[3]　参见杨捷、邱迪："中国钢铁企业海外矿产资源并购影响因素及策略"，载《冶金经济与管理》2010年第6期，第31—32页。

[4]　参见周维富："'十二五'时期我国钢铁工业结构调整政策导向分析"，载《中国经贸导刊》2011年第7期，第32页。

[5]　参见郝雅琦、戴淑芬："'十二五'期间我国钢铁工业铁矿石供给保障问题研究"，载《冶金经济与管理》2011年第1期，第17—19页。

吴溪淳（2012）认为我国钢铁产能严重过剩，审批制度形同虚设。此外，钢铁产业布局结构不合理，进口铁矿石"东进西运"或"北钢南运"，钢铁业的物流成本高昂，产业的空间布局必须优化。① 李晓华（2012）认为，我国已进入推进产业转型升级从而破解资源环境约束，提高创新能力和重塑竞争优势的关键时期，淘汰落后产能则是产业转型升级的重要内容和手段。② 李岭（2013）认为中国钢铁产业安全面临挑战。作为钢铁产业的主要原材料铁矿石受制于人，由于分散进口，进口铁矿石价格一路高涨，原材料的"瓶颈"严重影响我国钢铁产业的健康发展。③ 李伟（2014）认为经济转型升级是现代化进程始终面临的课题，对于产能过剩行业来说尤为紧迫，国内外环境的深刻变化倒逼经济转型升级。

3. 关于钢铁产业政策效果的文献研究

在国家针对钢铁产业调控手段频频出台的大背景下，学术界开始出现一些针对钢铁产业政策效果的研究。中国钢铁产业政策始于对产业投资过热问题的治理，针对钢铁产业存在的问题，有关部门出台了一系列的措施。例如，2003 年的《关于制止钢铁电解铝水泥行业盲目投资若干意见的通知》；2005 年的《钢铁产业发展政策》；2009 年的《钢铁产业调整和振兴规划》、《关于抑制部分行业产能过剩和重复建设引导产业健康发展若干意见的通知》、《关于进一步加强原材料工业管理工作的指导意见》；2010 年的《国务院关于进一步加强淘汰落后产能工作的通知》、《国务院办公厅关于进一步加大

---

① 参见吴溪淳："对钢铁业当前困境的思考"，《冶金经济与管理》2012 年第 5 期，第 4—6 页。

② 参见李晓华："产业转型升级中落后产能淘汰问题研究"，载《江西社会科学》2012 年第 5 期，第 12—17 页。

③ 参见李岭："应对当前我国钢铁工业产业安全问题的创新路径研究"，载《冶金经济与管理》2013 年第 2 期，第 19—21 页。

节能减排力度加快钢铁工业结构调整的若干意见》、《贯彻落实国办关于加大节能减排力度加快钢铁工业结构调整意见的通知》、《钢铁行业生产经营规范条件》（2012 年修订）；2011 年的《钢铁工业"十二五"发展规划》等。对政策的效果经济学界及法学界的学者们进行了研究探讨。

王梓、林毅夫（2006）认为中国治理产能结构性过剩的关键在于对地方政府的投资规制。由于地方政府的双重角色，既是政策执行者同时又是政策调控的对象，在现行以 GDP 为主要指标的政绩考核体系下，钢铁产业由于自身的特性受到地方政府投资的偏好，在此种情况下，中央政策实施效果就很难得到保障。[1] 江飞涛、陈伟刚、黄健柏、焦国华（2007）研究了 1994 年以来旨在防治"产能过剩"的中国钢铁产业政策，认为投资规制不能从根本上治理产能过剩，因为在开放条件下，相关部门难以进行准确的预测和制定符合市场需要的投资规划。[2]

冶金工业规划研究院院长李新创（2008）提出要提高我国钢铁产业的国际竞争力，应该以科学的发展观为指导，以可持续发展为理念，以国际化的视野，大力发展循环经济，促进钢铁产业绿色化，全面优化产业结构，提升我国钢铁产业国际竞争力。[3] 江飞涛、曹建海（2009）认为地方政府的投资行为和保护落后产能是造成我国钢铁产业结构性产能过剩的根源之一。地方政府往往通过对其能够支配的土地、信贷等资源发生作用，从而影响产业的投资方向，钢铁

---

[1]　参见王梓、林毅夫："产能过剩威胁宏观经济"，载《21 世纪经济报道》2006年 8 月 7 日。

[2]　参见江飞涛、陈伟刚、黄健柏、焦国华："投资规制政策的缺陷与不良效应"，载《中国工业经济》2007 年第 6 期，第 53—61 页。

[3]　参见李新创："加快钢铁结构调整实现可持续发展"，载《冶金管理》2008 年第 6 期，第 23—24 页。

产业由于自身的特性，产业关联度大，对当地的 GDP 贡献大因而成为地方政府的首选。要解决产能过剩问题，应重点规制地方政府的经济行为。[①] 万学军、何维达（2010）认为影响我国钢铁产业政策实施效果的主要因素在于钢铁产业政策的制定者中央政府与产业政策的主要实施者地方政府之间在目标方面存在明显的差异，存在激励不相容的问题。中央的淘汰落后产能、促进兼并重组等政策，地方政府受地方经济增长及地方官员个人升迁的影响，很难与中央的目标保持一致，因此很容易出现"上有政策、下有对策"的局面。[②] 王建军（2010）认为在市场经济条件下，在钢铁产业整合中市场机制应该发挥基础性的作用，但由于钢铁产业涉及多方利益关系，如果仅仅依靠市场还不能实现产业的有效整合，应该重视政府的引导作用，政府通过制定和出台相关政策为钢铁产业的整合创造良好的市场环境。[③] 王立国、张日旭（2010）认为对钢铁产业政策失效的主要原因在于体制性原因，在于中央与地方的博弈，必须进一步深化体制改革。[④] 杨婷（2011）提出我国应借鉴美国、日本、欧洲促进钢铁工业低碳技术的发展政策，在促进钢铁工业循环经济的政策方面做出更多的努力。[⑤] 陈剩勇（2013）对 1996 年以来政府对钢铁产业的调控进行了研究，认为国家的几番调控，不仅未能化解产能

---

① 参见江飞涛、曹建海："市场失灵还是体制扭曲——重复建设形成机理研究中的争论、缺陷与新进展"，载《中国工业经济》2009 年第 1 期，第 53—64 页。

② 参见万学军、何维达："中国钢铁产业政策有效的影响因素分析"，载《经济问题探索》2010 年第 8 期，第 18—24 页。

③ 参见王建军："政府在钢铁产业整合中的主导作用"，载《产业经济》2011 年第 2 期，第 6—7 页。

④ 参见王立国、张日旭："财政分权背景下的产能过剩问题研究——基于钢铁行业的实证分析"，载《财经问题研究》2010 年第 12 期，第 34—38 页。

⑤ 参见杨婷："国外钢铁工业低碳技术发展与我国减排 CO_2 策略"，载《中国钢铁业》2011 年第 8 期，第 12—15 页。

过剩，反而逆向催化了钢铁行业产能的扩张和跃进，使钢铁产业陷入更大的困境。他通过对政府调控政策、手段及效用的深入研究，分析了影响政府宏观调控的诸多变量，揭示了产能过剩与调控失效的政治经济逻辑，提出了推进国家制度建设、改进和优化政府宏观调控的对策建议。① 唐兴春（2013）分析了我国钢铁产业陷入困境的原因，提出我国政府应该在借鉴外国钢铁产业调控的经验基础上，完善我国钢铁产业相关政策法律，提高我国钢铁产业的国际竞争力。② 蒋荷新、贾琼玲（2013）认为面对钢铁产业的国际贸易摩擦的频发，应完善出口退税政策，重点调控低附加值初级钢铁及半成品为主的钢铁产品出口，通过差别性出口退税政策控制低附加值产品的出口规模，以减少贸易摩擦和优化产品结构。③

（二）国外相关研究

国外于 20 世纪 20 年代后半期开始对传统钢铁产业转型升级进行研究，当时西方资本主义发达国家的产业结构有了巨大的变化，知识和技术密集型产业发展迅速，在经济发展中的作用越来越凸显。但与此同时，占大比重的钢铁产业不能完全退出市场，于是理论界提出了通过法律政策鼓励运用高新技术对钢铁产业进行改造，实现其生产能力的现代化。

1931 年，霍夫曼（Hoffmann）在《工业化阶段和类型》一书中总结了工业化进程中产业升级的规律，并用霍夫曼系数来衡量产业升级。1935 年，日本学者赤松提出了著名的雁行理论，在该理论中，

---

① 参见陈剩勇："中国政府的宏观调控为什么失灵——以 1996 年以来中国钢铁产业的宏观调控为例"，载《学术界》2013 年第 4 期，第 5—22 页。

② 参见唐兴春："国外钢铁产业政策及其对我国的启示"，载《科技信息》2013 年第 9 期，第 495 页。

③ 参见蒋荷新、贾琼玲："取消出口退税对钢铁产品出口贸易的影响——以中韩贸易为例"，载《国际商务研究》2013 第 1 期，第 38—46 页。

他认为领先国与后发展国家之间存在一种梯度的产业传递和吸纳的动态过程，因此形成了在一定时期内的产业循环和连锁型变化机制，促进了后发展国家产业机构向着更高层次转换。1971 年，库茨涅兹（Kuznets）在搜集和整理多个国家数据的基础上，总结出影响传统产业升级的因素为国内需求结构、技术水平变量和对外贸易结构。1990 年，Porter 指出传统产业升级是通过传统产业间的要素转移，使资本和技术密集型产业获得充裕的资源禀赋，在此基础上依托比较优势发展的过程。

PatriCia，O. Brien（1992）在分析日本战后钢铁产业演变历史的基础上，认为日本政府的钢铁产业扶持政策对日本钢铁产业技术结构、产品结构及组织结构有重要的导向作用，有力推动了日本钢铁生产效率的提高并提升了其国际竞争力。[①]

RobertJ. fuller，DonaldF. Stewart（2002）分析了我国钢铁产业的集中度，认为由于集中度低下未能有效地产生规模效益，也不利于产业的节能环保技术的改进，带来能源和其他资源的高消耗及产生严重的环境问题。[②]

AmitChatterjee（2009）研究了印度政府对钢铁产业的管理改革，印度政府在大多数地区废除了钢铁产业的牌照申请制度，大大降低了钢铁产业的进入壁垒，同时放松了外资的进入条件，增加了国内钢铁产业的竞争。印度政府为进一步提升本国钢铁产业的竞争力，从 1992 年 1 月起取消了对价格和销售的控制，在更加重视竞争的基

[①] Patrieia，O. Brien. *Industry Structure as a Competitive Advantage：The History of Japan Post - war Steel Industry*. Business History，1992，34（1），p. 128 - 159.

[②] Robert J. fuller，Donald F. Stewart. *technical efficiency and productivity change of Chinese iron and steel industry*. production Economics，2002（9），p. 89 - 94.

础上，充分运用政府的调控手段促进其钢铁产业结构的优化。①

Nakamura，ohashi（2008）研究了 20 世纪五六十年代钢铁产业政策对日本钢铁产业的影响，认为日本政府的钢铁产业扶持政策极大地促进了新技术的推广和扩散，促进了日本钢铁产品的结构优化，大大提升了日本钢铁产业的国际竞争力。②

HajimeSato（2009）对亚洲各国钢铁产业发展的状况进行了比较分析，认为主要有四个因素对各国钢铁产业的发展有重大影响，分别是国内钢铁市场需求结构的变化、钢铁生产技术的重大差异、初始投资和规模的大小和政府的产业政策的有效性。相对于日韩等发达国家，中国的钢铁产品结构不合理，附加值低，应通过产业技术政策促进先进技术的引进，增加高档产品的生产，优化钢铁产品结构是当务之急。③

Ohashi，Hiroshi（2005）研究了 20 世纪五六十年代日本钢铁产业在政府出口补贴政策下的发展情况，通过动态估计模型发现，在钢铁产业发展的过程中，政府的出口补贴发挥的作用有限，更多来自于产业技术政策对企业创新的推动作用。④

Norgate，T. E.；Jahanshahi，S；Rankin，W. J.（2007）认为钢铁产业污染严重，必须加强环境保护，政府有义务出台更加严厉的

---

① Amit Chatterjee. *Transition of the Indian steel industry into the twenty – first Century*. Ironand Steel making, 2009（7），p. 207 –209.

② Nakamura, Ohashi. *effects of Technology Adopt iron Productivity and Industry Growth*. The Journal of industrial Economics, 2008（3），p. 470 –499.

③ Hajime Sato. *The iron and Steel Industry in Asia*: *Development and Restructure*. The iron and Stee l Industry Discussions, 2009（9），p. 290 –298.

④ Ohashi, Hiroshi. *Learning by Doing*, *Export Subsidies*, *and Industry Growth*: *Japanese Steelinthe*1950 ' *and*1960 '. Journal of International Economics, 2005（66），p. 90 –97.

环保政策来控制钢铁产业的污染问题。[1]

Lee，Myunghun（2008）认为随着环境约束的增强，钢铁产业作为传统的"高能耗、高污染、高排放"的产业，必须重视节能环保和产业技术政策，推进节能环保技术的创新，并且加强国际合作，环保问题无国界，发达国家应在技术方面给予发展中国家一些帮助。[2]

在产业政策方面，国外学者较早地开始了产业政策的研究，但是长久以来对是否有必要实施产业政策这一问题的认识存在较大的分歧。一种观点认为，产业政策为市场经济条件下政府针对产业采取的相关政策，目标在于进行仅依靠市场作用难以实现的经济结构的调整。相当一段时间以来，新自由主义经济思潮主张充分发挥市场的作用，最大限度也减少国家干预，他们认为推行产业政策脱离实际，不但难以协调，而且容易为不同的利益服务。因而，作为国家干预重要手段的产业政策受到相当程度的冷遇。但近些年来，由于市场放任在很多发展中国家并没有带来预期的经济效果，加强国家干预的观点正在重新抬头。另一种观点认为，产业政策是必要的。1957年筱原三代平提出了"动态比较成本说"，他解释了当时日本经济落后于欧美发达国家的原因在于产业结构完全依靠市场机制，具有后进性，这样不可能改变自己的比较优势。因此，要改变产业的比较优势就需要借助政府的产业政策力量。Amsden（1989）分别研究了日本、韩国等东亚国家的产业政策，强调这些国家在经济发

① Norgate，T. E.；Jahanshahi，S；Rankin，W. J.. *Assessing the environmental impact-of metal production processes.* Journal of Cleaner Production，May 2007，Vol. 15Issue8/9，p. 838 – 848.

② Lee，Myunghun. *Environmental regulation and production structure for the iron and steel-industry.* Resource&Energy Economics，Jan 2008，Vol. 30Issue1，p. 1 – 11.

展中取得的成功是产业政策发挥了重要的作用。

综观国内外已有的研究文献，经济学界的研究比较活跃，法学界特别是经济法学界研究得相对较少。对我国钢铁产业面临的问题和困境研究得较多，但研究问题背后深层次原因的较少；从经济学角度研究宏观调控措施的多，从法学角度研究的较少。现有的研究，为笔者的研究提供了良好的基础。本书主要从经济法的视角及产业法的思路进行研究，对我国钢铁产业存在的问题进行深层次的分析，研究在国内和国际的资源环境约束日益严峻的条件下，国家对钢铁行业的规制中如何有效处理好政府与市场的关系、中央与地方的关系、政府规制与社会规制的关系。相对而言，本书的研究视角及思路在钢铁产业现有研究中有一定的新意，对国家规划钢铁产业的未来发展方向及完善钢铁产业的规制有一定的参考价值。

三、本书的研究思路及基本框架

（一）研究思路

本书按照"提出问题—分析问题—解决问题"的范式展开研究，以科学发展观为指导，运用经济法学基本理论，吸收和借鉴国内外相关研究成果，对我国钢铁产业政策实践进行总结和反思，通过国际比较，借鉴国际钢铁业产业法规制的经验，分析我国钢铁产业面临的困境及其原因，提出完善我国钢铁产业规制的对策和建议，提出制定《中华人民共和国钢铁产业调整法》的立法构想和民间建议稿。

（二）基本框架

第一，对产业法的产生与涵义、产业法与国家经济职能、产业法的体系、产业政策目标与竞争政策目标的关系及产业法的渊源和体例进行阐述，为本书的研究提供理论基础。

第二，纵向分析我国钢铁产业的发展及相应的法律政策变迁，剖析我国钢铁产业面临的困境，为论文的研究提供现实背景。

第三，对国际钢铁产业政策进行比较分析，研究对我国的借鉴与启示。

第四，探究我国钢铁产业规制的体制性障碍，分析政府与市场、中央与地方、政府与行业协会的失衡。

第五，提出我国钢铁业产业法规制的目标及基本原则。

第六，提出完善我国钢铁业产业法规制的对策与建议。

第七，提出制定《中华人民共和国钢铁产业调整法》的立法构想和民间建议稿。

四、研究方法与创新之处

（一）主要研究方法

1. 价值分析方法。价值分析方法主要用于对钢铁产业立法的价值理念、目标与原则等方面的研究。

2. 比较分析方法。采用国际比较的方法，将我国的钢铁产业同世界产钢大国进行比较，从中把握钢铁产业发展及国家调控的规律，以法律保障我国钢铁产业结构优化和升级。

3. 历史研究方法。本书将对我国钢铁产业政策从纵向的角度进行梳理，研究相关产业政策的产生、发展、演变及终止，分析其成败得失，以期对我国钢铁产业法律政策的完善提供启示。

4. 法经济学的方法。运用经济学的方法分析法律制度。

（二）创新之处

第一，本书将钢铁产业法的问题置于宏观—中观双层产业法的分析框架之中，在以中观产业法层面研究为主的同时，注重研究钢铁产业政策与国民经济宏观产业政策之间局部与整体的关系、钢铁产业政策与相关产业政策之间相互协调的关系。

第二，研究视角的创新。针对以往钢铁产业规制的研究较多从经济学的视角，较多关注产业规制中的成本与效益问题，本书从政府与市场、中央与地方、政府与行业协会这三个维度对钢铁产业规制体制揭示问题和提出对策，展示了一个较为完整的钢铁产业规制的基本框架。

第三，本书提出制定《中华人民共和国钢铁产业调整法》的立法建议，论证其必要性，并设计了民间建议稿。目前针对钢铁产业规制的法律多为规章及其他规范性文件，存在政出多门，矛盾冲突多的问题，需要统一规制理念制定一部综合性的《中华人民共和国钢铁产业调整法》，作为系统化整合和统领钢铁产业多层次立法的基本法。

第 二 章

产业法基本理论

一、产业法的涵义与体系

(一) 产业法的产生

产业法作为经济法的重要组成部分，是伴随着经济法的出现而产生的，从某种意义上说，早期的经济法主要是产业法。[①] 20 世纪初期，出于实现产业复兴、摆脱经济危机的需要，一些国家对经济的干预逐步加强，日本和德国是当时资本主义国家强化产业立法的典型。日本是世界上尤为重视产业立法的国家，1931 年颁布了《重要产业统制法》，分别于 1933 年、1934 年出台了《炼铁业法》和《石油业法》；德国的产业立法更早，1910 年出台了《煤炭业法》和《钾盐业法》。向来强调自由主义的美国，为摆脱经济危机使美国经济陷于萧条的局面，罗斯福时期实行了为期二年的产业复兴法，体现了政府对产业发展的干预。早期的产业法与经济危机联系在一起，

---

① 参见刘文华、张雪楳："论产业法的地位"，载《法学论坛》2001 年第 6 期，第 10—17 页。

主要是以危机对策法的形式出现，现代的产业法担负着更大的功能和任务，这是由现代经济的特点所决定的。产业是国民经济的基本组成单位，随着经济全球化和国际竞争的加剧，提高产业竞争力是各国经济立法的重点。

产业法的产生和变迁是与社会化大生产逐步深入发展紧密联系在一起的，社会化大生产客观上对国家的经济协调提出了更高要求，在此过程中国家也开始自觉地参与经济生活，基于社会整体利益对经济的发展进行调控。随着社会经济的运行，一国的国民经济发展或多或少会存在一些不协调的状况，需要国家根据产业的地位和发展的阶段以及国民经济整体发展的需要，对产业进行调整，否则，会因产业结构的失衡，影响和阻碍一国的国民经济的健康发展。在此种情况下，若任由市场主体的"意思自治"来调整国家经济结构是无法想象的，客观上需要由国家合理规划和进行结构调整，以期获得国民经济的协调发展。

（二）产业法的涵义

产业法是政府规制产业的立法，本质上属于政府管理经济的立法，包括对产业结构、产业布局、产业组织、产业技术等进行管理的立法。产业法依其调整范围的不同，是整个国民经济的还是局部的或涉及某些行业的，可分为宏观产业法和中观产业法。从总体上看，宏观产业法调整国民经济总体供求结构平衡，其所要实现的最终目标是协调各产业之间的关系，促进社会整体利益的提高。从某一时期宏观产业法所要实现的目标来看，其主要是实现经济的复兴、工业化等，这是一般目标。而为实现某一时期的一般目标，则要具体确定发展哪种产业，例如是发展重工业，还是鼓励发展信息产业等，这是具体目标。各目标之间是逐级具体化、明确化的关系，它们之间具有兼容性和体系性。尽管各国不同时朝的宏观产业法发展目标的侧重点不同，但其宏观产业法的最终目标是大致相同的，即促进国民经济的稳定、协调发展，增进社会整体经济效益。宏观产业法无论是在经济复兴阶段还是高速增长阶段，都是通过对产业进行调整，其最终目标都是实现产业结构的合理化、高级化和促进经济的稳定增长和可持续发展，以促进社会利益的最大化。

宏观产业法的本质在于政府根据特定时期国内外经济发展变化的大趋势，结合本国的具体国情，规定不同的产业部门在国民经济中不同的地位，通过各种政策和措施促进资源合理分配，使产业结构逐步实现合理化和高级化，以促进国民经济健康协调发展。① 宏观产业法往往具有全局性、综合性和本土性的特点，其调整的对象具有全局性，对整体国民经济进行统筹考虑，确定产业发展战略，最终达到整个国民经济的均衡与可持续发展。宏观产业法的调控手段具有综合性，所使用的手段大致分为间接诱导手段、直接限制手段和提供信息服务的手段。其中，间接诱导政策包括运用税收、政府投资等使某种产业所处的环境条件发生变化的各种政策；直接限制政策包括行政审批、配额制等。宏观产业法的本土性主要体现在产业法的目标、内容和手段都必须同本国的经济发展阶段和特点相适应，目标的制定必须从本国的资源禀赋、经济发展阶段及面临的主要任务等出发；手段也应该结合本国的政治经济体制、市场发育程度、文化传统的特点来合理确定，不能盲目照搬国外的手段体系。

中观产业法是对国民经济中某些重要或关键的行业进行调整的法。中观产业法规制一般是指以纠正特定产业运行的缺陷、维护和实现产业整体利益为目的，针对局部经济领域制定和实施法律与政策的行为。规制的主要目标是尽量减少或降低资源配置的低效率。

---

① 参见周叔莲等主编：《中国产业政策研究》，经济管理出版社2007年版，第4页。

政府规制具体产业的主要目的在于在政府、企业、市场所组成的三要素体制中，政府基于维护市场效率、维护社会公平规制具体产业，在企业、市场、政府三者关系中政府既调节市场，同时也引导企业，它突出强调的是企业与政府之间的协调与合作。在强调政府调控的同时也要保障企业作为微观经济活动主体的权利，保证企业在市场经济活动中拥有比较充分的自由，企业决策基本服从于市场调节，政府调控主要通过市场，市场仍然是配置社会资源的重要渠道。

中观产业法因其主要针对特定的产业进行调控，一般具有产业针对性强的特点。众所周知，一国不可能对所有的产业都进行专门的产业立法，客观上也无此必要，仅在需要扶持或抑制某些产业时而制定特定产业法。例如，日本为了提高其机械工业的竞争力，1956 年制定了《机械工业振兴临时措施法》；韩国政府为了扶持其电子工业的发展，1969 年出台了《电子工业振兴法》。中观产业法比宏观产业法具有更明显的阶段性，当它所针对的特定产业达到预期目标时，相应的产业法便失去了用武之地。①

从理论上来说，产业法作为经济法体系中的重要组成部分，其根本宗旨是服务于国民经济中各产业的平衡协调和可持续发展。产业法的基本理念在于在尊重市场机制的基础上，政府基于特定的产业政策目标，对经济活动的一种自觉干预，以实现产业结构调整、振兴与升级。产业法一般通过保护和扶植某些产业，对某些产业予以优化和升级，改善资源配置，增强产业竞争力。对某些不符合社会发展需要的产业予以淘汰或为改善与保护生态环境，对污染严重、能耗高的产业进行抑制。总之，产业法根据国民经济发展中不同的政策目标，对不同的产业采取不同的态度，或对同一产业在不同的

---

① 参见陈淮著：《日本产业政策研究》，中国人民大学出版社 1991 年版，第 170 页。

发展阶段采取不同的政策，一般分为扶持、鼓励和限制、淘汰两种基本倾向。产业法正是通过区别对待，使产业的演化与其经济发展战略目标相一致。

（三）产业法的体系

产业法体系是各类产业立法的有机统一体。按照法律渊源，产业法的体系由产业宪法、产业法律、产业行政法规、产业地方性法规、产业规章，以及产业国际法、产业司法解释等组成。按照内容，产业法一般分为产业结构法、产业组织法、产业技术法、产业布局法四个部分。

1. 产业结构法

产业结构法是根据国民经济发展对不同产业需求程度的不同以及产业自身发展的状态，针对不同的产业采取不同的政策，旨在促进产业结构合理化的立法，包括产业结构基本法和单行产业法。产业结构基本法规定产业结构调整的目标、方向、步骤、措施、项目、监管、责任等内容。国务院 2005 年发布的《促进产业结构调整规定》是我国产业结构调整的基本立法。我国产业结构调整的目标是推进产业结构优化升级，促进一、二、三产业健康协调发展，逐步形成以农业为基础、高新技术产业为先导、基础产业和制造业为支撑、服务业全面发展的产业格局。现阶段产业结构法的重点是发展先进制造业，提高服务业比重和水平，加强基础设施建设，优化对外贸易和利用外资结构，促进产业协调健康发展，推进经济社会协调发展。单行产业法是关于某一产业的立法，如《农业法》、《公路法》、《铁路法》、《民用航空法》等。

产业结构法是产业法中最有代表性的亚部门法之一，在当今中国，市场经济刚刚起步，因市场发育不全而表现出的不完善与不发达，使得我国的潜在比较优势与结构效应单靠市场的自身力量在短期内难以发挥。[①] 在我国相当长的时期内，结构矛盾的缓解，结构效应的发挥对于经济的稳定持续增长具有特殊意义，它当然地成为我国政府宏观调控的重要任务和手段。[②] 在尊重市场的基础上，在政府合理的产业结构调整与引导下，推动产业结构的合理化和高级化，促进国民经济的协调、稳健发展。政府通过产业准入制度实现调整产业结构的目的。政府对产业准入的管制状态表现为鼓励、允许、限制、禁止等。通常，鼓励类的产业属于基础产业、新型产业、高科技产业、环境产业或者具有民族特色的产业；允许类的产业属于竞争秩序良好、市场供求关系稳定的产业；限制类的产业属于技术落后、产能过剩、污染较重、能耗大的产业，或者具有自然垄断、政府经营性质的产业；禁止类的产业属于技术显著落后、环境污染严重的产业，或者有违公序良俗的产业。当前，产业结构失衡是中国经济发展中的突出矛盾，也是导致经济发展不均衡的主要内因。宏观产业结构的调整和优化是当前我国宏观调控面临的重要任务和目标所在。

2. 产业组织法

产业组织法是规范产业组织的立法。产业组织是指产业内企业之间的竞争与合作关系，不同于企业组织。产业组织法包括反垄断法、企业合并立法、中小企业立法、国有企业法等；企业组织法包括合伙企业法、公司法等。产业组织法旨在平衡产业竞争和规模经济的关系。产业竞争是产业内部各企业之间通过发挥比较优势，以获得更多市场份额的交互作用。产业竞争可以最大限度地实现产业

---

① 蒋冬梅、闫翠翠："论产业结构法的生态化构建路径"，载《学术论坛》2011年第 11 期，第 147—154 页。

② 参见吕忠梅："产业结构调节法再探"，载《中南政法学院学报》1996 年第 6 期，第 8—10 页。

要素的有效配置，使产业生产满足社会需求。

根据《90 年代国家产业政策纲要》中规定，我国产业组织政策目标是：促进企业合理竞争，促进规模经济和专业化协作；规模经济效益显著的企业，应该形成以少数大企业集团为主体的市场结构；对其他产业，形成大、中、小企业合理分工或者大、中、小型企业互补和企业数目较多的市场结构。为了实现这一目标，相应产业组织法包括鼓励竞争反垄断法、企业兼并法、企业集团法、中小企业促进法等，由这些法律、法规构成了产业组织法律体系。我国产业组织法应根据不同产业的企业组织特点，对不同产业制定和实施不同的产业组织法。一方面，产业组织法应体现竞争政策，除了涉及国家安全的行业、自然垄断行业等少数行业以外，大多数行业、大多数企业、大多数产品都属竞争性产业的范畴。国家应从公平的投资税收政策、严格的技术质量标准、规范的反垄断法规和快速的市场信息服务四个方面创造公平、公正和透明的政策环境，实现优胜劣汰。另一方面，要适应国际市场竞争需要，发展规模经济，推动企业大型化、集团化，优化产业内的资源配置，其关键问题是平衡协调竞争效益和规模经济之间的对立统一关系，既要禁止产业垄断，又要发挥规模经济的效益，建立有效竞争的市场秩序，提高市场绩效。[①]

3. 产业技术法

产业技术法是政府制定的促进产业技术进步的政策，是政府对产业的技术进步、技术结构选择和技术开发进行的预测、决策、规划、协调、推动、监督和服务等方面的综合体现。其主要内容包括产业技术发展的目标、主攻方向、重点领域、实现目标的策略和措

---

① 参见卢炯星："论宏观经济法中产业调节法理论及体系的完善"，载《政法论坛》2004 年第 1 期，第 72—85 页。

施，是保障产业技术适度和有效发展的重要手段。① 产业技术法旨在促进产业技术发展和技术进步，其关键点为产业的技术发展方向、实现手段和措施。产业技术法的目标一般是推动以企业为主体的技术创新体系建设，运用经济激励手段鼓励企业进行科技创新，推广高新技术的扩散和强调对引进先进技术的吸收消化再创新。产业技术法还包括标准化立法，鼓励采用更符合安全、健康和节能环保要求的标准。通过产业技术法鼓励采用先进的生产技术、工艺与设备，走新型工业化道路。以信息化带动工业化，以工业化促进信息化，走科技含量高、经济效益好、资源消耗低、环境污染少的发展道路，努力推进经济增长方式的根本转变。

4. 产业布局法

产业布局法一般是指政府为实现产业在空间的合理分布制定的法律。产业布局法调整产业在不同区域和地区间资源的配置及其关联性的政策，其核心是合理确定地区间产业分工，发挥地区优势。产业布局的合理化，实质是根据资源禀赋和市场需求的不同，发挥区域比较优势，促进资源配置和利用的高效化。产业布局政策主要包括区域产业扶持政策、区域产业调整政策和区域产业分工和协作政策等内容。产业布局是指产业存在和发展的空间形式，即产业各部门、各环节在地域上的有机分布组合。② 新中国成立以来，我国依照非均衡发展原则出台了一系列促进产业布局的政策，如"三线工程"、"经济特区"、"西部大开发"等，但是规范的法治化程度低。日本的《北海道开发法》、美国的《田纳西流域管理法》是典型的

---

① 参见王先林："产业政策法初论"，载《中国法学》2003 年第 3 期，第 112—118 页。

② 参见陈历幸、徐澜波："产业布局法若干基本问题研究"，载《南京社会科学》2009 年第 11 期，第 129—134 页。

区域规划和产业布局法。产业布局法旨在实现产业在空间的合理分布，其核心是合理确定地区间产业分工，发挥区域优势。基于各区域的资源禀赋和市场需求的不同，充分发挥区域比较优势，对促进资源的优化配置和高效利用具有重要意义。

我国的产业布局法通常包括主体功能区制度、高科技园区制度和产业集群制度三个方面的内容。主体功能区是根据各地区资源环境承载力、现有开发密度和潜力，明确其功能定位、开发方向和强度的空间格局。根据国务院2010年12月21日发布的《全国主体功能区规划——构建高效、协调、可持续的国土空间开发格局》，我国国土空间按照开发方式分为优化开发、重点开发、限制开发和禁止开发四类区域，按照开发内容分为城市化地区、农产品主产区和重点生态功能区三类区域。其中，优化开发区是经济比较发达、人口比较密集、开发强度较高、资源环境问题更加突出，应该优化进行工业化城镇化开发的城市化地区。重点开发区是有一定经济基础、资源环境承载能力较强、发展潜力较大、集聚人口和经济条件较好，应该重点进行工业化城镇化开发的城市化地区。限制开发区分为两类：一类是农产品主产区，一类是重点生态功能区。禁止开发区一般是需要重点保护的生态功能区，禁止进行工商业的开发。

不同时期，对一国产业布局的影响因素不同和目标不一样，产业布局法一般有国家安全、经济发展、社会稳定、生态平衡等方面的目标。在战争时期，国家安全第一，我国在20世纪60年代上马许多"三线工程"的空间布局就是出于备战和国家安全的考虑。在和平时期，主要考虑经济发展和社会稳定的因素进行产业布局。在重视环保的时代，生态平衡和环境保护成为一国产业空间布局的首要影响因素。

二、产业法与国家的经济职能

(一) 克服市场调节机制的不足

现代经济的增长主要是通过产业的发展来实现的,而产业的发展是一个以产业结构与产业组织为主要形式的一系列矛盾的不断克服过程。由于市场调节机制是通过市场主体对价格信号的把握来实现的,因而它具有盲目性、滞后性的特点,它对产业发展矛盾的解决具有不彻底性,由此引发的矛盾日益积累,最终只能通过周期性的经济危机来解决。经济危机的灾难性发作使人们自然而然地把目光投向了政府的公共职能,希望政府能运用其公共权力,从宏观和长远的角度,对国民经济运行进行干预,以克服市场调节机制的不足。但是富有指导性的政府调控作为经济运行的一种内在力量,其自身客观存在的一系列诸如行为目标的偏差、效率、信息、外部性等缺点又警示人们它必须是一种有法律制约的调节机制,以保障国家对产业发展实行更加理性化的调控。

(二) 国家经济职能与法律同步演变

国家对产业的调节是国家经济职能中重要的一个环节和部分。产业法研究的逻辑起点与国家的职能紧密联系在一起,市场演变引起国家经济职能变化,并进而导致产业法的出现。产业法的产生过程体现了市场及其调节机制、国家经济职能与法律同步演变规律。随着经济的发展,市场在其发展过程中主要经历了三个不同的阶段:第一个阶段是自由竞争的市场,相应的经济调节机制基本上是市场调节一元化模式,民商法是其主要的法律保障;第二个阶段是社会化市场,与此对应的经济调节机制是国家调节机制的出现并协调同市场调节机制相结合的二元化模式,除了发挥民商法的基础性调节外,经济法是国家调节机制的主要法律保障;第三个阶段是国际化市场阶段，当前各国市场和经济日益国际化，由于作为基础性调节的市场机制存在固有缺陷，加之来自于不同国家的经济主体仍然受到各自国家的管理和调节，因此，国际市场迫切需要有与之相适应的新型调节机制，借以协调各国的国家调节，并弥补市场调节固有的不足。这种调节机制即为国际性调节，以维护和促进国际经济总体上的协调、稳定和发展，相应的经济调节机制是国际调节出现并同前两种机制相结合的三元化调节模式，其对应的法律除了民商法、经济法以外，还应重视运用国际经济法来保护本国的利益。

这三种模式在各国出现的时间并不相同，它是由一国市场发展的阶段所决定的。在市场不断深化的过程中，伴随其中的是国家经济职能的不断深化，在此过程中，呈现出市场发展、调节机制的多元化与法律的同步演变规律。[①] 人类社会发展本来就遵循一些基本的共同规律，都在朝着更加文明的方向发展。特别是在经济体制方面，越来越多的国家都先后实行不同类型的市场经济，都在充分发挥市场调节作用的基础上实行一定的国家调节，这些都决定着各国经济法在许多制度和规定上有一些共同点，并不断互相吸收和借鉴。[②]

从政治学的角度来看，国家突破传统的职能，担负起调节经济的重任，是国家在担负一种新的社会公共职能，反映了国家职能社会化的趋势。在自由资本主义阶段，国家对于社会经济基本采取了自由放任态度和政策，当时国家的职能主要集中在政治方面。随着生产的社会化，自由导致垄断，垄断导致经济危机等一系列经济问

---

① 参见漆多俊："中国经济法理论之创新与应用——30 年回顾与启示"，《法学评论》2009 年第 4 期，第 41—42 页。

② 参见孙晋、王菁、翟孟："经济转轨三十年：中国经济法学的嬗变与新生——以'国家调节理论'为主要考察视角"，《中南大学学报》（社会科学版）2010 年第 2 期，第 73—77 页。

题的发生，出现社会矛盾加剧、社会秩序动荡、政局不稳等各种严重问题。经济危机周期性地发生，使人们意识到市场调节的不足，在此种背景下，国家调节作为一种新的经济调节机制出现了，同时也体现了国家职能的扩张。

从法律的角度来说，经济法作为国家经济调节职能的法律保障和规范，有着不同于民商法和行政法等法律部门的特有的功能和使命。从某种意义上来说，生产社会化导致公共经济管理成为一国经济健康协调发展的不可缺少的组成部分，而国家作为公共利益的天然代表者，责无旁贷地承担起促进一国经济发展的重任。① 产业法作为经济法的重要组成部分，更重视国家运用经济权力，优化产业结构，促进资源合理配置，促进经济可持续发展，在国家的经济职能及经济法的发展中也日益体现其重要性。

产业法的产生与发展历程鲜明地体现其基本理念是在市场机制的基础上最大限度地发挥国家的经济职能，综合利用多种政策和手段对不同的产业部门和地区产业的发展进行有区别的调控，以此进一步优化资源配置、提高经济运行效益，克服市场机制不能克服的经济运行中的不协调因素，进而促进国民经济持续、快速、健康发展。

三、产业政策与竞争政策的关系

(一) 竞争政策与产业政策的差异性

竞争政策与产业政策产生的根源和维护的目标不同。产业政策属于经济政策的一种，是一国政府为了实现特定的经济目标而对某些产业进行干预的各种政策，国家基于一定时期的国情，根据客观

---

① 参见史际春、周玉林、冯辉："经济和社会变迁下的经济法、经济法治与经济法学家"，载《社会科学家》2011 年第 8 期，第 4—7 页。

经济规律的要求，针对国民经济中存在的各种经济问题，对经济发展目标及实现目标的手段措施等所作的各种行动方针和措施。在市场经济体制下，由于市场本身存在着不可避免的缺陷，所以不可能完全通过自由竞争，从社会整体利益来把握全局性的经济发展方向。政府通过发挥宏观调节的作用，实现经济与社会的平衡发展。虽然政府对国民经济的宏观调节可以运用多种手段，其中产业政策是不可缺少的重要手段之一。在理论上，中外经济学界对产业政策存在一些争议。一种观点认为，产业政策带有浓重的计划经济色彩，主张依靠市场的力量去促进经济发展，应弱化产业政策。另一种观点则肯定产业政策的积极促进作用，强调合理的产业政策有助于落后国家更快地实现其赶超战略。世界银行曾对产业政策功效进行了验证，调查结果表明既有成功也有失败的案例，关键取决于产业政策本身的科学性。[①] 问题的关键显然不在于对产业政策本身有无价值的抽象判断，关键在于一国能否在真正科学地认识客观经济规律的基础上，制定出符合本国经济发展需要的切实可行的产业政策。

产业政策的目标因不同的国家或同一国家所处的发展阶段不同而不同。在经济全球化、竞争日趋激烈的今天，各国政府以产业政策为武器，尽可能趋利避害，保障本国的产业及经济安全，这是产业政策在最近十几年表现出来的全新功能。[②] 随着中国市场经济体制的最终确立和不断发展和完善，产业政策也应根据国内外环境的变化适时地转型，才能更好地发挥产业政策的功效。后发国家在新兴产业建立时缺乏必要的经验，在与发达国家企业的竞争中处于比较

---

① 参见陈凌："钢铁产业政策问题再认识"，载《冶金管理》2004 年第 1 期，第 39—41 页。

② 参见林民书、林枫："经济全球化条件下中国的竞争政策与产业政策的选择"，载《东南学术》2002 年第 4 期，第 7—10 页。

劣势，因此政府往往采取相应的保护政策，帮助企业成长。纵观各国产业发展史，后发国家为了实现其赶超目标，产业政策往往成为政府首要的选择。① 在经济全球化的条件下，一国的产业政策不仅要面对国内环境，还要面对复杂多变的国际经济、政治环境，使产业政策具有关联性、灵活性、开放性的特征。② 现代意义上的产业政策不是产生在西欧发达国家，而是产生在"二战"后支离破碎的日本。并因日本运用产业政策，促进了产业结构改造、升级，扩大了产业规模，提高了生产效率，进而缩短了工业化发展的时间，产业政策因而出名，继而被东南亚各国仿效并重视起来。产业政策作为后进国家追赶发达国家的积极政策，主要目标是更快更好地赶上发达国家，实现工业化而对产业活动进行的国家干预。可见，产业政策具有赶超的价值取向。而反垄断法作为首先出现在西方发达资本主义国家——美国，由于在美国垄断行为已经出现并危及其他中小企业的生存和发展以及消费者福利，才制定的法律。所以，竞争政策从其产生目标来看就具有公平、自由等价值取向，而不带有超常规发展的目标。

产业政策和竞争政策所维护的资源配置机制不同。产业政策是政府主动对资源的优化配置，缩短市场配置资源的时间，促进国家经济超常规发展。作为后进国家实行赶超型发展战略，往往是通过倾斜性产业政策选择本国支柱性产业以资金、财政补贴、税收减免、折旧费、关税等优惠方式加以全面扶持，推动产业结构升级，提高

---

① 参见江晓涓著：《经济转轨时期的产业政策——对中国经验的实证分析与前景展望》，上海人民出版社1996年版，第2页。

② 参见袁国敏著：《经济政策评价》，中国经济出版社2006年版，第21页。

经济运行效率，增强产业竞争力。① 而竞争政策主要是通过鼓励公平自由的竞争，维护的是一种竞争机制，通过自由竞争，优者胜出、劣者退出竞争市场。竞争政策侧重于最大限度地发挥市场机制的作用，其具体目标在于维护自由公平竞争。产业政策则强调通过政府的主导，对特定产业进行扶持或抑制，以实现国家特定的经济战略目标。

（二）产业政策目标与竞争政策目标的共性

从国民经济的整体发展来看，特定的产业政策与充分的竞争机制都是必要的，产业政策与竞争政策应当是相辅相成、相互促进的。② 产业政策与竞争政策都是国家重要的经济政策，共同实现社会公共利益这个终极目标。尽管产业政策通过选定某些产业给予援助，或者优惠性措施，相应地就限制了其他产业或企业获取资源配置量和配置优化机会，资源配置起点上的不同，最终目标绝不是保护或扶持某些产业部门或大企业的利益，而是通过手段的倾斜对某个部门或产业进行扶植或限制，最终目的是促进产业结构优化、高级化，带动整个国民经济的增长，实现国家整体利益，而不是部门利益或某个产业利益。有时产业政策法通过产业布局政策来实现国家内各区域之间协调发展，促进社会公平和增进公平。由于国家内部各区域的资源禀赋不同，各区域的主体经济和生活状况有所不同，通过产业布局政策法的实施，将财政支付转移到不发达地区和贫穷地区，促进经济增长和收入增加，以此实现全国范围的公共利益。

竞争政策通过保护竞争维护市场自由公平的竞争秩序来实现整

---

① 参见宾雪花："当前中国产业政策法与反垄断法的冲突、调和"，载《湘潭大学学报》（哲学社会科学版）2011年第11期，第41—46页。

② 参见冯辉："产业法和竞争法的冲突与协调"，载《社会科学家》2010年第12期，第79页。

体经济效益的提高，而产业政策通过促进优化产业结构，提高产业
生产效率和产业竞争能力，二者都是为了提高经济运行效率。总的
来说，二者是追求经济效益一个问题的两个方面。将产业政策和竞
争政策相区别仅是为理论研究的方便，而在实践中，产业政策与竞
争政策很难截然分开。①

（三）产业政策与竞争政策的协调

我国改革开放的历程是放开市场、引入竞争机制的过程。培育
市场、促进和完善市场竞争的政策一直在这一过程中起着重要的作
用。但是，如何实现国民经济的平衡协调健康地发展，提高生产力
水平，增强国际竞争力，产业政策同样发挥着十分重要的作用。产
业政策、竞争政策在促进经济发展上具有一致性，并且，由于产业
政策与竞争政策都隶属于一国的经济公共政策，因此实现国家整体
利益的需要也决定了两者之间必须予以协调。

如何协调产业政策与竞争政策的关系，美国和日本是代表性国
家中的两极：从总体上看，美国是传统的倡导自由竞争的国家，
1890 年出台的《谢尔曼法》对美国自由市场经济体制的型塑起了重
要作用；而日本在其长期的经济发展中，更倡导产业政策的作用，
反垄断法缺位或者被虚置。当然，无论是美国还是日本，其产业政
策与竞争政策的关系都是历史形成的，并且也不是一成不变的。美
国是最早实现工业化的西方发达国家之一，其立法和公共政策基本
上都是自发生成的。在历史上，美国尽管没有形成体系化的产业政
策，但并不缺少实质性的产业政策。日本产业政策的历史源远流长。
20 世纪以来，日本经历了管制经济、促进出口、高速增长和自由化

---

① 参见吴宏伟："我国反垄断法与产业政策、竞争政策目标"，载《法学杂志》
2005 年第 2 期，第 16—20 页。

四种产业政策范式。各国协调产业政策与竞争政策关系的路径不是偶然或先验的，而是深深扎根于其政治、文化传统中。① 从世界范围来看，早期的产业政策与反垄断法的冲突表现为非此即彼的特点。随着时代的发展，经济全球化的加深，世界各国的产业政策与竞争政策的冲突正逐渐走向调和。

无论是产业政策还是竞争政策都隶属于公共政策范畴，公权的统一性决定了两者协调的基础。产业政策与反垄断法在法理上具有可调和性。二者调和的法理基础主要体现在两个方面：第一，符合宏观调控基本原理。产业政策与反垄断法是现代宏观调控的两种方式。产业政策更多的是为了扶持和振兴产业的发展，目的是减少过度的竞争，从而防止过度竞争产生的资源浪费；反垄断法则是为了去除垄断企业的排除、限制竞争行为，促进市场的竞争。这就好比市场发展状态的两个极端，我们不需要无序化过度竞争的市场状态，也不需要市场没有竞争或者竞争被太多限制的市场状态，我们需要的是市场的中间状态。这种市场的中间状态必须综合运用产业政策与反垄断法才能实现。因此产业政策与反垄断法的关系可以是一种互补和协作的调和关系，而不是绝对的非此即彼的对立冲突关系。第二，符合反垄断法法理。现代反垄断法有两个特点，即从结构主义走向行为主义以及合理原则优位于本身违法原则。也就是说，现代反垄断法的刚性特征大大减弱，柔性成分大大增加。② 对于一个垄断现象是否进行反垄断规制，要综合考虑各种因素，当然也包括产业政策因素。这就为产业政策在反垄断法的要求下合理存在提供了

① 参见叶卫平："产业结构调整的反垄断法思考"，载《法商研究》2010年第11期，第119—125页。

② 参见冯果、辛易龙："论我国产业政策与反垄断法的时代调和"，载《武汉理工大学学报》（社会科学版）2009年第8期，第48—53页。

制度空间。可以说，产业政策与反垄断法的那种刚性的、直接的、非此即彼的冲突在现代社会已成为历史。产业政策的实施手段具有多样性。只要减少直接干预措施，多运用间接诱导和信息指导措施，就能减少产业政策与反垄断法直接冲突，产业政策的实施手段为二者的调和提供了一定的空间。

从制度层面上来说，《反垄断法》中的例外条款可以被看作是对产业政策与竞争政策关系协调的桥梁。① 当竞争政策与产业政策出现矛盾时，需要以社会整体利益最大化为目标进行平衡协调，坚持利益平衡协调的原则。反垄断法的不确定性也为这种平衡协调创造了条件，因为即使是反垄断法被优先适用了，也可以在反垄断法的实施过程中进行利益的平衡协调。②

四、产业法的渊源和体例

(一) 产业政策与产业法

产业与产业法的相互作用，是以产业政策为主要媒介的。对于产业政策与产业法的关系，一般从以下几个层次来思考：首先，产业法与产业政策的界限。主要是研究二者在表现形式、调整范围、稳定程度、实施机制等方面的区别，从而明晰二者的地位差别和职能分工。其次，产业政策的法律化。主要是研究产业政策法律化的范围和途径。就范围而言，就是要界定哪些政策可以法律化。一般来说，只有中央政策、基本政策、长期政策才有必要法律化，地方政策、作为权宜之计的政策则不宜法律化。就途径而言，一般指产

---

① 参见王先林、丁国峰："反垄断法实施中对竞争政策与产业政策的协调"，载《法学》2010 年第 9 期，第 28—35 页。

② 参见孟雁北："反垄断法视野中的行业协会"，载《云南大学学报》（法学版）2004 年第 3 期，第 22—25 页。

业政策的目标和基本精神由法律具体化，产业政策的具体内容为法律所吸收；当改革中出现立法空白领域时，某些产业政策在一定条件下也有必要通过执法和司法系统发挥其必要作用。最后，产业法律的政策化。产业法中的不确定性规范需要由相应的产业政策增强其确定性，给当事人展示一种明确的预期，这在反垄断法域尤为突出。反垄断法的执行力度受到产业政策的严重影响，如美国反垄断法在20世纪60年代因风行中小企业保护政策而执行非常严格，70年代却因政策变化其执行由严厉走向宽松。产业法中存在着许多政策性语言，这虽然有其必然性，但削弱了其确定性和约束力，以致出现了所谓的"软法"现象。这在宏观调控立法中尤为明显。为解决此问题，需要从立法技术层面研究"使软法硬化"的对策。

（二）产业法的渊源

法的渊源一词在中外法学著述中是一个有多种含义而并非特指某一确定含义的概念。它一般指法的形式渊源，即法的各种具体表现形式，如宪法、法律、法规等。法的渊源一般涉及法律规范的创制机关、创制权限和创制方法、法律规范的外部表现形式及不同形式规范之间的效力关系如何等问题。一国有什么样的法的渊源体系，主要由该国的具体国情所决定，同时法的渊源是不断发展的，不同时代和国情之下的法的渊源也不同。

产业法的渊源主要有法律、行政法规、部门规章、自治条例、单行条例、地方性法规和地方规章等。产业法如同其他法律一样，归根结底是社会政治经济生活发展的产物，受它所调整的对象——产业经济的影响，产业法具有明显的政策性特点。在宏观调控领域，法律与政策的界限已趋于模糊。有学者在评论产业政策法时就认为："产业法是政策与法律相互交叉而形成的一种法律。在产业法中，政策是其内容，法律是其形式，或者说产业政策获得了法律的表现形式，进而具有法律的一般性质，如规范性和约束力。在很多时候，产业政策本身就是以法律形式出现的。欧美、日本等发达资本主义国家在各自制定并实施具体的产业政策时，都非常重视建立和推行法制化的产业立法制度，如日本的《电子工业振兴临时措施法》、《特定产业结构改进临时措施法》等。① 正是因为产业法具有政策性的特点，产业法的渊源与产业政策出现融合与交叉的趋势。重要的产业政策一般是以法的形式表现的。② 自 20 世纪 90 年代以来，国家陆续制定了一些包含或体现相关产业政策的法律、法规、规章和其他规范性文件。主要有：1989 年 2 月国家体改委等几个部委联合发出的《关于企业兼并的暂时办法》；《国家高新产业技术开发区若干政策的暂行规定》（1991 年）；《中共中央、国务院关于加快发展第三产业的决定》（1992 年）；《科学技术进步法》、《全国第三产业发展规划基本思路》（1993 年）；《90 年代国家产业政策纲要》、《汽车工业产业政策》（1994 年）；《水利产业政策》（1997 年）；《当前国家重点鼓励发展的产业、产品和技术目录》、《鼓励软件产业和集成电路产业发展的若干政策》（2000 年）；《清洁生产促进法》、《中小企业促进法》、《农业法》（2002 年）；《钢铁产业发展政策》（2005 年）等。产业法在理论上可以作为经济法属下的一个独立的子法律部门，但在制度层面则多表现为不同部门制定的产业政策或特定的产业促进法。③ 在诸部门法中，经济法具有明显的政策性特点，其中又以产业法为突出。因产业法的目标、任务和所采取的手段、措施，

---

① 参见王先林："产业政策法初论"，载《中国法学》2003 年第 3 期，第 112—118 页。

② 参见杨紫烜："对产业政策和产业法的若干理论的认识"，载《法学》2010 年第 9 期，第 18 页。

③ 参见冯辉："产业法和竞争法的冲突与协调"，载《社会科学家》2010 年第 12 期，第 79—82 页。

需要根据产业发展的不同状况、不同的国内和国际经济形势加以确定和调整，此外，一国整体经济规划、经济政策和调节手段的改变对产业法的影响也较大。①

从法律的角度看，我国目前很多重要的产业政策仅表现为政府或其职能部门的法规或规章，产业政策的法律化程度不高。产业政策必须建立在坚实的法治基础之上，法治化后的产业政策具有更强的规范性和强制性，是产业法的重要渊源。1994 年国务院发布的《90 年代国家产业政策纲要》中明确规定国家制定和发布统一的产业政策，对制定产业政策的原则、产业结构调整的主要方向和内容、产业政策的组织体系等重大问题进行了规定，并规定以法律、法规等形式保证实施。产业政策法治化具有以下含义：产业政策的制定、实施、监督主体法律化。依法确定哪些机关、组织、团体有权参加产业政策的制定，哪些机构有权监督产业政策的实施，哪些机构有权对产业政策的实施效果作出评价。产业政策主体行为确定化。通过依法对产业政策的行为主体的权利、义务进行规定来明确行为主体、行为的范围和行为方式，使权利的行使有法律保障，权力的运用受到法律的制约。产业政策实施手段的法律化。产业政策的实施手段包括法律手段、经济手段和行政手段三种。法律手段往往是为行政手段和经济手段披上法律的外衣，也就是说，法律手段的调整内容是行政手段和经济手段。但应注意的是，法律手段不能使经济手段原有的灵活性僵化，这要求一定的立法技术。法律可以规定应采用经济手段的种类、该经济手段行使的上下界限，同时给予行为

---

① 参见王键："产业政策法若干问题研究"，载《法律科学》2002 年第 1 期，第 118 页。

主体一定的自由度，使其能按照市场规律科学运作。①

（三）产业法的立法体例

产业法有综合性立法，也有单项立法。如韩国的综合性立法《产业发展法》，日本的产业法主要是单项立法，较少综合性的产业立法。② 此外，从产业法对政府作用重视程度的不同可分为两种模式：一种是以日本为代表的倾斜型立法模式；另一种是以美国为代表的竞争型立法模式。倾斜型立法模式更重视政府的主导力量，多见于一些后发达国家。它强调集中有限的资源，对某些产业实行倾斜性扶持，达到缩短同发达国家差距或增强国际竞争力的目的。倾斜型产业立法模式重视产业结构的法律调整，它往往强调集中必要的资源、资金和技术力量，实行倾斜性投入和扶持，以加快本国主导产业的超常发展，力求以最小的成本、最快的速度，达到缩短同发达国家差距或增强国际竞争优势的目的。③"二战"后，日本政府在其经济发展的不同阶段，制定了大量的产业法，以实现其赶超目标。④

竞争型产业立法模式则倾向于通过对产业组织的调整，重视发挥企业的规模效应，提高产业集中度，使产业结构的调整顺应市场竞争的发展趋势，促进企业在市场的引导下进行兼并重组，推动生产要素的合理流动，实现市场要素的优化组合，最终提高产业的整体效率和竞争力。以美国为典型，十分重视产业组织政策及其法律化。美国虽也制定过一些涉及产业结构政策方面的法律，如《产业

---

① 参见卢炯星："论宏观经济法中产业调节法理论及体系的完善"，载《政法论坛》2004 年第 1 期，第 72—85 页。

② 参见叶卫平："产业政策法治的现状与展望"，载《法学》2013 年第 5 期，第 157—160 页。

③ 参见王健："产业政策法若干问题研究"，载《法律科学》2002 年第 1 期，第 118—124 页。

④ 参见张雪楳著：《产业结构法研究》，中国人民大学出版社 2005 年版，第 252 页。

复兴法》（1933 年），《农业贸易发展与援助法》（1954 年）等，但这些产业法都是特殊的、零碎的，不具有典型性。①

　　日本和美国的产业立法模式各具特色，都是由其本国特定的政治、经济和文化传统决定的，具有各自的合理性。法律制度本来就是一种本土资源累积的产物，产业法也不例外，并且在一定程度上具有更强的本土性，深受其本国所处的经济发展阶段和经济发展战略的影响。中国的国情与上述两国均有所不同。在产业立法模式的选择方面，应在借鉴美、日等国立法模式的基础上，结合我国的国民经济发展的需要和不同产业发展的状况，选择协调型的产业立法模式，对某些需要扶植的产业可采取倾斜型立法模式，而对那些竞争力比较强的产业可采取竞争型产业立法模式，最大限度地发挥产业法的作用。

---

　　① 参见王健："产业政策法若干问题研究"，载《法律科学》2002 年第 1 期，第 118—124 页。

第 三 章

中国钢铁产业的发展和钢铁产业政策变迁

一、钢铁产业的特点与地位

（一）钢铁产业的界定

钢铁产业，根据《国民经济产业分类》中对国民经济产业的划分，包括黑色金属矿采选和黑色金属冶炼及压延加工业两个大类，涉及金属铁、锰、铬等黑色金属矿采选业、炼铁业、炼钢业、钢压延加工业、铁合金冶炼业等细分产业。作为一个全面的生产系统，钢铁行业的生产还涉及非金属矿物采选和制品等一些其他工业门类，如焦化、耐火材料、碳素制品等，通常将它们也纳入广义的钢铁工业范围中。2005 年国家发展和改革委员会发布的《钢铁产业发展政策》中规定的钢铁产业的范围包括铁矿、锰矿、铬矿采选，烧结、焦化、铁合金、炭素制品、耐火材料、炼铁、炼钢、轧钢、金属制品等各工艺及相关配套工艺。本书对钢铁产业的界定与《钢铁产业发展政策》的范围一致。

根据《国民经济产业分类》（GB/T4754—2002）对国民经济产

业的划分，钢铁产业包括两个大类：黑色金属冶炼及压延加工业和黑色金属矿采选，具体涉及金属铁、锰、铬等黑色金属矿采选业、炼钢业、炼铁业、铁合金冶炼业、钢压延加工业等细分产业。2005年国家发展和改革委员会发布的《钢铁产业发展政策》中规定的钢铁产业的范围包括铁矿、锰矿、铬矿采选，烧结、焦化、铁合金、炭素制品、耐火材料、炼铁、炼钢、轧钢、金属制品等各工艺及相关配套工艺。

（二）钢铁产业的特点

1. 产业关联性强

从与国民经济其他产业的关系来看，产业关联性强是钢铁产业最大的特点。钢铁产品属于中间产品，钢铁产业相应地处于上下游产业链的中间位置。一方面，钢铁产业的上游产业为铁矿石、运输、能源和机电设备等产业；另一方面，作为基础产业的钢铁产业的下游产业为机械制造业、汽车制造业、造船业、建筑等产业，钢铁产业为其提供必需的钢材材料。钢铁产业与上游、下游产业相互影响、相互促进，对一国经济发展具有很强的战略意义。

2. 周期性

钢铁产业的发展周期与一国的经济发展阶段紧密相连，在农业时期和以高科技为主的阶段，由于经济发展中对钢材的市场需求有限，钢铁产业难以收获大的发展。我国目前处于工业化和城镇化阶段，对钢材的需求量较大，这也是近些年来我国钢铁产业获得较大发展的重要原因，我国钢材的消费量与国内生产总值具有相同的变化趋势。

从钢铁产业自身的发展周期来看，有需求存在就必然有钢铁产业的存在。社会需求最终决定钢铁产业的产生、发展和消亡。例如，钢材中的线材早在上百年前就已存在了，如今仍然是许多国家钢材品种中需求量较大的一项，但是在这一百年期间线材生产设备和工艺却发生了革命性变化。钢铁产业之所以能够长期存在,其更深层的原因在于它能够顺应社会需要而不断调整自身产品结构和技术水平,通过提供多样化和高级化的产品来满足社会多元化的需求,并推动钢铁产业不断向纵深化方向发展。美国、日本的钢铁产业通过不断的技术升级和产品升级,实现了钢铁产业的不断深化与更高层次的发展,在钢铁产业自身的发展周期上处于内涵式高级阶段。

3. 规模经济性

钢铁产业属于资源、能源、资金以及技术等多种要素密集型的产业,钢铁产业具有典型的规模经济性特征。规模经济是指单位生产成本随着企业生产规模的扩大而下降的现象。从生产流程及技术的角度来看,钢铁产业具有资金密集、设备大型、流程连续的特点,规模效应的特点更为明显,产业发展应重视规模经济。钢铁产业的生产工艺也决定了其应具备一定的规模,而小于一定的生产规模的钢铁企业往往难以采用现代化的工艺、大型装备品。此外,从市场发展趋势来看,要解决市场需求的多样性与单个钢厂产品专业化之间的矛盾,大规模集团化的发展也已成为必然趋势。从实践来看,大型的钢铁企业因具备了一定的生产规模,往往倾向于采用先进的技术和装备提高生产率,更有利于节能降耗,降低生产成本。

国际钢铁协会认为,年产钢规模小于 500 万吨的钢铁企业即为小企业,低于该产量就无法实现规模经济。与世界各国相比,中国钢铁产业集中度偏低,带来了钢铁产业的粗放式发展,使钢铁产业在国际市场上缺乏竞争力。

(三) 钢铁产业在国民经济中的重要地位

根据不同产业在一国经济政策中的不同地位,一般将产业划分为基础产业、战略产业、支柱产业、重点产业等。基础产业是在经济发展中发挥根基性作用的产业,具有先行性、公众性、网络性等特点，一般认为，农业以及第二产业中的采掘业、原材料工业等属于基础产业。

钢铁产业是一国实现其工业化的重要基础产业，是新中国重工业的"长子"。毛主席曾经说过："一个粮食，一个钢铁，有了这两样东西，就什么都好办了。"钢材是关系到国计民生的重要大宗商品，除了民用，钢铁产业在国防建设中具有举足轻重的地位。钢铁产业的健康发展，关系到经济社会发展质量，关系到国民经济的大局，钢铁产业在尚未完成工业化的国家具有重要的地位。美国、日本等经济发达国家都经历了以钢铁为支柱产业的重要发展阶段。

钢铁产业的发展程度往往是衡量一个国家工业化水平的重要标志之一，钢铁产量与人均钢消费量也成为衡量一国经济发展程度的重要指标。发达国家的经济发展实践表明，若没有强大的钢铁产业作支撑，要实现工业化是不可能的。我国当前正处在工业化和城镇化的关键时期，钢铁产业作为基础性原材料产业，为下游的机械制造、房地产、造船等产业提供钢材产品，是下游产业顺利发展的重要保障和支撑。

二、近代中国钢铁产业的产生与初建（清末—1949 年）

（一）近代钢铁产业的起步

近代钢铁产业起步的标志是 1894 年张之洞创建汉阳钢铁厂。其背景是近代史上著名的洋务运动。从 19 世纪 60 年代开始，面对内交外困的局面，社会上一些有志之士提出"自强"和"师夷长技以制夷"的主张，发起了中国最早的工业化努力——洋务运动。多次战争失败的教训，使清政府逐渐认识到拥有新式军舰的重要性，因此中国最早启动的是军事工业化，而当时民间土铁不能满足军备武器生产的质量要求，钢铁产品几乎完全依赖于进口。一旦外源断绝，军备武器的生产将受制于人。在洋务运动中，钢铁、煤炭等工业化过程中最基本的物质材料，开始逐渐受到社会的关注。[1]　清政府意识到必须发展钢铁工业，从原料供应上改变完全依赖外洋的局面，实现"军旅之事无一仰给于人"的目标，这是清政府推动钢铁工业建设的首要原因。[2]　中国早期的钢铁企业大多是船政局所属铁厂，这一现象反映出当时中国急于改变落后挨打的局面，从一开始就着力于钢铁下游产业的建设，而忽视了钢铁等基础产业的开发。在早期，清政府对钢铁业注重的是钢铁工业的军事功能，其经济价值暂居其次，正是基于生产军事武器的需要，所以每每在外敌入侵之后，中国钢铁工业建设就会伴随国防安全建设而推进。

李鸿章作为洋务运动的领军人物意识到铁路对国防、经济的重要作用，他提出建筑铁路的主张，把铁路建设作为遏制列强蚕食我国边疆地区的有效手段。随着铁路的修建，铁路成为使用钢铁较多的部门，在中国钢铁发展史上，正是随着铁路建设的兴起，中国钢铁工业才随之兴起。1894年张之洞创建汉阳钢铁厂是建立在对钢铁工业重要性深刻认识的基础上，其初衷为："民足以兴利，官足以济用。"从历史意义和社会影响衡量，汉阳钢铁厂是中国钢铁工业的摇篮，其创建是中国钢铁工业初步发展的标志。

辛亥革命推翻了满清帝制统治，经一批留学归来的新式知识分子的提倡，南京临时政府以及北京政府相继制定、推行了一系列有利于工商业发展的经济政策，钢铁工业逐渐纳入国家规划建设的范畴。1912年11月，北京政府工商部在北京举行首届全国工商会议。

---

[1]　参见李时岳、胡滨著：《从闭关到开放——晚清"洋务"热透视》，人民出版社1988年版，第25页。

[2]　参见孙毓棠编：《中国近代工业史资料》第一辑（上），科学出版社1957年版，第524页。

在这次会议上，钢铁工业建设引起高度重视，首次赋予钢铁工业以"基本产业"的经济地位，并审议通过《制铁业保护法建议案》。[①]于是，优先发展钢铁工业的主张被纳入施政者的视野，钢铁工业与其他产业的紧密联系也受到广泛关注。但由于政局动荡，经济萧条，政府管理失序，刚刚起步的中国钢铁工业未能经受住风雨考验，走向衰败。

(二) 近代钢铁产业衰败的原因

1894 年汉阳钢铁厂诞生到 1949 年新中国成立是中国钢铁工业的第一个建设周期，在这一周期里，中国钢铁工业经历了酝酿、探索、起步、初步发展以及衰败的过程。其衰败的原因主要有以下几点：

首先，国家的扶植力度不够。开展钢铁工业建设，在起步时国家扶植是相当重要的，借以弥补钢铁企业在资金、技术等方面的不足，特别是就发展落后的中国钢铁工业而言，国家扶植的力度大小将决定钢铁企业经营的成败。清政府兴建钢铁产业，主要是迫于当时军事武器生产的压力，并未真正意识到钢铁工业对国民经济的重要性，当然不可能有根本性的扶持，反而大肆出卖矿产资源，换取借款，攻伐异己。民国时期，虽通过了《制铁业保护法建议案》，并将钢铁产业确定为基本产业，但各政治派系更迭频繁，政策缺乏连贯性，钢铁建设政策根本无法实施，更无暇顾及扶植。

在钢铁产业的扶植保护方面，近邻日本给我们树立了很好的榜样。明治维新后，日本政府积极尝试近代钢铁生产事业。1873 年，釜石矿山改为由日本工部省管辖。次年，官营釜石制铁所在 17 名外国技术人员指导下运营，以求建成一座高效率的近代钢铁企业。投

---

① 参见〔日〕荻原充著，秦胜译，吴健熙校："国民政府的钢铁产业政策"，载《史林》1992 年第 2 期，第 88—89 页。

产初期运作良好，但 1880 年 12 月，由于木炭燃料不济，高炉停产。
1882 年 2 月，由于代替木炭的焦炭质量低劣，高炉被迫再次停产。
虽然成效不显著，但借此日本政府在近代钢铁生产方面积累了宝贵
经验。[①] 甲午战争之后，以八幡制铁所的兴建为标志，日本政府大力
发展钢铁工业，从创建到 1909 年，八幡制铁所一直处于亏损状态，
但日本政府一直没有放弃对八幡制铁所的扶持，日本在自然资源极
其不利的情况下，后来成功建立起强大的钢铁工业，这与政府在起
步之初的大力扶植是分不开的。

其次，整体工业化程度低，市场需求不足。中国钢铁工业在早
期始终发展不起来，其中因工业化发展缓慢造成市场需求有限是重
要根源。一方面，钢铁工业落后制约着工业化发展水平；另一方面，
工业化缓慢影响钢铁需求的增加，进而阻碍钢铁工业发展。市场狭
窄和投资能力不足像一把钳子的两刃一样钳制着中国近代钢铁产业
的发展，使中国近代钢铁产业的发展步履艰辛而迟缓。[②] 19 世纪六
七十年代，洋务运动开启中国工业化步伐，但当时的钢铁主要用于
军事武器的生产，因工业化发展缓慢，市场对钢铁产品的需求较小，
导致钢铁工业无法取得大的发展。

按照世界经济发展一般规律，在工业化起步与发展阶段，以钢
铁工业为代表的重化工业受到重视，钢铁工业的建立与发展，是传
统农业经济开始向现代工业经济转型的必然结果。在此阶段，钢铁
工业发展程度一般是衡量工业化水平的重要指标。英、美、德、日
等资本主义强国在其工业化的过程中需要大量的钢材，正是市场需
求极大地推动了钢铁产业的迅速发展。但是在中国，工业化的落后

---

① 参见 ［日］ 小林正彬著：《八幡制铁所》，东京教育社 1977 年版，第 111 页。
② 参见严立贤著：《中国和日本的早期工业化与国内市场》，北京大学出版社
1999 年版，第 223 页。

制约了钢铁工业的进一步发展，而在工业化启动及发展阶段，钢铁工业的极端落后，最终影响了工业化进程。为妥善处理二者的关系，第一，国家需从战略高度重视钢铁工业发展，在资金、技术、制度等多方面大力扶持钢铁工业；第二，将工业化作为一个系统工程，国家有意识地发展交通运输业以及钢铁下游产业，为钢铁工业发展创造条件，开拓市场。

最后，社会动荡不安。钢铁生产是连续作业过程，其矿石、燃料运输、炼铁、炼钢、轧钢几个环节，环环相扣，牵一发而动全身，任何一个环节出现问题，将对全局产生影响。清末到1949年新中国成立这一段时期大部分时期战乱频繁，社会动荡不安，对钢铁工业的负面影响尤为严重。除了战乱对生产的直接冲击外，20世纪20年代，日益兴起的工人运动也对钢铁生产造成很大影响。

钢铁企业是产业工人最集中的地方，如汉冶萍公司在民国初年拥有工人一万三四千名，也是劳资矛盾最激烈的地方。从汉阳钢铁厂初建时起，劳资矛盾就随之出现，起因主要是工人要求提高工资，改变不公正待遇，形式主要为罢工。工人罢工的频率逐渐增加，规模日渐扩大。1919年4月11日，汉阳钢铁厂化铁炉工人为增加工资，全体罢工，要求满足后，于15日复工；1920年6月初，汉厂工人要求比照扬子铁厂工人工资，增加工资，未被同意，全体罢工，厂方从大冶新招大批工人替换，结果导致新旧工人发生斗殴，且新招工人"一切诸多未谙，上料未免迁缓"，不得已厂方下令暂停一炉，但仍难以维持，迁延至21日，由于新工人未加训练，不能胜任，厂方不得已只好仍用旧人，然对汉厂而言，"损失实已不赀"。9月22日，拉丝厂工人为增加工资，又举行罢工。在这样一个动荡的社会环境下，要想发展钢铁工业，无异于痴人说梦。这也给了我们启示：一个和平稳定的内、外部环境是钢铁产业顺利发展的必要条件。

三、新中国成立后钢铁产业新的发展

(一) 钢铁产业的恢复与重建 (1949—1978 年)

1. 钢铁工业体系的初步形成

1949 年新中国成立后，国民经济百废待兴，钢铁产量极低，国家采取了集中优先的资源优先发展重工业的经济战略，钢铁产业也进入新的发展阶段。当时钢铁产量无法满足国家经济建设的需求，只有通过大量进口弥补市场缺口。钢铁工业作为重工业最为重要的原材料部门，不可能长期依赖进口，因此国家加大了对钢铁产业的投资，在一定程度上缓解了钢铁产品的供给不足。20 世纪 50 年代中期国家过渡时期总路线中提出重点建设钢铁、有色金属等工业，对沿海的老钢铁工业基地进行大规模的改造和扩建，并在中部也兴建一批新的钢铁工业基地。[①] 过渡时期钢铁产业获得了较大的发展，对新中国相对独立的工业化体系的建立起了重要的支撑作用。

在第二个五年计划时期，未能正确认识具体条件与历史背景，实施了一系列不符合国民经济发展实际的钢铁产业政策。当时为配合中央钢产量指标的完成，1958 年"大跃进"掀起全民大炼钢铁的高潮，一方面，由于当时的技术水平落后，采用土法炼钢、炼铁，质量低下，无法使用，而且消耗大、成本高；另一方面，"大跃进"由于过分强调钢铁产业，使资源配置失衡，破坏了产业间的正常关联，造成了产业结构的失调。当时按照国家建设独立自主的工业体系，保证钢铁产品自给自足的发展规划，钢铁产业在布局上采用分散布局的方式，国家既重点支持大型钢铁企业的建设，同时又鼓励

---

① 参见中国钢铁工业五十年编辑委员会：《中国钢铁工业五十年》，冶金工业出版社 1999 年版，第 113 页。

各地发展中小型钢铁企业，在中国大陆地区的省、市、自治区中，除西藏外几乎全部建立了钢铁企业，导致企业规模结构不合理，集中度低下。"大炼钢铁"运动从主观上看，反映了新中国急于建成工业现代化的理想，也认识到工业现代化必须有强大的钢铁产业作支撑，这是积极意义的方面；但由于钢铁生产技术的限制和整体国民经济的落后，无法独立撑起产业关联度极大的钢铁产业。

为解决国民经济失衡的问题，1961 年提出了"调整、巩固、充实、提高"的方针，钢铁产业也逐渐步入正常轨道。但好景不长，在 20 世纪 60 年代中期，备战思想开始出现并逐渐占据主导地位，这一时期产业政策主要是围绕备战目的，加快上马"三线工程"，为配合国家的"三线工程"军事防备需要，钢铁工业在西北、西南布局，考虑一旦战争爆发，各地区可以自行生产一切物资，因此，加快了西部地区钢铁产业的建设。在这一时期，兴建了攀枝花钢铁厂、酒泉钢铁厂等大型钢铁企业，对西部地区的经济发展起到了一定的促进作用。但是，此时钢铁产业发展政策忽略了钢铁产业总体的发展规划，更多的是出于国际、国内政治形势、军事战略的考虑，以地区经济自给自足为目标，并未考虑产业的合理布局，低水平重复建设导致产业无法实现规模经济。1970 年，国家再次提出冶金工业产量翻一番的政策，通过建设"五小"工业带动地区经济的发展。1970 年钢铁基本建设投资比上年大幅增长，远远高于 60 年代的产业投资增长率。产业内职工人数、工资总额大幅度提高，1970 年全国 300 个市、县兴办了小钢铁厂。这一时期，由于"五小"导向的地、县级钢铁企业发展过急，企业规模偏小，数量偏多，造成了产业分散布局，粗放式的发展导致效益低下，结构失衡。

总的来说，计划经济时期中国的钢铁工业虽得到了一定的发展，但种种因素制约了我国钢铁产业的健康发展，直到 1978 年十一届三中全会的召开，使钢铁产业发展出现了重大的转折，从此钢铁产业进入快速发展的新阶段。

2. "以钢为纲"的产业政策

从 1949 年新中国成立到 1978 年十一届三中全会召开前，当时国民经济整体落后，为了迅速恢复经济，增强国力，国家根据苏联工业化的经验以及当时的国内外形势，决定采取以发展重工业为中心的赶超发展战略，重点发展钢铁产业，提出"以钢为纲"政策。中央政府通过有力的计划政策，把资源优先分配给钢铁产业。1957 年国务院《关于改进工业管理体制的规定》明确规定了大型冶金企业归中央管理，利润全部归中央。钢铁工业的投资主体是政府，投资决策全部由国家计划确定，造成了地区产业结构趋同的弊端。

从 1949 年到 1978 年间，国家通过几次指令性计划的颁布和实施，通过行政手段把有限的资源分配到钢铁行业中，推动钢铁产业的发展。政府以产量增长为目标，既强调对重点企业的直接投资，建成了武钢、攀钢、酒钢等重点企业，又强调产业分散布局，以小企业为中心的产业发展。20 世纪 60 年代中期，出于备战考虑，进行大规模的三线建设。[①] 此外，由于平衡各地钢材需求，实行地方工业自成体系，鼓励地方办钢铁厂，产业布局十分分散。在产品质量方面，由于采取土法炼钢，产品质量得不到保证、资源利用效率低、污染严重。为了保证国民经济建设中基础物资的充分供应，政府通过增加固定资产投资，增加积累和劳动投入，以建立新厂为主，产业增长依赖于投资，成为这三十年来钢铁产业发展的主要特征。当时钢铁企业几乎都是国家投资建成的，实行统收统支的政策，钢铁

---

① 参见《中国钢铁工业五十年》编辑委员会编：《中国钢铁工业五十年》，冶金工业出版社 1999 年版，第 26 页。

企业只管生产，不关心经济效益，实现的利税几乎全部上缴国家，亏损也由国家承担，企业毫无自主性，导致企业缺乏经营积极性，严重影响了经济效益的提高。在改革开放前三十年中，由于钢铁产业以全民所有制为主导，产业的发展受国家宏观调控的影响要远远高于其他行业。

改革开放前的产业政策，其制定和实践都是在脱离市场机制的基本背景下进行的，产业政策仅仅是计划体制中不可缺少的组成部分，此种运用计划方式安排钢铁产业发展的政策效果虽明显，也在一定程度上支持了国家的工业化建设，但"大跃进"中的"大炼钢铁"运动在一定程度上违背了钢铁产业的发展规律以及片面重视钢铁产业的发展导致其与整个国民经济的发展不协调，因此 1978 年前钢铁产业政策，主要以追求数量、速度为主，忽视质量、成本、效益的提高。

（二）有计划的商品经济时期（1978—1993 年）

1. 钢铁产业快速发展阶段

1978 年党的十一届三中全会，是我国钢铁产业发展的重要转折点。党的十一届三中全会确立了"按经济规律办事"的指导思想，对钢铁工业的健康发展产生了重大影响。1979 年中央工作会议针对钢铁工业的现状提出要平衡重工业和轻工业的发展，要处理好产业内部关系，提高钢材的质量和技术水平，提高了产品的自给率等要求。以党的十一届三中全会的召开为起点，逐步开始了我国经济体制由传统的计划经济体制向社会主义市场经济体制的转变。在经济体制改革不断深化的同时，政府职能也在发生着相应的变化，从过去的重视微观管理开始向宏观管理转变，从为企业包办一切向放权让利转变。

钢铁行业的改革逐步深化，以首钢推行承包经济责任制为标志，之后"价格双轨制"、建立现代企业制度等一系列改革措施的推行，使钢铁企业逐渐成为市场的主体，推动了钢铁产业整体上提高水平。1982 年首钢和政府正式签订承包合同，并明确规定上缴后的企业留利，用于企业的生产投资、集体福利和歉收自负。首钢按照承包指标，在企业内部进行了层级分解，从车间、班组到职工个人，使每一位管理者、员工都明确了目标，企业的每一名职工都感到了动力和压力。在拥有经营自主权后，首钢粗钢产量大大提高，技术效率改善明显。扩大经营自主权较大地提高了钢铁企业的经济管理水平，为企业的发展注入了新的活力。通过代表企业的示范作用，带动钢铁产业整体效率的改善。1986 年国务院颁布《关于深化企业改革增强企业活力的若干规定》，决定在全国范围内推行企业的经营承包制度。自此，承包制在钢铁产业内大面积展开。

原冶金部对国家实行"五包"：包上交统配材任务；包质量、增加品种；包降低能源消耗；包技术改造和基本建设项目的总投资、总进度和总效益；包提高经济效益。而国家通过计划渠道对钢铁工业实行"三保"：保指令性计划指标所需的生产条件；保钢铁企业上交统配钢材任务，保质量和技术改造等。同时，钢铁企业对各级政府实施"三包一挂"或"两包一挂"的承包计划，企业对政府包上缴利润、技改建设任务和统配产品，同时实行绩效挂钩的工资制度，到 1990 年全国县属以上的全民所有制钢铁企业 90% 以上都实行了承包，其中 110 家重点和地方骨干钢铁企业中有 103 家实行了承包经营制。但实践证明，承包制虽在一定程度上激发了企业的活力，但也有它的弊端，大部分企业侧重于对短期生产目标和效益的追求，而不注重企业的长远发展，这也恰恰是中国国有企业改革在这一时期突出的弊病。随着 1993 年国家进行财政和税收制度的改革，承包制逐步退出历史舞台。

在钢铁产业的空间布局方面，形成了以宝钢为首，武钢、重钢、攀钢等沿长江流域的钢铁产业带，横贯中国东西部，纵深内陆腹地，不仅改善了钢铁产业的布局，也改善了中国的工业布局，极大地促进了长江流域和中西部地区的经济发展。随着改革的深入，钢铁企业的分布越来越靠近市场，越来越靠近国内资源丰富地区。在产业技术提升方面，受改革开放政策的积极影响，中国钢铁工业对外开放取得了较好的效果。钢铁企业从国外引进先进技术，特别是花巨资引进国外先进技术和装备新建了一些现代化大型钢铁企业，并对一些落后的钢铁企业实施了一系列技术改造项目，中国钢铁产业科技进步的速度较快，使中国落后的钢铁工业技术结构得到提升，初步缩小了与世界先进水平的差距。

十一届三中全会后采取的一系列措施使中国钢铁工业迎来快速发展时期，钢材的产量几乎每 10 年翻一番，但高端钢材产品依然依靠进口的局面并未改变。为了扭转中国长期大量进口高端钢材的被动局面，在上海建设了当代世界一流水平的宝山钢铁总厂。宝钢一期工程于 1985 年建成投产，年产 300 万吨钢，工程质量达到了全国冶金建筑行业第一流水平。宝钢二期工程于 1990 年 4 月先期建成投产，生产出冷轧带钢、热轧带钢、钢管等钢材品种，填补了国内当时不能生产高端钢材品种的空白，改变了当时国内高端钢材品种几乎全部依赖进口的局面，成为中国钢铁产业发展史上具有里程碑意义的事件，给其他国内钢铁企业带来信心和力量。国内其他钢铁企业以宝钢为榜样，纷纷提高产品质量、改善产品结构提高各项技术经济指标。[1] 宝钢的高标准、高起点的建设和投产大大带动了中国钢铁企业的共同发展，虽然在当时整体贫穷落后的情况下，国家决定

---

[1] 参见《中国钢铁工业五十年》编辑委员会编：《中国钢铁工业五十年》，冶金工业出版社 1999 年版，第 32 页。

投资巨额建设高标准的宝钢，曾遭到很多人的反对和不解，但事实证明宝钢的建设是一个正确的决策，对提升中国钢铁产业的整体水平有着不可估量的价值。

2. 面向市场竞争的钢铁产业政策

随着改革开放的深入，以及市场意识的加强，钢铁产业作为竞争性产业，国家有意识地引导钢铁企业面向市场参与竞争，改变过去企业的生产全部由国家以计划形式下达的局面。为了推进面向市场化改革的需要，1989年3月，国务院颁布了《国务院关于当前产业政策要点的决定》，提出加强市场竞争的原则。为营造钢铁企业面向市场公平竞争的环境，国家对钢铁企业采取"精干主体，分离辅助"的政策。20世纪80年代中期宝钢进行"精干主体，分离辅助"的改革后，经济效益得到较大提高。武汉钢铁公司仿效宝钢，对系统内的资源进行整合，分离辅助和后勤单位，采取面向市场竞争的经营战略，也大大提高了经济效益。

经济体制的变革，必然引起对钢铁产业管理的重大变革。在我国由计划经济转向市场经济的过程中，钢铁产业政策也由计划命令型逐步转向面向市场的政策，这在改革实践中得到了充分的证明。1984年的《中共中央关于经济体制改革的决定》中指出，经济体制改革与国家的经济管理职能转变密切相关，政府机构管理经济的主要职能应该是：制定经济和发展的战略、计划、方针和政策；制定资源开发、技术改造和智力开发的方案；协调地区、部门、企业之间的发展计划和经济关系；部署重点工程特别是能源、交通和原材料工业的建设；汇集和传播经济信息，掌握和运用经济调节手段，等等。

1987年党的十三大报告创造性地提出了"国家调节市场，市场引导企业"的经济运行模式，要求"分阶段地进行计划、投资、物资、财政、金融、外贸等方面体制的配套改革"。加强建立和培育社会主义竞争而开放的市场体系，国家宏观调节与搞活企业、搞活市场相统一。针对经济体制改革中的弊端，1989 年的《中共中央关于进一步治理整顿和深化改革的决定》中将"整顿市场秩序"、"加强市场管理和物价管理"作为国家的重大任务，要求国家经济管理职能应与市场化取向的经济体制改革相适应。

国家宏观经济体制的变革也深刻地影响了钢铁产业政策。1990 年冶金部公布《钢铁工业"八五"及今后十年发展的基本思路》，提出以"调整品种结构、提高产品质量、提高员工队伍素质、内部挖潜和展开企业间的竞争为重点"的产业发展思路。冶金部强调钢铁产业要根据国民经济发展的需要，研发新的品种和提高质量，重视技术改造和提高劳动生产率，逐步提高钢铁产业国内、国际市场的竞争能力。[①] 钢铁产业政策由强调产量逐渐调整到重视质量和面向市场的竞争力。

总之，改革开放后，政府不断下放经营管理权，减少对钢铁企业经营的干涉，但是并没有从配置资源、组织生产领域完全退出，在行业准入、投资行为、投资主体和生产要素价格上还在超越市场发挥作用。在实行有计划的商品经济时期，国家对钢铁企业放权让利的政策，国有钢铁企业改变了过去的附庸地位，引导钢铁企业独立面向市场，参与竞争，开始调动了钢铁企业的经营积极性，企业的经济效益也有所提高，钢铁产业也获得了较大发展。

（三）实行社会主义市场经济体制以后（1993 年至今）

1. 钢铁业产能过剩与结构失衡的阶段

20 世纪 90 年代实行市场经济以来，中国钢铁工业快速发展，钢

---

① 参见《中国钢铁工业五十年》编辑委员会编：《中国钢铁工业五十年》，冶金工业出版社 1999 年版，第 151 页。

铁产量大增的同时，受国内外经济发展波动的影响，钢铁产业大起大落，起伏不定。多年来国有钢铁企业在粗放式发展方式下，所形成的乱上项目、大量投资、人员过多、负担过重、效率低下等问题日益突出。20 世纪 90 年代中后期是钢铁企业发展举步维艰的时期，既面对来自国内外市场需求的变化，又面临内部调整。1992 年和1993 年宏观经济过热、投资过热导致钢材产品供不应求，国内钢材供给缺口扩大，价格暴涨，进口激增。许多投机者利用钢材紧缺和双轨体制漏洞倒卖钢材，钢材被当作投机工具反复倒手，紧俏品种的钢材价格成倍翻番。① 1993 年上半年经济过热时钢材价格上涨到高峰；1994 年以后，紧缩调控下的宏观经济逐渐降温，经济增长速度逐年减慢，钢铁需求迅速从过热变为过冷。钢铁价格大幅度下降，钢铁企业收益下降，很多企业由盈利变为亏损。在钢铁产业中，占有优势地位的企业仍旧是国有及国有控股企业。在激烈的市场竞争条件下，面对产品价格下降，企业大多宁愿选择投资扩大生产能力来减少利润，也不愿减少生产，因此容易形成生产能力的扩张，导致产能过剩和效益下降的普遍现象。

实行市场经济以后，由于投资主体的多元化，大量的中小企业进入到钢铁行业中。由于资本先天不足，新建企业往往起点比较低，生产经营规模小，因此形成了大量落后产能。从政府的层面看，由于钢铁产业具有产业关联度大的特点，一旦投产后对地方经济发展、财政收入、就业有举足轻重的影响，因此很多地方政府将钢铁产业作为本地区的支柱产业，"九五"、"十五"期间有 19 个省、市、自治区把钢铁产业作为支柱产业。

---

① 参见殷瑞钰："中国钢铁工业的回顾与展望"，载《鞍钢技术》2004 年第 4 期，第 1 页。

从 1996 年起，我国连续多年是世界第一产钢大国。国内的钢铁企业大都是"万能型"企业，板、管、线、型材都生产，专业化程度低，分工不明确，产品结构趋同，没有自己的特色和优势，钢铁企业之间进行着低水平的价格竞争，严重影响了整个行业效益的提高，导致了钢铁产业的总体竞争力低下。地方的钢铁企业享有税收、土地使用等地方政府提供的优惠政策支持，获得了成本优势。部分中小企业为了争夺原料、资源、市场，采取恶性竞争的手段，扰乱竞争格局，扭曲了市场机制的作用，导致钢材市场混乱的状况。

我国钢铁产业在产能快速扩张的同时，深层次的矛盾逐渐显露，产能严重过剩、产业布局不合理、产业集中度低、产品的国际竞争力低下。其中最为严重的是产能结构性过剩，主要表现为落后产能过剩，一般水平产能过大，先进产能不足。低附加值的普通钢材严重过剩，而那些高附加值、高技术含量的钢材产品供给又存在不足，只能依靠进口来解决。此种产品结构既缺乏国际竞争力，又不符合节能减排要求。① 过剩的产能国内市场无法消化，必然导致出口增多，贸易摩擦也随之不断增多。从 1995 年到 2006 年全球发起的3044 起反倾销案件中，以钢铁及钢铁制品为主的反倾销立案数量为861 起，占全球反倾销立案总数的 28.3%。② 由于出口量大，且以低附加值的产品为主，加之出口的地区较集中，近些年来我国钢铁产业一直是国际贸易摩擦的"重灾区"，不仅是全球被提起反倾销调查较多的产业，也是中国遭受反倾销等贸易壁垒的主要产业。

受 2008 年国际金融危机的深层次影响，国际市场持续低迷，国

---

① 参见陈子琦："钢铁产业：标本兼治破困境"，载《中国科技投资》2009 年第4 期，第30—32 页。

② 参见邢凯旋："新形势下中国钢铁产业对外贸易的发展"，载《生产力研究》2010 年第 10 期，第195—197 页。

内需求增速趋缓，钢铁产业供过于求的矛盾日益凸显，2012 年年底，我国钢铁产业产能利用率仅为 72%，明显低于国际通常水平。[①] 钢铁行业利润大幅下滑，企业普遍经营困难。尤其值得关注的是，钢铁行业仍有一批在建、拟建项目，产能过剩呈加剧之势。在市场经济条件下，供给适度大于需求是市场竞争机制发挥作用的前提，有利于调节供需，促进技术进步与管理创新。但产品生产能力严重超过有效需求时，将会造成社会资源巨大浪费，降低资源配置效率，阻碍产业结构升级。如不及时采取措施加以化解，势必会加剧市场恶性竞争，造成行业亏损面扩大、企业职工失业、银行不良资产增加、能源资源"瓶颈"加剧、生态环境恶化等问题，直接危及产业健康发展，甚至影响到民生改善和社会稳定大局。

2. 治理产能过剩与结构优化的钢铁产业政策

（1）治理产能过剩和重复建设的政策。实行市场经济以来，我国钢铁产业产能增长迅速，已成为世界产钢大国，但在其快速发展过程中也积累了诸多问题，产能结构性过剩、技术水平低、成本高、污染严重、资源紧张等矛盾日益显现。1993 年后，钢铁行业内通过深化改革，建立产权清晰、权责明确、政企分开、管理科学的现代企业制度，试图实现增产增效的目的。通过提高企业经营活力，促进产业发展方式的转变。1994 年国务院在全国 100 家大中型国有企业中实施现代企业制度试点工作，选择本钢、太钢、舞阳钢铁、重庆钢铁、天津钢管厂、大冶炼钢、八一钢铁等 12 家钢铁企业作为试点；选择邯钢、酒泉钢铁等 57 家作为地方试点企业。改革过程中，企业完善法人制度、明确投资主体、建立健全治理结构，不断把各

---

① 参见国务院 2013 年 10 月 6 日公布的《国务院关于化解产能严重过剩矛盾的指导意见》（国发〔2013〕41 号）。

种先进的管理方法和手段应用于企业中。通过实施成本管理、质量管理、能源管理有效降低企业运营成本；通过干部制度和劳动制度改革，提高企业管理效率。但多年来国有企业在粗放式发展方式下，所形成的乱上项目、大量投资、人员过多、负担过重、效率低下的问题，随着市场化改革的深入日益突出。

产能严重过剩越来越成为我国钢铁产业运行中的突出矛盾和诸多问题的根源。企业经营困难、财政收入下降、金融风险积累等，都与产能严重过剩密切相连。化解产能严重过剩矛盾肯定带来阵痛，甚至会伤筋动骨，但从全局和长远来看，遏制矛盾进一步加剧，引导投资方向，加快产业结构调整，促进产业转型升级，防范系统性金融风险，对保持国民经济持续健康发展意义重大。因此，应控制增量、优化存量，深化体制改革和机制创新，建立和完善以市场为主导的化解产能严重过剩矛盾长效机制。

1994 年国家颁布的《90 年代产业政策纲要》中开始重视和控制盲目投资、重复建设的问题。1994 年开始实行宏观调控、适度从紧的货币政策，国务院颁布《国务院关于继续加强固定资产投资宏观调控的通知》，通知中对炼钢等热点行业提出要防止盲目布点、重复建设。1996 年开始国家进一步加强了对钢铁工业固定资产投资的控制，要求严格控制新开工项目，2 亿元以上的投资项目须经国务院批准；1999 年 1 月国家经贸委发布《关于做好钢铁工业总量控制工作的通知》，通知认为钢铁产业存在日益突出的重复建设和工业结构不合理问题，并要求压缩钢产量，各地要坚决制止重复建设。① 1999年8月经贸委颁布《工商投资领域制止重复建设目录（第一批）》，新建高炉炼铁、转炉炼钢等15个钢铁工业被列入其中。2000年国家经贸委相继颁布了《关于做好2000年总量控制工作的通知》和《关于下达2000年钢铁生产总量控制目标的通知》等政策，严格控制新增产能投资。2001年到2002年，国家继续对钢铁工业实行总量控制、结构调整的政策，但投资控制有所松动，在需求的拉动下固定资产投资开始快速增长。

2003年，钢铁工业投资增长92.6%，引起各方高度重视，发改委、国务院以及许多学者认为钢铁产业存在比较严重的盲目投资和低水平重复建设问题。2003年发展改革委员会、国土资源部、商务部、环保总局和银监会共同制定了《关于制止钢铁行业盲目投资的若干意见》，同年12月23日国务院办公厅签发《国务院办公厅转发发展改革委等部门关于制止钢铁电解铝水泥行业盲目投资若干意见的通知》中特别指出我国钢铁工业盲目投资、低水平扩张的现象严重。

一些地方不顾市场及外部条件，以各种名义大规模新建炼钢炼铁项目，并低价出让、未征先用土地，给企业各种不合理的优惠政策和减免税收，还有一些地方以外商投资鼓励类名义，违规审批炼钢、炼铁项目，造成钢铁工业出现生产能力过剩，铁矿资源不足，

---

① 国家经贸委发布的《关于做好钢铁工业总量控制工作的通知》（国经贸运行〔1999〕29号）中规定：未经批准的项目一律停建。已经停产的企业和生产线不得再恢复生产，其设备就地淘汰不得转移。国家冶金工业局要加强生产许可证的管理，利用许可证的整顿、颁发和验证手段，加快对落后工艺装备的淘汰步伐。严格控制进口，对进口钢材实行限量登记制度。鼓励出口，对"以产顶进"钢材继续给予优惠政策，并努力简化操作程序。各企业要加强对钢坯、钢锭的销售管理，不得销售给"五小"企业。对已经停产和半停产的企业，由国家冶金工业局商各地经贸委、冶金主管部门提出名单，商金融和电力部门，减少或停止贷款和供电。

布局不合理，结构性矛盾突出等问题。钢铁工业是资金、资源和能源密集型产业，吞吐量大，污染重，耗水多。从资源、能源、环境和可持续发展等各方面来看，我国钢铁工业低水平扩张、粗放经营的状况已难以为继。对于当前出现的盲目发展现象，如不加以引导和调控，将导致一些品种产量严重过剩和市场过度竞争，造成社会资源极大浪费。禁止地方各级人民政府将项目化整为零、越权、违规审批钢铁项目，并提出对不符合要求的钢铁项目采取停止建设和限期整改的措施和加强对外商投资方向的指导和引导以及加强钢铁产业领域的环境监督执法。[①]

2003 年国家发展改革委员会发布的《关于钢铁、电解铝、水泥行业项目清理有关意见的通知》中指出钢铁行业产能增长过快，50% 的新增规模来自原规模不足 100 万吨或根本未从事过钢铁生产的企业，新建项目违规占用土地和耕地比较普遍，未经过合法的审批手续，有的未向土地部门申请，经当地政府默认，就擅自占用土地；有的采用未征先用或边征边用；有的虽经过批准征用但只交纳很少的土地出让金，欠交部分用项目建成后的税收抵免。未经环境评估或环保审批把关不严。许多地区对环保重视不够，有的地区环保审批形同虚设，把环保审查仅作为手续办理，相当一批项目边办理环保审批边开工建设，有的甚至未办理环保审批就违法开工。盲目投资低水平重复建设问题十分严重，加剧了全国煤、电、油、运供应的紧张局面，资源、能源、环境的制约凸显，如不及时采取有效措施，必将导致产能严重过剩，结构失调，投资效率降低，给国民经济健康、持续发展以及社会稳定造成不利的影响。

---

① 参见国务院办公厅转发发展改革委等部门《关于制止钢铁电解铝水泥行业盲目投资若干意见的通知》（国办发〔2003〕103 号）。

　　2004 年国务院相继出台了《国务院办公厅关于清理固定资产投资项目的通知》、《政府核准的投资项目目录（2004 年版）》、《国务院关于投资体制改革的决定》、《国务院关于调整部分行业固定资产投资项目资本金比例的通知》，采取严格的项目审批、供地审批、贷款核准和强化市场准入与环保要求，清理违规项目以及目录指导等措施进一步严格控制钢铁行业的投资，避免可能出现的产能过剩。国务院 2013 年 10 月公布的《国务院关于化解产能严重过剩矛盾的指导意见》（以下简称《指导意见》）中提出化解产能严重过剩矛盾是当前和今后一个时期推进产业结构调整的工作重点，指出钢铁、水泥、电解铝等行业产能严重过剩。其中对钢铁行业提出重点推动山东、河北、辽宁、江苏、山西、江西等地区钢铁产业结构调整，充分发挥地方政府的积极性，整合分散钢铁产能，推动城市钢厂搬迁，优化产业布局，压缩钢铁产能总量 8000 万吨以上。《指导意见》明确规定严禁建设新增产能项目，要求严格执行国家投资管理规定和产业政策，加强产能严重过剩行业项目管理。强调各地方、各部门不得以任何名义、任何方式核准、备案产能严重过剩行业新增产能项目，相关部门和机构不得办理土地供应、能评、环评审批和新增授信支持等相关业务。除严禁建设新增产能外，还规定必须清理整顿建成违规产能，要求各省级人民政府依据行政许可法、土地管理法、环境保护法等法律法规，以及能源消耗总量控制指标、产业结构调整指导目录、行业规范和准入条件、环保标准等要求，对产能严重过剩行业建成违规项目进行全面清理。要求各级政府加强对建成违规产能的规范管理，工业主管部门加强行业规范和准入管理，国土、环保部门严格监督检查，质检部门进行质量保障能力综合评价，依法颁发产品生产许可证。对工艺装备落后、产品质量不合格、能耗及排放不达标的项目，列入淘汰落后年度任务加快淘汰。

《指导意见》中还对违规在建项目提出了分类处理政策。对未按土地、环保和投资管理等法律法规履行相关手续或手续不符合规定的违规项目，地方政府要按照要求进行全面清理。凡是未开工的违规项目，一律不得开工建设；凡是不符合产业政策、准入标准、环保要求的违规项目一律停建；对确有必要建设的项目，在符合布局规划和环境承载力要求，以及等量或减量置换原则等基础上，由地方政府提出申请报告，报发展改革委、工业和信息化部并抄报国土资源部、环境保护部等相关职能部门，发展改革委、工业和信息化部商国土资源部、环境保护部等职能部门，在委托咨询机构评估的基础上出具认定意见，各相关部门依法依规补办相关手续。对未予认定的在建违规项目一律不得续建，由地方政府自行妥善处理；对隐瞒不报在建违规项目，一经查实，立即停建，金融机构停止发放贷款，国土、环保部门依据土地管理法、环境保护法等法律法规予以处理，对涉及失职渎职和权钱交易等问题的予以严肃查处，对监管不力的要严肃追究相关人员的责任。同时，按照谁违规谁负责的原则，做好债务、人员安置等善后工作。所有在建违规项目的处理结果均应向社会公开。[①]

（2）推进结构优化的产业政策。2005年国家发改委针对钢铁产业正式出台《钢铁产业发展政策》，力图推进产品结构调整，改善产业布局，提高产业集中度，淘汰落后产能，促进技术创新，重视环境保护，实现产业升级。随后又配套出台了《钢铁产业清洁生产标准》、《中国钢铁企业主要设备装备技术等级水平评价方法》等。2006年国务院颁布《国务院关于加快推进产能过剩行业结构调整通

---

① 参见国务院2013年10月6日公布的《国务院关于化解产能严重过剩矛盾的指导意见》（国发〔2013〕41号）。

知》，通知中认为部分行业盲目投资、低水平扩张导致生产能力过剩，并已经出现产品价格下跌，库存上升，企业利润增幅下降，亏损增加、加大金融风险等后果，成为经济运行的一个突出问题，如果不抓紧及时解决，资源环境约束的矛盾就会更加突出，结构不协调的问题就会更加严重，企业关闭破产和职工失业就会显著增加，影响经济持续快速、协调、健康发展。

2006 年 6 月，国务院发布《国务院办公厅转发发展改革委等部门关于加强固定资产投资调控从严控制新开工项目意见的通知》，加强对固定资产投资的调控、从严控制新开工项目，以避免相关行业产能过剩进一步加剧，国务院把推进产能过剩行业的产业结构调整作为工作重点之一。其中，钢铁产业是政府调控的重点产业之一。2008 年国际金融危机的爆发，使我国钢铁产业深受重创，同时也暴露了多年积累的深层次的矛盾。2009 年年初，为了应对全球金融危机的影响，国务院公布了《钢铁产业调整和振兴规划》，力图将应对危机与振兴钢铁产业相结合，利用市场倒逼机制和产业政策来对钢铁产业进行结构性调整和优化升级。2009 年在"四万亿"扩大投资及刺激消费政策推出后，固定资产投资大幅增长，钢铁产业再次呈现出产量快速增长的态势。受金融危机的影响，国际钢材价格大跌，低价进口钢材极大冲击了国内钢材市场价格，使得国内钢材价格大幅下降，造成我国钢铁产业出现增产不增收的局面。

2011 年工信部发布了《钢铁工业"十二五"发展规划》（以下简称《"十二五"规划》）。《"十二五"规划》以《国民经济和社会发展第十二个五年规划纲要》和《工业转型升级规划（2011—2015年）》为主要依据，以结构调整为核心，是两个规划在钢铁行业的具体化和落实。此外，受世界钢动态（WSD）对钢铁产业竞争力排序评价指标的影响，《"十二五"规划》比以往政策更加注重钢铁产业技术改造和创新及钢铁产业与上游、下游产业链的整合建设。世界钢动态在近年全球钢铁产业竞争力排序评价指标中，越来越注重钢铁企业的技术创新和与上、下游产业的整合能力，在其竞争力排序中给予技术竞争力及产业链整合指标的权重越来越大，世界钢动态评价指标的改变不仅影响了中国，对其他许多国家的钢铁产业政策都有一定程度的影响。①

2013 年 10 月国务院公布的《国务院关于化解产能严重过剩矛盾的指导意见》中提出调整优化产业结构。优化产业空间布局，科学制定产业布局规划，在遏制产能盲目扩张和严控总量的前提下，推进产业布局调整和优化。按照区域发展总体战略要求，适应城镇化发展需要，结合地方环境承载力、资源能源禀赋、产业基础、市场空间、物流运输等条件，有序推进产业梯度转移和环保搬迁、退城进园，防止落后产能转移。支持跨地区产能置换，引导国内有效产能向优势企业和更具比较优势的地区集中，推动形成分工合理、优势互补、各具特色的区域经济和产业发展格局。促进产业组织结构的优化，推进企业兼并重组。进一步完善促进企业兼并重组的财税、金融、土地等政策措施。协调解决企业跨地区兼并重组重大问题，理顺地区间分配关系，促进行业内优势企业跨地区整合过剩产能。推进兼并重组企业整合内部资源，优化技术、产品结构，压缩过剩产能。鼓励和引导非公有制企业通过参股、控股、资产收购等多种方式参与企业兼并重组。推动优强企业引领行业发展，支持和培育优强企业发展壮大，提高产业集中度，增强行业发展的协调和自律能力。

从这一时期贸易政策的调整上看，国家正逐步减少对产业的保

---

① 参见王小明："加速转型升级实现科学发展"，载《钢铁规划研究》2013 年第 1 期，第 15—16 页。

护，通过产业自身能力的提高，来应对来自国际市场的挑战。在关税方面，进口关税不断下降，1993—1999 年共三次下调 27 个税号产品，平均每次下调幅度达 50%，在出口产品上实施差别退税制；亚洲金融危机发生时，政府为支持钢铁产品对进口产品的替代以及鼓励加工企业采用国内产品，对进口替代产品给予一定的税收优惠，对加工出口专用钢材增值税减免。2002 年后，贸易政策以控制出口数量和产品质量，减少贸易摩擦为主要方向。2004—2008 年，国家连续六次下调钢铁产品的出口退税率，来控制产品过快过猛出口，贸易经营权逐渐放开。

随着贸易摩擦案件的增多，政府在 2007 年到 2008 年对 83 个商品编码实行了出口许可证管理；钢材出口许可证制度是商务部调控"两高一资"（高耗能、高污染、资源型）产品出口大幅增长而采取的措施之一，通过抑制钢材出口增长过快，来配合国家淘汰落后产能的要求。国家鼓励优势企业以多种方式"走出去"，优化制造产地分布，消化国内产能。建立健全贸易投资平台和"走出去"投融资综合服务平台。推动设立境外经贸合作区，吸引国内企业入园。按照优势互补、互利共赢的原则，在全球范围内开展资源和价值链整合；加强与周边国家及新兴市场国家投资合作，采取多种形式开展对外投资，建设境外生产基地，提高企业跨国经营水平，拓展国际发展新空间。

四、钢铁产业政策变迁的影响因素

（一）经济体制

产业政策作为一种调节与促进产业发展的政策，这种政策实现机制与一国的经济体制密切相关，经济体制对产业政策的制定和实施有决定性影响。

新中国成立以来，中国钢铁工业经历了几次大的体制结构变化。改革开放前的计划经济体制下，钢铁企业没有自主决定生产的能力，一切由政府统一安排，钢铁的产量和价格都由国家决定，而不是通过市场经济那只无形的手来确立的。国家对钢铁的产业政策主要是一种强制性的指令。钢铁企业的建设方案由国家决定，生产计划由国家编制，并以指令性任务下达给企业，建设资金由国家拨付给钢铁厂无偿使用。指令性计划和政策导致产业分散布局，政府注重钢铁企业和产品数量的扩张。中央集权的所有制结构，使企业缺乏技术创新的动力，过多地依赖技术引进，这些因素都加剧了这一时期产业低效的粗放式发展。

改革开放后，1979—1992 年期间，在有计划的商品经济体制下，钢铁行业普遍实行了承包制改革，第一阶段的承包制是从上海开始的，首钢推行经济承包责任制为改革的第二阶段。① 承包制虽在短时间内极大地调动了企业和职工的积极性，但也有历史局限性，容易形成企业行为的短期化。

1993 年实行市场经济体制后，是按照市场取向，逐步改革了计划经济体制。通过建立现代企业制度，推动国有企业改革，所有制结构调整有效地改善了资源配置的效率。企业竞争日趋激烈，带动了大型企业对于技术创新的投入，在产业发展过程中各种先进的管理方法逐渐应用到企业中，对产业发展质量的提高具有促进作用。宏观上，国家提出了淘汰落后产能的要求。尽管这一时期钢铁产业依旧采取粗放式发展方式，但是产业发展中已逐渐重视了技术、管理等要素。21 世纪后，产业政策更加注重从技术创新和节能减排等

① 参见《中国钢铁工业五十年》编辑委员会编：《中国钢铁工业五十年》，冶金工业出版社1999 年版，第33 页。

方面推动产业从粗放式发展方式向集约式转变。

(二) 经济发展战略

经济发展战略是一国一定时间内的经济发展总体规划，具有方向性和总括性，产业政策只是作为实现这一发展战略的措施，产业政策的制定一般以其为依据，因此产业政策在很大程度上受经济发展战略的支配和限定，为经济发展战略服务。经济发展战略在很大程度上规定了某一时期产业政策的指导思想、基本内容、政策重点和政策方式。一般来说，外延型经济发展战略要求产业政策主要进行增量调整，而内涵型经济发展战略则要求产业政策主要重视质量和效益的提高，以及更重视经济发展与环境保护的协调发展。

从中国具体国情和经济发展所处的特定阶段上看，新中国成立后相当长的时间内，以建立完整独立的工业体系为发展目标，快速发展钢铁工业的选择具有一定的合理性。在需求档次较低时，要求发展中国家，特别是有巨大需求的发展中国家脱离本国实际改变增长内容是不现实的。因此，在产业发展初期，大规模投资，提高产能的政策具有合理性。① 但是，当钢铁产量能够满足国内市场需求时，产业的增长应该朝向技术含量较高的方向转变，应依赖于集约式增长，仍以盲目的新增项目、扩大产能为主要手段，而不关注产业发展的质量，则阻碍了产业发展方式的转变，不利于经济优化和升级。改革开放前的钢铁产业政策在当时特殊的背景下采取了外延型发展模式，重视产能的扩大，不注重产业结构的调整；改革开放以后，钢铁产业政策根据经济发展战略的调整也做出了相应的改变，数量已不是钢铁产业追求的主要目标，钢铁产业政策重在优化产业

---

① 参见郑玉歆："全要素生产率的测度及经济增长方式的'阶段性'规律——由东亚经济增长方式的争论谈起"，载《经济研究》1999年第5期，第58页。

结构。

（三）市场需求

社会需求决定了钢铁产业所处产业生命周期，钢铁产业的兴盛阶段往往由于产业需求旺盛，产业衰退则随着产业需求的萎缩，产业地位日趋下降。发达国家的经验表明，一国在工业化时期对钢材产品的需求最强盛，也是钢铁产业发展过程中的鼎盛时期。在工业化过程中，各个产业都处在高速增长，作为基础性行业的钢铁产业在产业构成中发挥着重要的作用。相应地，产业政策也会对钢铁产业的发展大力推进；钢铁产业市场需求的萎缩则导致产业的衰退，钢铁产业在国民经济中的地位也会日趋下降，相应的钢铁产业政策也会随之改变。

国民经济中对钢材产品需求量大，往往也是一国钢铁产业发展周期中的鼎盛时期。因为在工业化过程中，国民经济中大多数产业都在快速增长的情况下，对钢材产品的需求量较大，机械制造工业、造船工业、建筑工业、家用电器等制造业的发展都离不开钢铁产品的支持。因此，在此阶段，各国一般会通过钢铁产业政策引导本国钢铁产业的健康发展，以满足国民经济相关部门对钢材这种基础原材料的需要。美国政府在其工业化阶段，对钢铁产业给予必要的政策支持，将钢铁作为战略性资源来对待。目前，钢铁产业在美国等发达国家之所以被视为衰退产业，主要是因为随着经济的高度发展，其产业结构完成了升级换代，经济增长主要依靠高科技和信息服务业，因此对钢铁产品的需求大大减少，其钢铁产业不可避免地成为衰退产业。不同的国家经济所处的阶段不同，对钢铁产品的市场需求也不同，相应的国家的产业政策也不同。

（四）钢铁产业在国民经济中的地位

产业在经济发展中所处地位也会对产业政策产生影响，产业在国民经济中所处地位越重要，国家越重视，相应地，产业政策制定和实施的力度也会越大。此外，钢铁产业与上、下游产业关联度很大，上游与采矿业、能源业、运输业等产业相关联，下游与装备制造业、汽车、船舶、建筑等密切相连，正是因为产业关联大，是一国工业化的基础产业，由此凸显了钢铁产业在一国工业化阶段的重要地位，很容易成为国家产业政策调控的重点。钢铁产业在国民经济中的地位决定了国家在制定钢铁产业政策时，应坚持综合平衡的原则，充分考虑其关联产业的发展状况和需要。新中国成立后到改革开放前的钢铁产业政策过分强调单个钢铁产业的发展，忽视了相关产业的协调发展，不仅对钢铁产业本身的健康发展不利，最终也影响了整个国民经济的协调发展。

钢铁产业属于原材料性的基础产业，在国民经济中与许多产业有着紧密的关联性。与此相应，钢铁产业政策也应注重与相关产业政策的协调。改革开放后钢铁产业政策更强调钢铁产业与其他产业的协同效应，从 2009 年国家出台的十大产业振兴规划中可见一斑。十大产业振兴规划中的《汽车产业振兴规划》、《有色金属产业振兴规划》、《船舶产业产业振兴规划》、《装备制造业产业振兴规划》等产业都与钢铁产业紧密相关，这表明由过去的单一重视钢铁产业政策过渡到逐步重视关联产业政策的耦合，以期产生最大的协同效应。此外，随着经济的全球化，除了国内产业政策的协调外，还应重视国际间产业政策的协调。

第 四 章

国际钢铁产业政策的比较与启示

一、日本的钢铁产业政策

(一) 日本钢铁产业发展状况

现代日本钢铁工业始于 20 世纪 20 年代后期，当时主要是为了适应日本军国主义扩充军备的需要，大力发展钢铁产业，为日本钢铁产业的强大奠定了坚实的基础。"二战"结束时日本钢铁工业几近瘫痪，战后历经了恢复到强盛的发展过程，在较短的时间内就成为世界产钢大国之一，造就了世界钢铁工业发展史上的一个奇迹。[①] 其中，产业政策对促进日本钢铁产业的发展起到了重要作用。

"二战"后日本钢铁产业的发展主要分为两个阶段：第一阶段为恢复与成长期（1946—1972 年）。1946 年至 1950 年，钢铁产业政策主要是倾斜式的恢复生产。进入 50 年代以后，随着钢铁产业的恢复，钢铁产业政策的重点逐步转向振兴产业。第二阶段为成熟及集

[①] 参见杜立辉、佘元冠："战后日本钢铁工业的发展特点及启示"，载《经济纵横》2007 年第 10 期，第 77—78 页。

约发展期（1973 年至今）。1973 年日本钢铁产量达到了峰值点，产业政策在调整过程中，更重视产业的集约发展。采取"减量经营"战略，闲置部分设备，缩小经营规模；加速偿还贷款，充实自有资本比率，裁减人员，降低成本，促进企业经营战略合理化。随着钢铁产量的快速扩张，钢铁产业出现了技术陈旧、设备老化等一系列问题，针对此问题，日本钢铁产业进行了两次大规模的技术设备更新，淘汰落后产能，在产业政策方面采取更加重视环保和产业效率的集约式发展政策。

（二）日本钢铁产业政策的变迁

1. "倾斜式"的扶持政策

在恢复和成长期，日本政府对钢铁产业实行"倾斜式"的政策，从 1945 年到 1957 年政府出台了大量关于促进钢铁产业发展的法律政策，日本政府于 1950 年制定了《第一次钢铁合理化五年计划》，对钢铁产业进行了大规模的固定资产更新，对设备更新改造提供优惠贷款，同时实施优惠的税收制度，减免固定资产税和加速折旧率；外汇优先配给钢铁产业等具体政策，使技术装备水平得到很大的提高。同年还出台了《钢铁和煤炭工业合理化政策纲要》，政策纲要中明确规定钢铁和煤炭两个基础工业部门为优先发展的产业，在煤炭供应紧张时必须优先保证钢铁生产部门的煤炭需要；为增加煤炭产量，钢铁产品重点分配给煤炭部门，保证采煤设备的制造。

日本产业合理化政策实施的手段主要有财政投资贷款、税收优惠措施、海运利息补贴和外汇配额等，这些措施有力地支持了钢铁和煤炭产业的快速恢复和发展。[①] 此外，除了引导和扶植钢铁和煤炭

---

① 参见李拥军、高学东："对日本战后四十年钢铁产业政策的分析"，载《中国钢铁业》2008 年第 10 期，第 20—26 页。

产业的相互促进外，日本政府也十分重视平衡协调钢铁产业与其他相关产业的合理发展，于1951年出台了《关于产业的合理化措施》，1952年又发布了《企业合理化促进法》，明确规定钢铁产业的主要设备被指定为特定设备，而特定设备在第一年购入时可按照购入价格的50%进行折旧，用以减免固定资产税，外汇优先配给钢铁产业等具体政策。该项政策的实施，为钢铁企业设备的更新换代提供了重要的资金来源。此外，还通过合理化措施引导钢铁产业与各相关产业的共同发展，高质量的钢铁产品促进了下游机械制造业、造船等产业的迅速发展，而下游产业的快速发展又扩大了钢铁产业的市场容量，钢铁产业与其相关产业形成了良性循环，并对日本的整个国民经济的恢复和发展起到了重要作用。

20世纪50年代中期，日本政府提出"贸易立国"的战略，提出将钢铁产业培育成出口产业，尤其注重高新技术的引进和设备更新换代。炼钢方面，高炉的高温、高压技术来自苏联，喷吹重油来自法国，氧气顶吹转炉来自奥地利，炉外精炼技术源于德国，连铸技术来自瑞士，多项关键性技术的引进，使日本钢铁产业获得了飞跃性发展。转炉炼钢技术不仅能耗小，而且时间短，同一容积的转炉产量是平炉的九倍。在大量技术引进的基础上，60年代中期转炉炼钢已经超过了平炉炼钢产量。日本并没有停留在单纯的技术引进上，而是注重技术的消化和吸收，成功研制了转炉燃气回收技术，并向很多国家进行技术输出。[1] 日本在战后技术引进的过程中，政府特别注重从政策上引导和鼓励企业吸收、消化形成自主创新能力的路径，使其技术和产量得到大幅提升，从技术进口国转变为技术出

---

① 参见杜立辉、佘元冠："战后日本钢铁工业的发展特点及启示"，载《经济纵横》2007年第10期，第78页。

口国。

1956—1960 年为钢铁产业第二个合理计划期，日本政府以提高钢铁产业竞争力为核心，重点发展设备的大型化、现代化，以减税、加速折旧、优惠贷款、出口补贴等手段，在钢材进口方面设定高额税率，严格限制钢铁产品的进口，高关税壁垒有效保护了日本国内钢铁企业。在政府政策的大力扶植下，日本钢铁产业逐渐形成了比较优势，国际竞争力明显提高，产品出口迅速增长。

日本钢铁产业不具备资源禀赋优势，因此，从开始发展钢铁产业起，就注重产业布局。从国内的产业布局看，由于日本的铁矿石探明储量仅为 2000 万吨，而且品位低，因此，原材料要进行全球采购，导致生产成本成为产业发展的"瓶颈"，因此，在产业布局中关注生产流程、物流等成本的降低。钢铁产业空间布局一般有三种形式，一是靠近资源产地，即资源依托型；二是临近港口，即临海港口型；三是靠近消费市场，即市场临近型。为了提高产品的竞争优势，适应市场和资源依赖国际市场的特殊性，日本主要钢铁企业选择了沿海的产业布局，充分利用港口资源便于原材料的进口、产成品的出口。日本钢铁产业布局临港口的模式，后来得到韩国和我国宝钢的效仿。日本钢铁产业的合理布局大大降低了成本，提升了其竞争优势。从国际市场的产业布局看，日本积极寻找高质量的原材料供应商，通过向巴西、前苏联、澳大利亚等国家提供技术装备和贷款，或者投资于当地的矿山，获得所需要的原材料，为日本的钢铁产业发展提供稳定可靠的原料保障。

此外，日本比较成熟的钢铁协会——日本钢铁同盟，对日本钢铁产业的恢复和发展也起了重要作用。日本钢铁联盟于 1948 年 11 月经日本通产省同意而成立，2001 年 11 月，日本钢铁联盟与日本钢材俱乐部、日本输出钢组织合并。合并后日本钢铁联盟从一个仅有钢铁生产企业参与的行业性组织转型为由钢铁生产企业、钢材流通企业、钢材出口企业共同参与的行业组织，行业范围由过去单一的钢铁生产领域扩展到钢材流通和钢材出口等多个领域。[①] 日本钢铁联盟从日本钢铁业的整体利益出发，其主要工作是对钢铁生产、供需、流通等进行数据统计和调查分析，促进钢铁生产和钢铁产品的技术开发与普及；应对环境问题，对经营进行合理化改善、制定推广产业标准；促进公正公平的钢铁贸易等业务，针对国际国内市场中出现的各种不同的、错综复杂的钢铁相关问题，为钢铁业界献计献策。

日本钢铁联盟在日本钢铁产业的发展过程中，在协调钢铁行业内公司、企业间关系及实施国际发展战略方面起到至关重要的智囊团作用和传导作用。日本钢铁联盟是发育良好的产业界中介组织，在实施国家钢铁产业政策中，通过"公平交易委员会"起到促进政府和政策对象双向沟通作用，还帮助各会员企业和组织与国内其他行业进行多向沟通，在政策传导和行业自律协调方面起到较好的桥梁作用。钢铁联盟代表钢铁企业与政府谈判，为钢铁企业的发展争取了许多政策支持，为日本钢铁产业乃至国民经济的可持续发展及国际合作作出了重要贡献。

2. 集约式重视环保的钢铁产业发展政策

经过一系列政策的扶植，日本钢铁产业迅速得到恢复和发展，20 世纪 70 年代后，日本的钢铁产业进入了成熟期。与此同时，钢铁产业对环境的严重污染，引起了日本社会的高度关注，纷纷要求政府采取措施。社会各界的压力促使日本政府及时调整了钢铁产业政策，转向了集约式的产业发展政策，注重环保与节能政策的制定与

[①] 参见李拥军："日本钢铁联盟管理体制研究"，载《冶金经济与管理》2010 年第 5 期，第 4—8 页。

实施，加强节能环保设备的投资力度，引导钢铁业调整钢铁产业布局和产品结构，鼓励钢铁企业信息化和网络化机制的建设，加大人力资本投资，提高产业组织的能效。

1970年日本国会审议并批准了14个与环境保护相关的法律。其中比较有影响的有：《公害基本对策法》（部分修订）、《公共水域水质保护法》、《工厂废水排放管理法》、《废弃物的处理及清扫法》等，通过严厉的立法制止企业污染环境行为。① 与此同时，提供优惠贷款支持钢铁企业进行节能环保设备的改造与升级。因一般中小企业很难有资金实力进行环保方面的投资，日本政府积极促进钢铁企业扩大规模，建立"革新产业体制"推动钢铁企业的兼并重组，通过产业集中来提高规模效益，降低成本和有能力进行环境设备投资。

日本政府积极推进对落后产能的淘汰。1983年出台了《特定产业结构改善临时措施法》，该法主要通过多种补贴和实施优惠税制等政策措施，进行设备更新和技术开发的投资项目，通过建立特定基金支持钢铁企业报废落后设备所需资金，安置因淘汰落后产能而离职的员工，并且为离职员工提供职业转换援助。② 日本钢铁企业通过大规模的节能环保的技术改造提高了资源与能源利用效率，改善能源结构和减少污染，使日本钢铁企业的能源单耗达到了全球较低水平。③

20世纪90年代，日本在泡沫经济破裂后，再一次面临严重的产能过剩。1995年10月，日本的《面向21世纪的日本经济结构改革思路》报告，提出了"科学领先、技术救国"方针，调整产业结构，

---

① 参见王琼："日本钢铁产业政策对我国的启示"，载《中小企业管理与科技》2009年第1期，第97—98页。

② 参见张延军、张学军："日本的产业调整援助政策及其对我国的启示"，载《改革与战略》1996年第1期，第64—68页。

③ 参见牛雅芳、付静、杨婷："世界主要产钢国家钢铁工业的竞争力研究"，载《冶金信息导刊》2007年第6期，第9—10页。

建设知识密集型产业，提出现有产业应向高附加值产业转移，放宽规制，促进竞争，改革企业制度。1998 年，通产省推出《经济结构改革行动计划》，提出要尽快创造新产业，应对全球经济环境变化的挑战。20 世纪 90 年代，日本政府相继制定和颁布了多项环境相关的法律法规，提出"循环"、"共生"、"参与"及"国际合作"等环保理念，制定《环境基本计划》，指导钢铁产业向循环经济发展模式的转变，提升环境竞争能力。经济缓慢增长时期，日本政府采取积极的环保政策，高度重视环境管理认证，营造环境立国的大氛围，引导钢铁产业兼并重组、国际化、全球化的程度，逐步向低碳化方向发展。日本钢铁产业政策充分体现了时代特征，并与时俱进，保持了日本钢铁产业的核心竞争优势和环境友好形象。

21 世纪以来，日本高度重视钢铁产业的低碳化发展。在日本经济团体联合会的统一布置下，各行业制定了以减排 CO_2 为中心的企业节能环保志愿计划，推动了钢铁工业新一轮节能环保技术的发展。具体措施包括：推广已有的节能技术，同时开发新技术；争取在政府和自治体的协作下扩大钢铁厂对废塑料的利用和低温余热供社会利用；大力开发高强度钢材和低电阻电工钢板等节能钢材；加强节能、环保的国际协作和技术转让，为全球减排 CO_2 作贡献；重视厂内废钢再生利用并不断采用新技术；为取得 ISO14000 的认证，不断完善钢铁企业环保管理体制。2008 年，日本内阁会议通过了"构建低碳社会行动纲领"，在此基础上设计日本的低碳经济相关政策。2009 年公布了《绿色经济与社会变革的政策草案》，进一步强化日本低碳经济的发展。在此背景下，作为排碳大户的钢铁产业的低碳化转型更是受到政府的重视，日本政府通过运用经济激励政策促进其钢铁产业的低碳化发展。[①] 节能减碳政策和措施不仅增强了日本钢铁产业的国际竞争力，而且使日本成为世界上吨钢能耗最低的国家，成为国际钢铁能耗的"标杆"。[②]

3. 海外投资政策

20 世纪七八十年代，日本经济增长相对平稳，但日益成熟强大的经济，以及本国消费市场相对狭小，导致日本部分产品产能过剩严重。进入 80 年代中后期，尤其是 1985 年下半年，日元持续大幅度升值，加剧了日本国内产能过剩，出现了"海外投资立国论"。

日本政府确立鼓励对外投资政策，希望通过扩大对外投资、加快生产和资本的国际化步伐来缓解日元升值导致的投资和生产成本提高、产能过剩等问题。日本加大在亚洲，特别是东南亚国家地区（韩国、中国台湾、中国香港和新加坡）的投资，将国内传统制造业过剩产能向海外转移。80 年代前期，日本制造业的海外生产比率仅为 3% 左右，90 年代初提高到 8% 左右，而 2002 年达到 17.1%。其中，电气机械业达到 26.5%，运输机械业则高达 47.6%。不同时期，日本制造业对外投资的侧重点不同，但均为国内成熟产业，其在国内市场上面临过度竞争、生产过剩等问题。1969—1973 年，日本对外投资主要在纺织、化学和铁及非铁金属，分别占同期日本对外直接投资总额的 7.7%、6.1% 和 4.8%；1978—1984 年，则是铁及非铁金属、化学和电气机械，分别占对外直接投资总额的 7.6%、5.0% 和 4.8%；1986—1989 年，侧重于电气机械、运输机械和化学，

---

① 参见蔡林海：《低碳经济大格局—绿色革命与全球创新竞争》，经济科学出版社 2009 年版，第 9 页。

② 参见窦斌："日韩钢铁行业节能政策及启示"，载《当代经济》2007 年第 8 期，第 80—82 页。

分别占对外直接投资总额的 6.4%、3.3% 和 2.7%。[①] 日本通过大规模海外投资和产业转移，一是建立了本国与投资国之间的垂直分工体系，带动技术和设备出口，形成了国际生产网络；二是实现了过剩产能的消化，并推动相关产业的优化升级；三是构建了以高附加值的金属、化学与机械等重化工业为核心的制造业结构，形成制造业国内和海外拉动双引擎。

综观日本钢铁产业的发展，可以较为清晰地看到政府的主导作用，钢铁企业也在认清自身所处的地位和面临的困难后积极与政府配合，使得日本成为世界钢铁强国之一。在产业发展之初，日本政府通过倾斜扶持的政策，大规模投资形成产业基础，使钢铁企业得到快速发展，在注重量的扩张的同时，极为重视技术对钢铁产业升级的贡献，注重先进技术的引进和继承，通过消化吸收，逐渐形成自主创新能力。在钢铁产业规模扩大的同时，注重产业布局、产业组织优化、提高管理水平等问题；在钢铁产量达到峰值点时，针对污染严重、能耗大的问题，以降低能耗、提高质量、增加效益为重点，果断实施了淘汰落后产能、促进环保设备改进等集约式发展的手段。[②] 日本钢铁产业通过政府产业政策的有效引导，完成了从相对粗放发展模式向环保节能的集约式发展方式的转变。

二、巴西的钢铁产业政策

(一) 巴西钢铁产业发展概况

巴西发展钢铁产业本身具有不可比拟的优势，巴西作为全球最

---

① 参见郑长征："产能过剩的世界应对之道"，载《业界》2013 年第 6 期，第 56—59 页。

② 参见白丙中："日本、美国高新技术发展简况及其钢铁工业产品结构的调整"，载《鞍钢技术》1992 年第 3 期，第 4—5 页。

大的铁矿石供应国，为本土的钢铁企业提供了充足的原料保障，加之廉价劳动力优势，使巴西钢铁产业的发展获得了成本优势，加上政府的大力支持，使巴西成为世界产钢大国之一，国际竞争力越来越强。[①] 巴西钢铁产业的发展主要经历了三个重要阶段。

第一个阶段是起步和发展阶段。20 世纪 40 年代，在美国资金的帮助下，巴西大型国有钢铁企业迅速发展，巴西将促进钢铁产业国有化作为经济发展的目标。1946 年沃尔特雷东达钢铁厂开始采用高炉炼钢，成立了炼钢车间。1948 年开始生产薄板，标志着巴西钢铁产业的起步。1971 年巴西政府提出了为期十年的钢铁产业发展规划。正是由于政府的大力推动，巴西钢铁工业得到较大的发展，成为巴西制造业中的第一大产业。

第二个阶段为国际化经营阶段。20 世纪 80 年代以来，巴西国内钢铁市场萎缩，钢铁企业开始转向国际化经营，钢铁产品从进口转为出口。在此阶段为了提高钢铁企业的经济效益和国际竞争力，巴西政府对其国有钢铁企业进行了改革，推行企业私有化。通过私有化及整合，大大提高了巴西钢铁产业的产业集中度和国际竞争力。巴西加大了钢铁半成品的出口，高附加值产品主要以满足本地市场需求为主。

第三阶段为优化钢铁产品结构、提高附加值的阶段。进入 21 世纪后，巴西钢铁产业获得新的发展，粗钢产量从 2001 年的 2670 万吨，提高到 2008 年的 3370 万吨，成为全球第九大钢铁生产国。[②] 2000 年前后巴西各大钢铁企业进行了大规模的投资项目，优化了钢铁产品结构，提高了产品的附加值，整体提高了其产业竞争力。

---

① 参见赵丽红："巴西钢铁业的竞争力研究"，载《拉丁美洲研究》2008 年第 3 期，第 42—46 页。

② 参见毛艳丽、周文涛、陈妍："巴西钢铁行业的现状与发展"，载《冶金丛刊》2008 年第 4 期，第 42—43 页。

（二）巴西钢铁产业政策的变迁

1. 私有化和提高产业集中度的政策

巴西政府从 1991 年开始对国有钢铁企业进行改革，推行钢铁企业私有化和提高产业集中度的政策。从 1993 年开始，巴西大部分国有钢铁企业开始实现私有化，到 2000 年，巴西大部分国有钢铁企业完成了私有化改革。私有化对巴西钢铁产业影响很大，通过私有化及其整合，大大提高了产业集中度。通过新型私有管理模式和先进技术的引入和推广，大规模地更新技术装备，提高现代化水平，巴西钢铁的产能大增，生产率也得到显著提高。20 世纪 90 年代以后，为了发挥规模经济效应，巴西政府积极鼓励钢铁企业进行兼并重组，再次提高了产业集中度，巴西钢铁产业集中度在世界排在前十名之内。①

2. 国际化政策

为提升钢铁产业的国际竞争力，巴西政府积极推进国际化政策。巴西的钢铁企业几乎都实行了私有化，发展方式比较自由，政府对钢铁行业的外来投资不但不设限，而且还积极鼓励，因此日本新日铁、中国宝钢等纷纷来此落户，使巴西与中国和印度相比，钢铁行业的国际化程度较高。盖尔道集团是巴西最大、世界第 14 大钢铁企业，也是美洲领先的钢材生产商。该集团是一个国际性的集团，生产经营遍布全球 14 个国家，如阿根廷、智利、哥伦比亚、秘鲁、乌拉圭、美国和加拿大等。盖尔道集团除了在国内积极发展外，在政府国际化政策的影响下，不断在国外拓展新的领地，近些年来盖尔道集团的国际收购一直很活跃。在政府产业政策的有效引导下，巴西成为继中国和印度之后又一个新兴的钢铁大国，其钢铁产业的国

---

① 参见赵丽红："巴西钢铁业的竞争力研究"，载《拉丁美洲研究》2008 年第 3 期，第 42—46 页。

际竞争力越来越强。

3. 重视产业技术和产品质量的政策

巴西在发展钢铁产业的过程中，政府在政策上一直很注重技术引进与扩散，此举为钢铁产业的发展奠定了良好基础。20世纪60年代，巴西主要采用平炉炼钢技术。为了提高炼钢技术，1962年巴西与日本合资建厂，日本提供了顶吹氧转炉技术和优惠贷款，使巴西的炼钢技术水平和能力迅速提高。巴西在引进技术的同时，也十分注重技术扩散。通过炼钢技术的改进，产钢能力大大超过其原有的设计能力。这种改进不需要新增资本设备的投入，只是紧凑生产流程就可以达到降低成本、提高生产效率的作用。此外，巴西政府对于本国钢铁产业可以提供的技术和设备施行严格的限制进口的政策，以避免国内资源的浪费。在政府的促进下，巴西钢铁企业十分注重建立钢铁研究机构，建立研究开发、设备制造和生产一体化的钢铁工业集团，促进了其钢铁产业整体技术水平的提高。

除重视产业技术的提高外，巴西政府非常重视对钢铁产品质量的提升，要求钢铁企业按照国际标准组织生产。巴西很多钢铁企业的产品在日本、欧洲和美国等国家都获得了产品质量认证，由于具有过硬的产品质量，巴西钢铁产品在国际上具有较强的竞争力。2000年前后，巴西各大钢铁企业的技术设备改造投资项目，提高产品的技术含量和附加值。2007年巴西政府进一步提出"加速经济增长计划"，明确提出要继续扩大钢铁产能，提高产品质量，优化产业结构，此举进一步促进了巴西钢铁产业的快速发展。

三、美国的钢铁产业政策

（一）美国钢铁产业发展概况

20世纪70年代中期以前，钢铁产业曾是美国的主要支柱产业，对美国的经济腾飞作出了重要贡献，美国钢铁产业的发展主要经历了以下两个阶段：

1. 起步和快速发展阶段（1816—1955 年）

在 19 世纪初，美国的钢铁产业起步于铁路的修建和建筑业的发展。在工业化的阶段，由于国民经济各行业的快速发展，带动了对钢铁产品的大量需求，促进了美国钢铁产业的迅猛发展。20 世纪初美国的钢铁产量达到 2650 多万吨，占当时世界钢铁总产量的近一半。① 此外，两次世界大战爆发期间，美国大量销售军事武器，极大带动了其军用钢铁产品的生产，也在较大程度上促进了美国钢铁产业的发展。

2. 衰退期（1956 至今）

因日本、欧洲等国钢铁产业的崛起，大量优质廉价的钢材产品出口到美国，对美国造成了明显的竞争威胁，美国在世界钢铁市场的份额开始下降，其优势地位也逐渐衰退。美国完成工业化后，以高科技及信息技术为代表的现代产业逐步替代传统的制造业，对钢材产品需求的萎缩导致钢铁企业生产过剩，产品价格下跌，同时在欧洲、日本大量廉价钢材进口的竞争压力下，美国钢铁重镇匹兹堡的大部分钢铁企业倒闭，大量的钢铁工人失业。为了挽救本国的钢铁产业，美国政府出台了大量的贸易保护法案来限制钢铁进口，同时不断调整和优化钢铁产业结构，促进产业技术进步。②

（二）美国钢铁产业政策的变迁

1. 产业组织政策

美国钢铁产业在发展之初，其产业组织状况与今天中国钢铁产

---

① 参见王熙、闫卫东："美国钢铁生产消费及对我国的启示"，载《国土资源情报》2005 年第 6 期，第 14—15 页。

② 参见侯海英："倾销与反倾销缘何在钢铁产业中盛行：美国钢铁产业案例研究"，载《世界经济研究》2004 第 3 期，第 55—60 页。

业的状况类似，几百家钢铁厂并存，分散生产，集中度低下。众多中小钢铁企业起点低、技术水平低，缺乏起码的规模经营，彼此恶性竞争，市场秩序一片混乱。众多中小钢铁企业在经营中的高风险，直接危及提供贷款给这些钢铁企业的金融资本的安全。在政府的财政税收政策的支持下，当时美国金融巨头 J. P 摩根银行为保证自身资金安全，出面推动美国钢铁产业的整合。J. P 摩根合并了七百多家中小钢铁企业，并把这些收购的钢铁企业组建成美国钢铁公司，由此造就了世界上第一家资产超过 10 亿美元的超大型钢铁公司，控制了美国钢铁产量的 70%，开启了全球范围内钢铁产业领域的第一次大规模的产业整合。

从 20 世纪 70 年代末 80 年代初开始，日本、德国及一些发展中国家迅速崛起，而美国钢铁产业的国际竞争力不断下降，引起美国钢铁产业界的忧虑和不安。为了提高美国钢铁企业的国际竞争力，美国政府一方面放松管制，宽容购并行为，更多地强调购并行为的积极作用，而淡化其消极作用。对 20 世纪 80 年代以来美国政府的经济政策产生重要影响的芝加哥学派认为，兼并未必反竞争，高利润并不一定是反竞争的结果，而完全可能是高效率的结果。该学派特别注重判断集中及定价的结果是否提高了效率，而不是只看是否损害了竞争。① 凡是有利于提高企业效率的购并都是合理的，不应予以干预；凡是有利于增强企业在国际市场竞争力的购并都是合法的，应当予以鼓励。美国政府的态度转变为企业进行大规模的产业整合创造了宽松的政策和市场环境。另一方面，政府甚至积极主动地推动重审产业融合。在波音与麦道合并案中，政府不满足于幕后策划，

---

① 参见 W. 克拉克森等：《产业组织：理论、证据和公共政策》，上海三联书店 2008 年版，第 5 页。

而是从后台跳到了前台，直接导演了这幕整合。近些年来，面对国外廉价钢铁产品的冲击，美国政府支持钢铁行业大规模的合并和重组，力图降低生产成本，发挥规模效应，提高美国钢铁产业的竞争力。与此同时，美国政府着手压缩生产规模，关闭效率低下的钢铁企业，进一步提高产业集中度，提升钢铁工业的规模经济效应。

2. 贸易保护政策

19世纪末，美国工业生产超过英国跃居世界首位，尤其是钢铁、煤炭、机器产量遥遥领先于各国。此后，美国国内市场不足，出现产能过剩危机。第一次世界大战期间，美国通过对参战国提供军火，化解了国内产能过剩的矛盾，并进一步增强了工业实力。1927年后，美国钢铁、化工、汽车工业等出现明显的产能过剩问题而急剧衰落，庞大的工业生产能力过剩问题无法解决。第二次世界大战爆发后，美国通过向各参战国提供军火等物资，不仅消化了国内过剩产能，而且进一步扩张了国内制造业生产能力。"二战"期间，美国工厂的规模大幅扩张，产品产量增长了一半以上。"二战"后一段时间，世界上一半以上的制造业产品由美国提供。巨大的制造业产能也使得战后美国面临巨大的产能过剩危机。为解决国内需求相对不足问题，美国推出了马歇尔计划，凭借其庞大的黄金储备和国际货币的主导地位，通过提供资金帮助欧洲重建，为国内企业和产品提供市场。

国外廉价钢材大量涌入美国市场，对美国本土的钢铁产业造成了极大的冲击，美国政府采取贸易保护主义政策保护本国钢铁产业。1969年美国与欧共体、日本签订自动出口限制协议，规定出口方自动将钢材出口量限制在约定的配额范围内，从数量的方面对钢材进口进行限制。1977年出台了"触发价格机制"，该机制规定一个最低的美国钢材进口价格，任何低于最低价进入美国市场的钢铁产品，都会触发由政府提出的自动的反倾销诉讼申请。"触发价格机制"使美国钢铁进口量大为下降。[1]

　　进入21世纪以来，为了加强保护本国钢铁企业的利益，美国政府加大贸易保护主义的力度。2002年3月5日出台了美国历史上最为严厉的贸易限制条款，即美国"201"钢铁保障措施，求对进口钢材征收8%~30%的关税。美国"201"钢铁保障措施与以往出台的钢铁保护政策相比，产品涉及面广、保障措施持续时间长，导致中国、欧盟、巴西、日本、俄罗斯、韩国等受到影响的国家向世界贸易组织提出申诉。世界贸易组织经过调查，于2003年3月作出裁定认为：美国对进口钢铁产品征收30%的关税违反了世界贸易组织的规则。美国被迫于2003年12月4日宣布取消"201"钢铁保障措施。[2]2004年，美国政府对钢铁工业又采取新的贸易保护措施，要求对钢筋进口实施监视，国外钢材进口必须申请许可证，获得美国政府批准许可之后，方可在美国市场上销售。[3]

　　美国出台的系列保护措施，与其一贯宣扬的自由贸易不符。让我们通过分析"201条款"的具体内容来了解美国的贸易保护政策的实质。美国为维护国家利益，制定了周密细致的法律对外贸关系进行管制。《美国贸易法》（1974年）就是其最主要的一个，它构筑了美国外贸法的框架，其他外贸法律则是它原则和规则的延伸与细化。它共分7个部分，其中第二部分的第一个条款"促进对进口竞争积极调整的措施"就是通常所称的"201条款"。"201条款"规定"如果国际贸易委员会依法裁定，某物品正以如此增加的数量进

　　① 参见聂元贞、章文光："美国钢铁贸易保护争端及其对世界经济贸易的影响"，载《国际贸易探索》2003年第1期，第40—41页。

　　② 参见郑敏："美国的两起保障措施案例研究与运用启示"，载《科教文汇》2006年第9期，第128—129页。

　　③ 参见廖隆国、陆岩、马续香："国外主要产钢国的钢铁产业政策"，载《冶金管理》2005年第9期，14—18页。

口美国，以致成为对生产与进口物品相同或直接竞争物品的国内生产造成严重损害或严重损害威胁的实质原因，在其权限内，总统应根据本部分采取适当可行的、其认为会促进国内产业对进口竞争进行积极调整努力、提供比成本更大的经济和社会利益的措施"。[①]《美国贸易法》在 202～204 条款中分别规定了实施"201 条款"的程序：国际贸易委员会的调查、裁定和建议；进口损害裁定后的总统措施；措施的监督、修改和终止。

　　"201 条款"是美国根据国际贸易协定中的保障条款制定的国内法，是美国贸易立法与 WTO 规则看似接轨、实为对抗的典型代表。其目的在于使一国在特殊情况下免除其承诺的义务或协定所规定的行为规则，从而对因履行协定所造成的严重损害进行补救或避免严重损害威胁可能产生的后果，其实施有合理的一面。但与此同时，"201 条款"使用中的任意性特征对国际贸易的公平和自由所造成的不利影响也十分严重。"201 条款"有利于美国国内行政与立法权力的平衡，提高美国管理对外贸易的能力。在美国，管理对外贸易的权力机构是国会，而国会自己并不能具体执行、实施外贸法律。从1934 年起，美国国会周期性地授权总统进行贸易谈判。但国会与以总统为中心的行政机构的矛盾关系经常影响对贸易的有效管理。为了解决这个矛盾，1974 年通过的《美国贸易法》明确规定，允许总统与其他国家签订贸易协定，以协调、降低或消除关税与非关税壁垒，促进国际贸易关系中的公平与公正。

　　《美国贸易法》规定了国际贸易谈判中行政部门与立法部门间的合作框架，引进了国会批准总统签订贸易协定的"快轨道程序"，从此以后，国会与总统在管理对外贸易方面的关系得到协调。"201 条

---

　　① 参见韩立余著：《美国贸易法》，北京法律出版社 1999 年版，第 60 页。

款"是美国保护本国工业的法律手段。美国人声称，"201 条款"的目的，仅仅是"促进国内产业对进口竞争进行积极调整"。但事实却是：贸易伙伴别无选择，只能按照美国的安排、判断、观点、时间表，甚至美国的法律进行谈判。"201 条款"赋予了美国国际贸易委员会和总统以相当大的自由裁量权：美国国际贸易委员会可以决定把哪些产品纳入调查范围之内，并作出其是否对国内产业产生严重损害或损害威胁的裁定报告；可以不经美国工业起诉，自行开始对某一国家进行调查；可以决定对某一外国是否采取报复措施和采取什么报复措施。因此，美国国际贸易委员会可以为了美国工业的利益，随时动用"201 条款"以保护本国的工业。

另外，"201 条款"中也有许多含义不明的概念，这也为美国国际贸易委员会适用"201 条款"提供了更大的自由解释权。可以说，某种进口产品一旦被纳入"201 条款"的调查范围之内，出口国几乎没有任何权利，只能任人宰割。"201 条款"对国际贸易的危害在于其单边性。与 WTO 规则的多边性不同，"201 条款"是一种单边措施，外国的贸易做法是否公平，完全依美国自己的标准来判断。如果所有国家都仿效美国，采取类似"201 条款"的规定来对付自己的贸易伙伴，那么多边贸易体制就倒塌了，而森林法则又会重占上风。"201 条款"使用中的随意性加重了此条款对国际贸易的影响。"201 条款"不同于一般的反倾销法规，后者启动的前提是进口商品违反了相关的国际贸易法规，而前者则是只要认定进口商品对于美国企业利益存在严重损害或严重损害威胁则可启动，同时美国总统根据"201 条款"所采取的行动也不属于美国联邦法院司法审查范围，因而随意性大。"201 条款"是美国利益至上的体现。美国在实施"201 条款"的过程中，遭到了来自多方面的批评，但美国却凭借其在世界政治、经济中的霸主地位，频频挥舞这根大棒，再加上美国经济发展缓慢，国内贸易保护主义势力增长，美国为了保护本国利益，更是不惜变本加厉地使用"201 条款"。

3. 钢铁产业衰退后的扶持政策

美国的钢铁产业在经过高速发展之后，20 世纪 80 年代中期和 90 年代初期，在汽车、钢铁等传统制造业领域出现了两次较为严重的产能过剩，工业产能利用率曾下降到 80% 左右。为此，美国大力发展服务业和高新技术产业，将经济重心向第三产业转移，工业经济向信息经济转型，以解决产能过剩危机。第三产业的发展减轻了工业部门的生产波动对整个经济稳定性的冲击，以信息产业为核心的高新技术产业发展创造了新的经济增长点。

随着国内产业结构向高科技和服务业的转型，钢铁产业作为重工业的支撑产业也就失去了用武之地。在美国钢铁工业面临衰退的境况下，美国钢铁工业的政策导向着眼于技术升级和产品竞争力，钢铁企业利用发达的信息技术进行了大规模的管理及技术改革，有效地促进钢铁工业实行技术革新和结构重组。20 世纪 80 年代以来，美国政府通过财政税收改革为钢铁企业技术改造提供支持，出台了《经济复苏税务法》和《加速资本回收制度》，此两项制度为美国钢铁公司的技术和设备更新提供了资金支持。

在政府政策的支持下，美国钢铁企业加大了新技术的开发，在 1992 年淘汰平炉炼钢法，采用新的炼钢技术，整体生产率大约提高了 3 倍。2003 年美国钢铁公司收购了濒于破产的国家钢铁公司，合并后美国钢铁企业通过高技术的扩散和渗透，有效地进行了技术革新，提高了产品的竞争力。① 为降低成本，美国政府大力支持和提倡充分利用

---

① 参见吕铁、周维富："美国钢铁工业的调整与改造及对中国的启示"，载《中国社会科学院院报》2007 年第 10 期，第 62—64 页。

废钢资源。美国虽然制定有严格的环保法律政策,但在执行中较为灵活,以利于美国钢铁工业获得宽松的发展环境。在多种措施的综合运用下,最近几年,美国钢铁产业的经济效益在不断提高,竞争能力有所改善。

四、借鉴与启示

(一)运用扶持政策促进钢铁产业的起步

开展钢铁工业建设,特别在起步阶段,国家扶植是必不可少的,它可以弥补钢铁企业在资金和技术等方面的不足。由于钢铁工业属资本和技术密集型产业,固定资产投资较大,要求企业在进入行业时必须拥有大量资金,才能保证有效运营。从世界范围看,不论是发达国家还是发展中国家,大部分国家在钢铁发展初期采取了扶持的政策,从资金、税收、贷款等方面支持本国钢铁行业的发展,甚至从关税和非关税壁垒上控制进口钢材,采取出口补贴或是提高进口壁垒等措施,限制进口,加大出口,鼓励本国钢铁企业的发展。

对于后发达国家来说,面对钢铁强国具有先进技术和较高的市场需求弹性,在产业发展初期,通过扶植的产业政策调控市场资源的分配和资金流向,有利于钢铁产业的发展;若没有政府的大力支持,一般很难起步,因此后发达国家更需要通过产业政策进行有力的扶植,这往往成为后发达国家促进其钢铁产业的快速发展的保证和提高国际竞争力的重要手段。

(二)重视产业技术政策

产业技术的进步对提高钢铁产业整体生产率有着非常重要的作用,是推动产业高级化的重要因素。美国和日本极为重视运用产业技术政策推动本国钢铁产业的升级。美国政府通过新税法和新折旧制度为钢铁产业技术改进提供了足够的资金支持,使美国钢铁产业逐步形成了自我创新体系,推动钢铁产业完成了以技术创新为核心的产业结构升级。日本钢铁产业的崛起也与日本政府极为重视产业技术政策有关。日本政府注重从财政税收政策方面引导钢铁企业对先进技术的引进、吸收与改良，使日本的钢铁工业技术水平在较短的时间内，迅速达到了国际先进水平。

技术创新是实现从钢铁大国向钢铁强国转变的关键，"学习引进—消化吸收—改进创新—自主创新"成为技术发展的主要趋势和要求。长期以来，我国钢铁产业政策对钢铁企业的技术创新的引导和激励不够，企业没有成为研发的主体，不仅产品缺乏竞争力，也造成对引进的技术未能很好地进行消化、吸收和改良，存在大量的重复引进，浪费了大量的资源。在钢铁产业的竞争越来越聚焦于技术竞争的情形下，我国应借鉴日本、美国等工业发达国家的经验，重视从运营经济激励政策诱导钢铁企业成为技术创新的主体，使企业在国家技术政策的引导下，根据市场需求变化和市场竞争格局，自主选择适合本企业发展目标的创新项目，进行筹资和投资，并承担相应风险。只有企业有了创新的动力，才会更加重视并加大对技术的研究与开发投入，加强对技术、设备的消化、吸收和再创新，不断完善企业内部的技术创新机制，不断优化技术结构，推动企业的技术升级，最终提升整个产业的技术水平。

（三）重视产业组织政策提高产业集中度

世界钢铁工业的发展经验表明，政府通过产业组织政策推动钢铁企业并购重组，提高产业集中度，已经成为钢铁企业提高其规模效益的最佳途径。进入 21 世纪以来，随着钢铁业竞争的日趋激烈，国外钢铁产业兼并重组出现了新的趋势——钢铁产业链的整合，对世界钢铁格局产生了深远影响。钢铁产品本身并非最终消费品，而是一个中间产品，与钢铁相连的上游有铁矿石、煤炭、运输等产业，下游有造船、汽车、家电、机械制造、建筑等产业，上、下游产业波动就会产生一系列连锁反应，对钢铁产业造成重大影响，例如铁矿石涨价，会给整个钢铁行业带来成本压力。因此当代许多国家重视产业链的整合，以保证钢铁产业的安全。

日本在钢铁产业发展过程中，一直比较注重优化钢铁产业组织结构。20 世纪 70 年代，日本钢铁产业不断进行兼并重组，1970 年富士钢铁公司和八幡合并成立新日铁公司（NSC），其钢产量大增，成为当时世界上最大的钢铁公司，直到 1996 年，新日铁公司一直占据世界钢铁产量首位。为了进一步提高产业集中度，日本川崎制铁公司与 NKK 钢铁公司于 2001 年 5 月合并成立 JFE 钢铁公司，成为日本的第二大钢铁公司。到 2006 年，新日铁、JFE、神户制钢、住友金属 4 公司的钢铁产量占全日本总产量的 75% 以上。世界钢铁强国日本只有这 4 家大型钢铁企业，全国钢铁企业总数也只有 10 家左右。韩国浦项一家钢铁厂的钢产量占全国的 65%；欧盟 6 家钢铁企业钢产量占欧盟整个钢产量的 74%；法国尤西诺钢铁公司几乎囊括了法国的钢铁生产。① 当今世界规模最大的钢铁企业米塔尔钢铁集团通过在全世界范围内产业链的整合迅速崛起，成为全球钢铁生产成本最低的制造商之一，重要原因就是通过整合掌控了上游廉价的资源，提高了经营管理效率，降低了综合成本。

我国钢铁产业集中度极低，通过产业组织政策引导钢铁企业通过并购整合向大型化方向发展，提高规模效益和产业集中度对优化产业结构极为关键。与国外相比，我国钢铁产业链的整合远远不够。国内钢铁产业已深受上、下游产业波动的影响，特别是上游铁矿石价格的波动，已成了危及中国钢铁产业安全、健康发展的重要因素。

---

① 参见马建堂：《结构与行为：中国产业组织研究》，中国人民大学出版社 1993 年版，第 123—124 页。

鉴于中国铁矿石国内供应现状，钢铁产业政策应特别重视引导钢铁企业向上游整合，以保障资源、原料的稳定供给。

（四）重视产业政策与市场调节的动态结合

产业政策具有阶段性，市场调节具有基础性的特点，但在特定形势下，政府的调节功能应摆在更突出的位置。在不同发展阶段，面对不同的经济发展水平，协调二者的原则和侧重点会有所不同，总的目标在于通过耦合产生合力，共同为促进一国经济健康发展服务。

日本钢铁产业政策经历了从政府行政主导到市场主导的转变。日本钢铁产业在初期由政府主导，通过财政、税收、金融、贸易等各种手段，促进钢铁产业的快速发展。随着市场的成熟和产业自我调节能力的增强，日本政府逐渐放手由市场调节，主要因为钢铁产业内部已形成了成熟的机制，针对来自国内外的机会和威胁能自发和主动地采取有效措施，加之有成熟的钢铁协会的自律管理，客观上需要政府调控的机会并不多。

我国钢铁产业正处于结构优化与升级的关键时期，如何科学定位市场与政府之间的相互关系并形成最佳动态组合机制，充分发挥各自的优势是一个根本问题。当前，由于全球经济一体化进程不断加快，我国经济与世界经济日益融为一体，市场体制并不完善以及钢铁产业本身也并未达到成熟阶段，需要政府与市场动态配合发挥其必要的积极作用。政府部门应在尊重市场规律的基础上发挥综合规划的职能，完善对钢铁产业的调控，将钢铁产业结构优化、淘汰落后、提高效能、降低污染等目标落到实处，有效提高我国钢铁产业的国际竞争力。[1]

---

[1]　参见成华："钢铁产业发展政策及其约束力探讨"，载《河南冶金》2006年第5期，第20—21页。

第 五 章

中国钢铁业产业法规制的体制性缺陷

一、政府与市场的边界不清

政府与市场的关系，只是在一定的经济体制中才显得重要。所谓经济体制，在一定意义上就是以一定的经济运行机制即资源配置机制为内容的经济形式。资源配置机制的结构，是区分经济体制类型的主要标志。资源配置，即资本、土地、人力、技术等各种生产要素在各个生产经营者、行业（部门）、地区之间的分配和组合，其机制一般可分为市场配置和政府配置两种。市场配置机制（又称市场机制），即资源通过多元市场主体相互之间的交易和竞争来配置的机制。其中，各个市场主体都作为经济人在市场上处于平等、独立和自主的地位，买卖双方共同决定商品价格和交易数量，各种资源都作为商品以价格为媒介在自由交易和竞争中流动，价格随着供应状况变动而涨落并由此而调节资源的流向。政府配置机制，即政府作为全社会的经济管理中心，有计划地安排各种资源在各个生产经营者、行业（部门）、地区之间的分配和组合的机制。其中，生产什么、为谁生产以及产品价格和"交易"数量等问题都由政府决定。

计划经济是资源全部由政府配置的体制，其中由于没有市场机制而在资源配置上几乎不存在政府与市场的关系。

市场经济是资源由市场配置或者以市场配置为主的体制，在其发展过程中有近代和现代之分。在近代市场经济体制（又称自由市场经济体制）中，重视市场机制，政府在市场上仅具有界定和保护产权、维护合同秩序、公正裁判纠纷、惩罚违法犯罪、提供公共设施等"守夜人"职能，而在资源配置上极少存在政府与市场的关系。在现代市场经济体制中，以市场配置机制为主，政府配置机制表现为市场配置机制基础上的政府干预，因而，资源配置上普遍存在着政府与市场的关系。可见，政府与市场的关系只在现代市场经济体制中才显得格外重要，研究政府与市场的关系，主要是研究现代市场经济体制中市场机制与政府干预的相互配合关系。

（一）基于市场缺陷的政府与市场的关系

市场是资源配置的有效机制，这已为19世纪欧洲和北美洲大多数国家的资本主义经济成就所证明。但是，市场不是万能的，市场机制也固有许多自身不可克服的缺陷，以致在资源配置上失灵和失效，即不能或难以实现资源的高效配置，这已为19世纪末以来资本主义经济的发展状况，特别是周期性经济危机所证明。现代经济学认为，市场缺陷（又称市场失灵或市场失效）有下述主要表现：

1. 不完全竞争

市场经济就是竞争经济，正因为有竞争，市场才能够高效率地配置资源。然而，竞争必然导致集中从而出现垄断。在现代，完全竞争只是作为一种理论形态而存在，现实中几乎所有的行业都存在一定程度的不完全竞争，垄断与竞争并存则是市场经济的常态。垄断必然冲击市场主体间的地位平等、自由竞争和公平交易。在垄断条件下，价格不由买卖双方共同决定而仅由垄断者操纵，就必然出现严重的价格扭曲，这种扭曲的价格就不再是真实反映市场供求状况的信号。所以，垄断既破坏市场机制正常运行所必需的竞争秩序，又损害市场配置资源的效率。正因为如此，需要政府采取反垄断措施，来维护自由和公平的竞争秩序。

2. 不完善信息

市场机制中的经营决策是市场主体分散地依据市场信息自主作出的，各自经营决策的正确与错误，均取决于所依据的市场信息是否充分和真实。而市场调节具有盲目性，反映市场供求状况的价格信号具有滞后性，并且市场欺诈总难避免，所以，风险和不确定性在市场上几乎无处不在、无时不有，各个市场主体都难以获得完善的信息，经营决策失误时有发生。不仅如此，交易当事人之间还往往存在着信息不对称，信息劣势方相对于信息优势方，如消费者相对于经营者、股民相对于股份公司、中小企业相对于大企业，在交易中处于明显的不利地位，更容易出现失误而使利益受损。在信息不完善的条件下，经营决策失误就必然降低市场配置资源的效率。正因为如此，需要政府为市场主体提供收集、处理和传播信息的服务，并强制信息优势主体向信息劣势主体告知必要信息，尽可能降低信息不充分、失真和滞后的程度。

3. 外部性（又称外部效应）

在市场机制中，客观和普遍存在着私人经济活动给交易当事人之外的公众带来利害后果却不能在价格中得到反映，从而降低资源配置效率的现象。这种现象具有下述特点：（1）附随性和局外性。即私人经济活动在直接影响交易当事人内部利益得失的同时，还附随影响交易当事人之外的公众（即外部）的利益得失。例如，某企业在为客户生产产品的同时排污，造成环境污染；某农场在为客户生产粮食的同时，还为社会保障提供物质基础。（2）非契约性和非价格性。私人经济活动是在交易当事人之间通过契约以约定价格为媒介所进行的，而私人经济活动对外部的影响是在没有契约关系的情况下所强加给外部的，所以，交易当事人的约定价格中不可能考虑到给外部带来的利害后果，外部利益不会包括在价格中，外部损害也不会计入成本。也就是说，价格的市场形成机制中没有对私人经济活动的外部利害后果进行标价的机制。(3) 正负性和非对称性。由于外部利害后果不能在价格中得到反映，当私人经济活动给外部带来利益时，当事人不可能因此而从交易价格中得到补偿，此即正外部效应（又称外部经济）；当私人经济活动给外部带来损害时，当事人也不可能因此而从交易价格中受到惩罚，此即负外部效应（又称外部不经济）。于是，当事人的收益和成本与正负外部效应不对称。(4) 危害性和普遍性。私人经济活动由于不能因具有正外部效应而增加收益，就得不到市场的激励，社会福利会随之减少；由于不能因具有负外部效应而增加成本，就受不到市场的抑制，社会公害会随之加剧。这就造成资源配置上私人边际成本和收益与社会边际成本和收益之间的差异，从而使资源在正外部效应经济活动和负外部效应经济活动之间得不到合理配置，降低了资源配置效率。在现代市场经济中，外部效应的存在范围一直呈现扩大趋势，外部效应的承受者不仅包括当代公众而且还包括后代公众。特别是随着社会人口的日益稠密，自然资源消耗的日益加速和经济全球化的日益加深，负外部效应已成为可持续发展的巨大威胁。正因为外部效应具有上述特点，需要政府采用财政、金融、管制等手段，增加正外部效应行为的收益和负外部效应行为的成本，特别是需要政府来强化市场主体的社会责任，矫正和抑制市场主体的负外部效应行为。

4. 公共产品短缺

公共产品作为正外部效应的极端情形，与私人产品相对应。它是指具有联合性和共同消费性的产品或服务，又称公共物品或公共品，如国防、治安、路灯、无线广播、电视信号、法律政策等。其基本特点有两个：（1）消费时的非排他性。即公共产品在其效应所及范围内，所有的个人都可消费，也就是说，每个社会成员都享受该产品所带来的好处。这时要不让其中某个人或某些人消费该产品，或者技术上不可能，或者技术上虽可能但成本过于昂贵而实际上成为不可能。而私人产品的消费则具有可排他性。（2）消费时的非对抗性。即公共产品一旦提供，则其效应覆盖区域内的人数多少与其数量和成本的变化无关，新增消费者引起该产品的边际成本为零，原有的消费者不会因新增消费者而减少自己对该产品的消费，故消费者在自私心理的驱使下惯于"免费搭便车"，而不愿自己提供或购买该产品。私人产品则不然，其消费者数量增加时，需要增加其供应量和相应成本，否则就得减少原有消费者的消费量。上述特点决定了公共产品不可能通过市场来有效提供，在市场机制下必然出现公共产品供给不足。公共产品尽管市场无法有效提供，但为市场正常运行和社会公众所必需。正因为如此，需要政府来提供公共产品或者组织公共产品供给。在现实中，有些产品兼有公共产品和私人产品双重属性，如高等教育等被称为混合产品或准公共产品，往往也需要由政府提供或由政府与私人共同提供。政府提供或组织提供公共产品，既是政府干预的一种形式，也是导致政府采取其他干预形式的重要原因（如为提供公共产品而征税）。

5. 社会分配不公

市场经济的正常运行，需要有稳定的社会环境，而稳定的社会环境需要由社会分配公平来维护。社会分配不公，是指在特定时期内存在的，与当时社会公认的公平准则不相符合的收入、财富和社会福利分布状态。市场机制在一定意义上是"嫌贫爱富"、"助强欺弱"、"大鱼吃小鱼"的机制，它可能会产生令人难以接受的收入水平和消费水平的巨大差异。这是因为不同市场主体间在教育、继承权、劳动能力、身份地位、努力程度、要素价格和运气等因素上的差别，都将通过市场转化为收入差别；并且收入差别一旦形成，市场还会使之扩大。所以，即使是最有效率的市场体系，也可能产生极大的不平等。历史和现实已表明，市场机制作用下自发形成的国民收入和财富的分配结果，日益呈现出两极分化的状态，由此而激发的日益尖锐的社会矛盾和阶级斗争，已逐步显示出对经济和社会安全的威胁。

进入 19 世纪以后，社会分配严重不公状态及其引起的社会动荡尖锐化，已充分证明市场机制无力解决社会公平问题。"一个国家没有必要将竞争市场的结果作为既定的和不可更改的事实接受下来。"① 政府应当介入社会分配领域，尤其是运用公共财政、社会保障等再分配手段，缓解市场机制造成的社会分配不公问题。

6. 宏观经济运行不稳

在市场经济中，失业、通货膨胀和经济危机等供需总量失衡现象是宏观经济运行不稳定的主要表现。垄断、信息不完善、外部性、公共产品短缺、社会分配不公等微观层次的市场缺陷必然要反映到宏观经济失衡方面。故市场经济体制自产生以来，就不时地受到通货膨胀和经济萧条的周期性困扰。例如，"二战"后美国已发生了多次经济衰退。由于宏观经济失衡是市场自发和有效运行的必然结果，市场机制就不可能自动保证供求总量均衡、经济稳定增长和充分就业的实现。这就需要政府运用金融、财政等宏观经济政策来调控供

---

① 参见［美］保罗·萨缪尔森、威廉·诺德豪斯：《经济学》（第 16 版）中译本，华夏出版社 1999 年版，第 29 页。

求总量和结构，刺激或抑制经济增长，以保持宏观经济运行的稳定。正因为如此，资本主义历史上的历次经济危机，都给政府经济职能扩张提供了契机。一方面，危机发生后需要政府采取救治性质的干预措施，这类干预措施显然因在经济复苏后被停止而具有阶段性，但对今后政府干预提供了经验教训和依据，并且对完善政府的常规性干预措施也具有重要意义。另一方面，鉴于经济危机的周期性，需要政府在危机发生前采取防范性质的干预措施，这类干预措施一般具有常规性，对于保障市场经济正常运行而言，比阶段性的危机救治措施更重要。可见，政府干预是在周期性经济危机的救治和防范中不断发展和完善的。

市场缺陷作为政府干预的依据，既决定政府干预的目的，也界定政府干预的范围，还限定政府干预的程度。政府干预的目的就是弥补市场缺陷，存在市场缺陷的领域才是政府干预的范围，政府干预的程度应当以不削弱市场机制在资源配置上的基础性作用为限，这些都是市场经济国家的共性。至于政府干预的具体内容，则因不同的国度和时期而变化。

（二）基于政府缺陷的政府与市场的关系

为弥补市场缺陷而出现的政府干预，在提高效率、增进平等和促进宏观经济稳定与增长方面，已取得巨大成就，这已为战后许多市场经济国家的经济成就所证明。例如，西方主要国家在战后的"黄金"年代里，经济增长最快、最繁荣的时期，正是政府干预在国内和国际上达到顶峰的时期。[1] 但是，同市场不是万能的一样，政府也不是万能的，自政府干预经济以来，市场经济的运行仍然存在许

---

① 参见［美］斯蒂格利茨：《政府为什么干预经济》（中译本），中国物资出版社1998年版，第204页。

多问题，并且还出现许多在自由市场经济体制中不曾有的新问题。例如，政府不干预经济时期的经济危机，一般表现为通货膨胀的危机或者经济停滞的危机，而在政府干预经济以后，则出现了"滞胀"并存的经济危机。于是，现代经济学在继续关注市场缺陷的同时，还将研究视野扩及政府缺陷（又称政府失灵或政府失效）。政府缺陷是一种典型的非市场缺陷。所谓非市场缺陷，是指政治、政府、文化、习俗、宗教、传统等存在于市场势力和市场力量之外的非市场因素导致资源配置低效率的现象。

一般认为，政府缺陷有下述主要表现：

1. 内部性

政府是作为全民总代表的一种公共机构，其一切行为应当以社会公共利益为依归。然而，政府仍是由一定机构和官员组成的组织，有其组织自身的利益目标、政绩、选票、地方利益、部门利益、职级升迁、官员收入等；作为官员的自然人，其个人利益目标更为凸显。当其自身的利益目标与社会公共利益不一致时，其所实施的政府行为就有可能受自身利益目标的驱使而偏离社会公共利益。在政府干预经济以后，这种内部性就构成政府不当干预的深层原因，并且诱致政府干预偏离社会公共利益的机会显著增多。

2. 寻租行为

随着政府权力对市场的介入，市场主体的利益得失就为政府经济行为所左右，政府权力在市场上也就有了给市场主体带来利益的经济价值。市场主体受其利润最大化目标的驱使，必然寻求租用政府权力的机会，即试图以合法或非法手段影响政府和官员，促使政府和官员实施有利其个人或利益集团的政府经济行为。这是市场主体通过影响政府干预而增加自身利益的一种非生产性活动。与此相对应的政府一方，在其内部性的作用下，也可能寻求设租的机会，将政府权力出租给交付租金的市场主体，即为增加政府组织或官员的自身利益，实施有利于特定市场主体集团或个人而偏离社会公共利益的政府经济行为。寻租现象不仅降低政府配置资源的效率，而且导致政府腐败。

3. 信息不完善

政府干预经济的决策所依据的信息，不仅包括市场信息，而且包括评价政府经济行为效果的信息。政府虽然具有优于市场主体的收集、分析和处理市场信息的条件，但市场信息的不确定性决定了政府仍难保证其所获信息的充分和真实。至于评估政府经济行为效果的信息，由于不具有像市场价格那样比较直观和统一的尺度，评估方法和标准的选择难度大，以致对政府经济行为效果难以准确检验，故这种信息的不确定性远远甚于市场信息。加之内部性和寻租现象的存在，更会加剧政府决策所依据信息的不充分和失真的程度，所以，政府决策失误不可避免。由于政府决策具有集中性和普遍指导性，故其失误的危害更甚于市场主体的决策失误。

4. 官僚机构膨胀

自政府干预经济以来，伴随着政府经济职能的扩张，官僚机构不断膨胀，尽管其间不乏精简机构的举措，但仍未走出"膨胀—精简—再膨胀"的怪圈。例如，美国联邦文职人员 1975 年有 289644 人，到 1992 年 5 月增至 3115056 人；在高唱要裁减官僚机构的里根和老布什执政时期，又增添了 239000 人。[①] 官僚机构膨胀，不仅使政府支出扩大而造成资源浪费，而且会导致政府的治理效率不断降低。

5. 政策效率递减

政府干预经济主要是通过制定和实施经济政策来实现的。而任

---

① 参见曹沛霖：《政府与市场》，浙江人民出版社 1998 年版，第 274 页。

何政策，无论其何等正确，在实施过程中都存在效率递减的问题。一方面是政策的效率随着实施环节的增多，因代理成本提高而递减。现实中政府干预经济的体制日趋复杂化，如分工细化、层次增多等，故这种政策效率递减难以避免。另一方面是政策的效率随着适用时间的增长，因规避政策的对策越来越成熟而递减。在市场主体与国家政策的博弈中，"上有政策、下有对策"的现象屡见不鲜。

政府缺陷是因政府干预才存在和显露的，政府干预则因弥补市场缺陷而具有必要性，故政府缺陷不可避免并且难以为政府自身所修补。政府干预只是手段，其目的是辅助市场机制对资源配置起基础性作用，以实现资源高效配置。但实践中的政府干预在一定程度上妨碍了市场机制的基础性资源配置功能，不足以实现资源高效配置。这就是政府缺陷的实质。故解铃还须系铃人，政府缺陷还须由作为政府干预之基础的市场机制来弥补。市场机制对政府缺陷的弥补是通过把市场机制引入政府干预过程，即政府是利用市场机制进行干预来实现的。主要表现为外部效应内部化。

由于外部效应是在外部效应生产者所生产的社会成本和收益与其私人成本和收益不相关的条件下产生的，基于外部效应生产者的经济人本性，要想解决外部效应问题，就必须使外部效应内部化，即把外部效应生产者所生产的社会成本和收益，转变成由其自己承受的私人成本和收益，而这种转变需要通过模拟外部效应生产者与社会的交易来实现。所以，政府就外部效应问题进行干预时，较多利用这种机制采取相应措施，如适用于负外部效应生产者的排污收费、公害赔偿等，适用于正外部效应生产者的政府补贴、税收优惠等。

为扭转的由政府垄断所致公共产品供给效率低下的局面，许多市场经济国家对公用事业实行民营化改革，即将原国有的公用事业组织进行非国有化改造，让私人厂商进入公共产品生产领域，也就是将某些公共产品由政府供给改为市场供给或政府与市场共同供给，政府只按照公共产品供给的基本要求制定公共产品生产和供应规则，承担必要的资金扶持等义务，并履行监督职责，而公共产品的具体生产和供应则由私人厂商进行。其实质是利用私人产品供给的经济人动力和竞争机制来提高公共产品供给效率。即政府作为一种特殊的市场主体直接参与市场运行，利用市场行为的形式来实现宏观调控的职能。如国有资产投资、发行国债、政府采购、中央银行在公开市场上买卖有价证券等。政府参与市场运行，既便于政府从市场内部了解市场信息，掌握市场运行的规律，又便于政府从市场内部利用市场机制来弥补市场缺陷，以免政府干预损害市场机制。政府将其部分经济职能转移给非政府公共组织或机构，把非政府公共组织或机构作为政府干预市场的中介，这既可以利用非政府公共组织或机构的中介地位优势，双向了解和传输信息，协调政府与市场之间、不同市场主体之间的关系，又可以打破政府对公共干预的垄断，形成公共干预过程中政府与非政府公共组织（机构）之间以及不同非政府公共组织（机构）之间的竞争。①

我国钢铁产业在过去三十多年的市场化改革进程中，已基本实现计划经济向市场经济的转轨，但由于利益固化和路径依赖等原因，在政府与市场的关系中存在大量的政府越位和政府缺位等现象。当前钢铁产业面临的诸多深层次矛盾和问题大多与政府职能的缺位、越位相关。

（三）政府的越位

政府越位是政府干预过度的一种表现，即政府干预的范围和力

---

① 参见王全兴著：《经济法基础理论专题研究》，中国检察出版社2002年版，第79—88页。

度超过了弥补市场失灵的需要，挤占了市场机制的基础性调节的空间，反而对市场机制正常发挥调节功能起着阻碍作用。① 多年来政府对钢铁产业调控存在的主要问题是政府行使其经济管理职能时，习惯于使用计划经济时代的手段。中央政府对地方政府投资"大跃进"造成的钢铁产能过剩的治理，基本上是审批式的管理以及每隔几年来一场"运动式"整顿，始终没能触碰产能过剩背后的体制性原因，反而还带来新的产能过剩。钢铁工业投资规制政策在一定程度上强化了钢铁企业过度产能投资的倾向，在一定程度上阻碍了市场的自发调整过程。②

在钢铁产业的兼并重组中，政府越位的表现尤为突出。企业并购本来是一种市场的行为，在企业重组整合中，市场因素应该是首先遵从的基本因素，政府只能在尊重市场的基础上发挥作用，但在实践中，政府往往凌驾于市场之上，使两者的地位本末倒置，任何违背市场规律的行为终将受到市场的惩罚。我国的钢铁企业大多是国有企业，政府主导下的钢铁企业兼并重组，其决策体制中主要是政府在起作用，而政府在决策时考虑得更多的是政绩目标，较少考虑钢铁企业的长远利益，决策主体的错位必然影响企业兼并重组的效果。例如，有些钢铁企业严重亏损，效益好的钢铁企业并非有意去并购亏损企业，而是在政府的撮合下、迫于政府的压力去并购，这种并购主要体现的是政府的意图，可能会使效益好的钢铁企业被亏损企业所拖垮，最终导致重组整合效率低下。政府在钢铁企业兼

---

① 参见胡金林、王长征："论转轨时期的市场缺失与政府越位"，载《江汉论坛》1998 年第 8 期，第 83—84 页。

② 参见 2006 年 6 月国务院颁布《国务院办公厅转发发展改革委等部门关于加强固定资产投资调控从严控制新开工项目意见的通知》。

并重组中的这种"拉郎配",其并购结果必然事与愿违。①

　　政府主导国有钢铁企业的并购重组,在一定意义上根源于政府的资产所有者与公共管理者职能混同。一方面,作为国有资产所有者的各级政府,拥有对一定范围内国有资产的占有权、收益权和处置权,由此构成其参与国有钢铁企业兼并重组的权利基础,各级政府作为各级国有钢铁企业的控股股东主导企业重组,从产权的角度来说是毫无异议的。另一方面,政府作为公共管理者拥有经济管理职能,其行使经济管理职能的行为是一种行政行为,兼有政治、经济、社会等多元目标。问题的关键是,双重角色的政府以何种身份和角色参与重组,并在其中发挥何种作用。

　　一般情形下,政府在钢铁企业并购过程中,其作为公共管理者的职能很容易有意识或无意识地渗入到所有者职能中,甚至政府作为国有资产所有者主导钢铁企业并购重组时很容易将政府作为公共管理者的政策目标替代资产所有者的目标,从而忽视了国有钢铁企业并购重组的市场行为属性。一方面,政府作为所有者,国有钢铁企业的利润是中央和地方财政的重要来源,因此追求利润最大化;另一方面,政府作为公共管理者,中央所属国有钢铁企业承担着实现政府的经济政策目标,如增强国家产业竞争力及维护社会稳定等目标;地方国有钢铁企业则更多地承载着地方政府实现地方发展战略、促进区域发展的任务。前者是全局的把握,后者则更多地立足于当地。在某些情况下,作为所有者和公共管理者的目标,以及中央和地方的目标,虽然是相辅相成、相互促进的,但不可避免地存在冲突矛盾。

---

　　① 参见李拥军:"关于钢铁企业重组中政府导向作用的分析",载《中国钢铁业》2011年第8期,第13—14页。

在市场经济中，公共管理者和所有者是两种不同性质的主体，其地位和运行规则存在明显差别，因而各市场经济国家将二者相对分开，即设置专门机构行使所有者职能，并为国有资产的运行制定特别规则。而在我国计划经济时期，公有制是实行计划经济的依据，国家凭借其国有资产所有权对国民经济实行全面的、直接的控制，各级政府及其所属各部门都兼有这两种身份。那时期的指令性计划、政企不分、税利合一等现象，就是其突出表现。至今这两种身份合一的痕迹仍然存在，已成为市场化改革进一步深入的重要障碍。在我国现阶段的经济体制转型期，这两种身份合一的弊端主要表现在：首先，"政—资"不分，导致政企不分。

按照市场经济的一般规则，企业经营受其所有者控制是天经地义的，经营权无论如何与所有权分离，都应受所有权的约束。如果公共管理者职能与所有者职能合一于同一实体（即政府），那么政府与企业就不可能分开。正因为如此，我国的政企关系一直缠绕不清，是改革中的一大难题。其次，"政—资"不分，导致目标错位和规则错位。公共管理者和所有者各有其特定的目标和规则，而当这两种身份合一于同一实体时，就会发生公共管理者目标和所有者目标的冲突，容易导致不同目标的错位和挤占，同时，还会出现不同运行规则的交叉，容易导致以所有者运行规则行使公共管理者行为，或以公共管理者规则行使所有者行为的现象，这就是我国实践中一度常见的"官商不分"的重要原因之一。这种现状的存在，既不利于公共管理者职能的实现，也有损于所有者的利益。

目前，除少数几家大型国有钢铁企业由中央直接管理外，大部分国有钢铁企业的管理权限和财税关系都下放到地方政府，钢铁企业上缴的税收构成地方政府财政收入的很大一部分，因此，钢铁企业与当地政府形成紧密的利益关系。地方政府的利益和态度在钢铁产业整合特别是跨区域整合中发挥着重要的甚至是决定性的作用，地方政府的支持是推动钢铁产业跨区域整合绕不过去的重要因素。[①] 在中央政策推动钢铁企业跨地域并购重组时，因为担心税收流失问题，很多地方政府倾向于支持本区域内钢铁企业间的并购重组而排斥区域外企业参与。而在由地方政府主导钢铁企业重组时，更是从本地区利益出发，倾向于促成本区域内钢铁行业的整合重组，而排斥跨地区钢铁企业的并购。尽管有时跨地区的并购重组有利于整个钢铁产业的整合和结构优化，但只要对当地不利，就会遭到地方政府的强烈反对。政府的干预扭曲了兼并重组行为的市场激励，名义上的整合不仅未产生积极效果，反而导致矛盾重重。

在国外市场经济发达国家，企业并购重组完全是一种市场行为，并购的主体是企业，政府在整个并购的过程中是以监督者的身份出现的，其宗旨是实现产业组织的合理化，既反对垄断又避免过度竞争，尽量维护市场有效竞争的结构。当然，不同的国家或同一国家在不同的经济发展阶段政府对企业兼并监管的重点不同，这主要取决于一国所处的经济发展阶段、主导战略及国内外经济形势。近些年来，随着世界经济一体化的进程加快，发达国家都将争夺全球钢铁市场作为目标，加紧扶持本国的大型钢铁企业的并购力图提高其国际竞争力，因此不仅放宽了对钢铁企业并购的管制，还对那些参与国际市场竞争的并购积极从法律政策上加以大力支持，最近几年国际大型钢铁企业的并购热潮就与各国政府的政策支持紧密相关。

（四）政府的缺位

在经济领域，政府缺位一般是指由于政府没有履行自己应尽的

---

① 参见王建军："钢铁产业跨区域整合过程中的地方政府行为分析"，载《理论界》2011 年第 3 期，第 47—48 页。

职责而导致经济失衡和秩序失控等不良后果。钢铁产业领域中的政府缺位，有如下突出表现：

1. 铁矿石进口管理的政府缺位

我国作为全球最大的铁矿石进口国，非但无法在铁矿石贸易中获得有利地位，相反，在谈判中处于十分被动的地位，最后被迫接受高价，导致整个钢铁产业损失惨重，其原因是多方面的，但是政府对进口铁矿石缺乏统一管理和长远战略，协调不到位，监管不力，导致多头对外，铁矿石进口秩序混乱是主要原因。

铁矿石进口价格有两种：现货价和长协价。① 现货交易价格容易受谈判时的市场供求关系的影响，价格波动性大。长协价使交易双方节省了每单合同所需的信息、谈判、资信调查等交易成本。一般来说，长协价对购买方来说，能获得稳定可靠的铁矿石来源，保证其生产经营正常运行；对铁矿石供应商来说，保证了其铁矿石的销路，这本是一个双赢的选择，但如果双方既想追求长期合约的低交易成本和低风险，又想追逐现货市场可能存在的短期高利润，即铁矿石供应紧张时，卖方追求现货高价；而当需求低迷时，铁矿石购买方追求低价现货，长期合约就难以维持。我国拥有铁矿石进口资质的钢厂和贸易商超过一百家，在铁矿石进口中，一半以上是采用现货价进口的，并且采用现货价的主要是众多的中小钢铁企业，如此大比例的现货价对铁矿石长期贸易谈判有很大的影响，一般情况下，如果现货需求量增大导致现货价上涨，必然会使国外铁矿石供

---

① 长协价是指铁矿石供应商和购买商通过谈判确定下一个财政年度内的铁矿石价格，价格一经确定，双方则依照约定的价格在下一年内执行。现货价则指铁矿石供应商和购买者根据谈判时的市场供需状况商定单笔交易的成交价格。

应商抬高长协价或者放弃长协价谈判。[①] 中国在进口铁矿石时，本来可以统一部署，以世界最大的铁矿石需求量为筹码，进行统一对外的长协价谈判，并迫使对方降低长协价，但由于国内大量的各自为政的钢铁生产企业和钢铁贸易商选择现货交易，并且为争夺铁矿石货源而竞相抬高现货价，使国际铁矿石供应方在谈判中处于绝对的优势地位，中国进口的铁矿石价格一路高涨。面对如此混乱的铁矿石进口秩序，政府部门却未进行有效的规制和管理，以维护国内钢铁企业的共同利益。

2005 年 2 月 28 日，中国钢铁工业协会和中国五矿化工进出口商会联合主办了"落实铁矿石自动进口许可证管理措施紧急会议"，全国一百多家钢铁生产企业与流通企业参加了此次会议，其中包括宝钢、武钢、首钢等国内铁矿石进口大型钢铁企业。会议通过了《铁矿石进口企业资质标准和申报程序》。中国钢铁协会要求所有会员企业在铁矿石谈判中统一行动，对违反公约者，将采取行业通报、批评警示及将违反者记入企业不良诚信信息库，严重的直至最后取消会员资格等制裁措施。[②] 但这些行业自律措施对会员的约束力比较弱，能否执行全靠会员企业的自觉，行业协会由于自身地位和能采取的手段有限，尽管其采取了一些措施，但收效甚微。国内铁矿石储量有限，而铁矿石又是钢铁企业生产钢材必不可少的原材料，目前还无法用其他材料代替，面对国内钢铁企业如此大的需求量，对铁矿石进口秩序的规范，仅靠行业协会的自律是远远不够的，也不足以保护国内钢铁企业的利益，必须由政府采取有效措施对铁矿石

---

① 参见李新创："对我国铁矿资源保障战略的思考"，载《冶金经济与管理》2012 年第 6 期，第 4—7 页。

② 主要的制裁措施有：行业通报、批评警示及将违反者记入企业不良诚信信息库等制裁措施，严重的直至最后取消会员资格。

进口秩序进行规范和整顿。

2. 海外投资管理的政府缺位

在经济全球化背景下，海外投资具有重要意义。一方面，通过对外直接投资，将国内过剩产能转移至能源资源富集的国家和地区，可以有效降低企业成本，增强国际竞争力；另一方面，进行海外投资采矿，可以打破国内铁矿石严重不足的"瓶颈"。钢铁企业的海外投资也符合国家提出的充分利用国际、国内"两个市场、两种资源"的战略。然而，政府对国内钢铁企业的海外投资方面缺乏监管。海外投资的大多是国有企业，忽视监管还会导致国有资产大量流失的严重后果。我国对对外直接投资的管理缺乏相应的立法，对监管主体、内容和法律责任缺乏明确的规定，这也是导致监管缺位的重要原因。

政府对钢铁企业的海外投资还缺少必要的信息和咨询服务。政府掌握大量国内外政治、经济和社会等方面的信息和数据，这些资源是海外投资企业所需要但凭自身能力无法全部获取的。企业在进行对外直接投资的决策时，需要获取大量的信息来帮助其作出正确的投资决策，单凭企业自身的能力去获得这些信息特别是宏观方面信息一般很困难，而政府则在这方面具有企业所不具备的优势，政府有义务向国内企业提供必要的信息和咨询服务，这也符合现代政府向"重监管、重服务"职能转型的大趋势。然而目前国内对海外投资相关的信息咨询服务存在不足，不仅信息发布机构较少，而且在数量和质量方面也无法满足企业海外投资日益变化的需求。由于"走出去"的钢铁企业越来越多，对有价值的信息的需求量大，政府信息服务不到位也是造成企业对外直接投资摩擦频发及成功率较低的原因之一。如果事先政府对企业的海外投资针对国别和地区提供一些法律政策风险提示的有价值的信息服务，能有效避免大量的矛盾和纠纷。

二、中央与地方的冲突

(一) 中央与地方冲突的表现

随着经济体制改革进程的逐步深入，尤其是地方政府成为具有地方经济管理和经济利益双重职能的主体之后，地方势力的崛起和膨胀带来了新的问题。这些问题集中表现在地方政府经济行为的目标取向与中央的不完全一致。从中央政府宏观调控的实践来看，正是由于地方政府片面追求经济增长引起大规模投资扩张，为了保护地方利益，地方政府对中央的宏观调控政策往往贯彻不力或执行大打折扣，最终造成宏观调控政策难以达到预定目标。这种现象在2002年之后出现的新一轮经济过热中表现非常明显。从2002年下半年开始，地方政府常常置中央的经济决策于不顾，各地出现了以信贷膨胀和外资猛增为主要表现方式的新一轮投资扩张。[1]

钢铁产业由于自身的特点，产业关联度大，对当地的税收及就业贡献大，因此许多地方政府不顾市场需求及资源状况，给企业各种不合理的优惠政策，造成钢铁产业产能结构性过剩，产业结构同化，产业布局分散等一系列的问题。自2003年以来，国家密集发布各种法规和规章以治理突出的钢铁产能过剩问题。2003年国务院办公厅转发了发展改革委、国土资源部、商务部、环保总局、银监会五个部门联合发布了《关于制止钢铁电解铝水泥行业盲目投资若干

---

[1]　参见徐洁瑗："中央政府和地方政府博弈行为分析——以江苏铁本为例"，载《生产力研究》2009年第16期，第185—188页。

意见的通知》①，2005 年发改委出台了《钢铁产业发展政策》，2006 年 6 月《国务院办公厅转发发展改革委等部门关于加强固定资产投资调控从严控制新开工项目意见的通知》中进一步强化对钢铁工业固定资产投资的规制。但实践证明并未达到预期效果，出现了逆调控增长的局面。钢铁产能过剩从表面上看是钢铁产业发展问题，但同样现象在其他行业尤其是重化工行业也有体现，说明了其根源是体制机制问题。近十年出现的钢铁投资热潮主要是地方政府具有很高的热情和冲动来推进投资，地方政府强烈的逆向反应，中央与地方之间"上有政策，下有对策"的局面表现得尤为突出。

2004 年，在中央政府加大宏观调控力度，出台多项政策严格治理钢铁等行业出现的投资过热的大背景下，"铁本事件"轰动全国，铁本公司自 2002 年年初筹划在常州市新北区魏村镇、镇江扬中市西来桥镇建设新的大型钢铁联合项目。该项目设计综合能力 840 万吨钢，概算总投资 105.9 亿元人民币，2003 年 6 月进入现场施工，2004 年 3 月被江苏省政府责令全面停工。中央政府高调处理该事件，以显示中央政府加强宏观调控治理投资过热的决心。4 月 28 日，国务院召开常务会议，强调各地各部门都要从江苏的一起违规建设钢铁项目事件（"铁本事件"）中汲取教训，引以为戒，特别强调要严

---

① 《关于制止钢铁电解铝水泥行业盲目投资若干意见的通知》（国办发〔2003〕103 号）中提到：我国钢铁工业出现了盲目投资、低水平扩张的现象。一些地方不顾市场及外部条件，以各种名义大规模新建炼钢炼铁项目，并低价出让、未征先用土地，给企业各种不合理的优惠政策和减免税收，还有一些地方以外商投资鼓励类名义，违规审批炼钢、炼铁项目，造成钢铁工业出现生产能力过剩，铁矿资源不足，布局不合理，结构性矛盾突出等问题，必将导致生产能力过剩、市场无序竞争、浪费资源和污染环境，甚至造成金融风险和经济社会其他方面的隐患。对此，各地区、各部门必须引起高度重视，保持清醒的认识，坚持以市场为导向，依照产业政策和发展规划，运用经济、法律、行政手段，采取有力措施，迅速遏制盲目投资、低水平重复建设的势头，促进这些行业健康发展。

格执行国家的法律法规和政策制度，坚决维护中央宏观调控的统一性、权威性和有效性，从严治政，对有令不行、有禁不止并造成后果的渎职行为，要严肃追究责任。

2004 年 4 月 30 日，国务院办公厅通报了对于江苏铁本钢铁有限公司违法违规建设钢铁项目的调查处理情况。在通报中对"铁本事件"定性为一起典型的地方政府有关部门严重失职违规、企业涉嫌违法犯罪的固定资产投资项目，通报指出铁本公司和当地政府及有关行政管理部门在工商注册、项目审批、批准用地和环境保护等方面存在一系列的违法违规问题。① 通报中公布了相应责任人的处理情况，还特别强调为保证国家宏观调控政令畅通，要求各地自觉维护国民经济宏观调控的大局；全面清理在建项目，严格控制新上项目，根据《国务院办公厅关于清理固定资产投资项目的通知》（国办发〔2004〕38 号）要求，对国家明令禁止的、违反有关法律法规和国家政策的在建项目，进行清理整顿，该停止建设的要立即停止，贯彻国务院关于调整部分行业固定资产投资项目资本金比例的有关规定，有效控制钢铁、电解铝、水泥等行业的过度投资，强调要严格项目审批管理，制止盲目投资和低水平重复建设。

"铁本事件"在中国具有典型性，各级地方政府及官员在政治升迁、政绩和扩大本地区财政收入等因素诱导下，纷纷展开招商引资大战，纷纷采取低价提供土地资本、减免税收、协调贷款等措施吸引各类资本来本地投资。有的地方政府不但利诱本地企业大量投资，甚至采取胁迫的方式让本地企业不断扩大投资数额，在"铁本事件"中，戴国芳原本计划的总投资额仅为 10 亿 ~20 亿元，并采用自身积

---

① 参见《国务院办公厅关于江苏铁本钢铁有限公司违法违规建设钢铁项目调查处理情况的通报》（国办发〔2004〕41 号）。

累资金滚动投资，但是在地方政府提供的巨额土地资本的利诱下以及大量银行贷款的推动下，靠自己有限的自由资本投入撬动 100 多亿的建设项目，远远超过自身的投资能力和经营管理能力进行过度的产能投资。中国是政府主导的经济发展模式，在这种模式中，地方政府和企业之间形成一种非常紧密的关系，因为他们的利益在很大程度上也和地方政府甚或官员是一致的。这种发展模式既有着官商合作共同促进地方产业发展的优势，但也容易形成官商相勾结的局面，企业家为获得政府补贴、许可证等而用金钱结交政府官员，而地方政府和官员为地方利益和政绩诉求最大限度地运用自己的政治权力，双方互有需求，在某种意义上地方企业、地方政府甚至地方官员之间形成利益共同体。

铁本公司高达 105 亿元的投资概算，需征几千亩地，涉及大规模的拆迁，单靠铁本企业自身，根本就不可能成功，地方政府的支持无疑是项目得以顺利通过的重要条件。从常州地方官员的违规违法行为可以看出地方政府对于铁本项目是大力支持的。其主要原因在于当时钢铁价格持续攀升，钢铁企业利润同比大幅增长，同时带动地方税收增加、就业增加，巨额利益的驱动正是地方政府和相关部门违法建设的动力所在。项目搞好了，企业有利可图，地方政府的财政收入增加，GDP 数字能够增长，地方官员也有了政绩，是一件"皆大欢喜"的好事情。项目需要土地，于是地方有关部门越权批准，乡镇越权供地，企业违法占地。项目需要资金，企业提供虚假财务报表骗取银行信用和贷款，而对于建设项目所需的环保部门的评价和批准几乎是置之不理。①

---

① 参见陈剩勇："中国政府的宏观调控为什么失灵——以 1996 年以来中国钢铁产业的宏观调控为例"，载《学术界》2013 年第 4 期，第 5—22 页。

河北省钢铁产业的发展状况同样表现了中央与地方的激烈博弈。河北省是中国的钢铁大省，年产量一直居全国第一。钢铁产业是河北省的第一支柱产业，对其财政收入有显著贡献。河北省一直积极支持钢铁企业的投资，但其钢铁产业存在集中度低，民营中小钢厂遍地开花，以中低端产品为主且产品结构雷同，技术含量低，能耗高、污染严重等问题。中国钢铁产业存在的问题在河北省表现得尤为突出。2006 年，国家发改委对河北省提出了严厉批评，并要求河北省政府贯彻落实《关于钢铁工业控制总量淘汰落后加快结构调整的通知》的规定，以 2003 年钢产量为基数，对近三年来新增项目进行检查，并上报中央相关部门，根据情况给予严肃处理。①

自我国政府主张建立以市场配置资源的经济体制以来，多年来一直强调通过市场价格机制、竞争机制的作用推动企业自主经营和自负盈亏，而产业政策是为了克服市场的不完善和缺陷，让微观主体能够平等在市场上自由交易。无论是产业组织政策、技术政策、产业结构政策和产业投资政策等产业政策对于产业的调节都应基于市场为主导的。但是，多年来产业政策对于产业直接干预的惯性思维一直存在，当产业的发展由于体制性障碍使市场不完善而出现问题时，政策的出台不是解决体制问题和市场不完善的问题，忽视了企业的能力和产业的发展规律以及区域的经济差异，而这实际上就是忽视了市场的基本规律。所以钢铁产业并购政策在今后的调整过程中，不应再出现"拉郎配"的现象，而在于完善市场体制建设，降低企业通过市场并购过程中的行政性阻碍。只有这样才能使优势的企业通过市场平等竞争，通过市场并购快速发展。

---

① 参见国家发改委《关于对河北省新增钢铁产能进行清理推动钢铁工业结构调整步伐的通知》。

在钢铁行业发展的低谷期，就国外实践而言，一般是钢铁产业整合的大好时机，而我国钢铁产业的并购整合并不积极。在 2008 年国际金融危机期间，国内钢铁行业处于低谷期，国家出台了《钢铁产业调整与振兴规划》，力促钢铁行业兼并重组，提高产业集中度，但由于地方政府并不积极配合，现行的企业所得税制度导致每个地方都是不同的利益主体。在钢铁企业跨地区的兼并重组中，如果本地的钢铁企业被别的地区钢铁企业兼并，当地就面临税收减少的不利局面，于是，钢铁企业跨地区重组通常会演变为地方政府的一场利益博弈。大多地方政府趋向于保持对本地钢铁企业的控制，都试图兼并别的地方的钢铁企业。在此种指导思想下，虽然国家产业政策一直在大力推动钢铁产业的跨地区、跨省市的并购整合，但地方政府大都不愿意将本地区所辖的企业交给外地或中央企业进行资产重组也就在情理之中了。与此形成鲜明对比的是，目前很多地方政府对外资并购更感兴趣，主要原因在于按照属地原则，被外资并购后企业仍在当地纳税，不影响当地财政收入。整体并购效果不佳，从而使我国钢铁产业失去了一个产业组织优化的大好时机。其主要原因在于国内钢铁的整合并非完全市场化，地方政府的利益和态度起着关键作用。

（二）中央与地方冲突的原因

1. 中央与地方财权、事权的失衡

在高度集中的计划经济体制下，中央政府代表国家占有、分配、管理和经营社会的绝大多数资源，这时的地方政府没有决策权和资源控制权，仅仅是中央计划的执行者，是行政等级制度中的一级，没有独立的经济利益，可以控制的社会经济资源也较少，只能被动接受和执行中央政府的指令性计划，地方政府几乎没有独立利益可言，也就不存在利益表达和协调的需要。在计划经济体制下，我国

中央与地方政府的关系主要表现为：第一，地方政府无条件地执行中央政府的政策和主张；第二，地方政府是中央政府管理经济的分支机构，所有财政预算、收入与支出均由中央控制；第三，地方除了满足中央的政策需求和政策偏好外，没有自身利益的需求，为服从中央利益应无条件牺牲地方利益；第四，中央不仅控制地方的经济资源，而且也控制地方的人事安排。① 在此种情况下，中央政府与地方政府职能的划分既不明确也不稳定，由此导致了地方政府的积极性、主动性受到极大的限制，社会经济缺乏生机和活力。

改革开放以来，我国的经济体制改革逐步由传统的计划经济体制向市场经济体制转轨，同时，分权化改革改变了政府的组织结构、利益结构和信息结构，使得地方政府的角色和行为发生了根本的变化。20 世纪 80 年代到 90 年代初期的财政承包制改革确定了地方政府"剩余占有者"的地位，使额外增长的税收大部分归地方政府支配，从而地方政府有较强烈的动力发展地方经济。这种改革大致可以分为三个阶段：第一阶段（1978—1988 年），改革的基本线索是放权让利，扩大了地方的计划管理权、固定资产投资权、外汇管理权、物资分配权、工资调整权等事权，下放了财权，并把中央直接管理的大部分企业交给地方。第二阶段（1988—1992 年），强调在放权让利基础上，处理好局部利益与整体利益的关系，树立全局观念，加强中央宏观调控，规范地方行为，确立中央与地方两级经济调控的方向和任务，着手改变国家财政汲取能力不足、宏观调控削弱、重复建设、投资分散、条块分割、市场封锁的局面。第三阶段（1993 年至今），构建符合社会主义市场经济的中央与地方关系。通

---

① 参见杨冠琼著：《当代我国行政管理模式沿革研究》，北京师范大学出版社1999 年版，第 510 页。

过改革，地方政府的职能权限有所扩大，中央与地方的权力关系由行政性分权走向经济性分权，并且渗透到财政、税收等经济体制之中。[①]

1994年的分税制改革使中央与地方的关系发生重大改变，中央对地方的调控方式从以行政命令为主过渡到以经济手段为主，地方政府在经济、财政等领域获得了相当大的权力，不再是传统的统收统支的财政体制下一个纵向依赖的行政组织，相对独立的利益主体地位得到进一步确认和强化。地方政府可以动用的物力和财力越来越多，由此形成了地方政府双重身份和双重目标的特征。一方面，地方政府仍然是行政等级中的一级政府，必须完成中央政府制定的经济目标，这是中央政府对地方政府政绩考核的主要指标，关系到地方政府官员的职位巩固与升迁；另一方面，地方政府担负发展本地经济和扩大地方利益的责任。本地区经济发展和地方利益扩大既是地方居民福利水平提高和本地区企业发展的保证，也是地方政府官员控制权利和可支配资源和收益扩大的体现。因此，随着市场经济改革的深入，地方政府越来越多地关注地方财政收入和本地经济发展。可以说每级政府都是一个利益集团，只是中央政府和地方政府各自侧重点不同。

中央政府作为国家的最高统治者，追求的是社会总产出的最大化，尽可能持久地维持政权的稳定性。地方政府作为中央政府的委托机构，与中央政府的利益具有一定的共同性，但作为辖区利益集团的代言人，地方政府也存在谋求地区利益最大化的动机，与中央政府目标产生差异。具体来说，中央政府的目标集中在社会效益最

---

① 参见王全兴著：《经济法基础理论专题研究》，中国检察出版社2002年版，第496页。

大化、经济平稳、社会稳定等方面，而地方政府的目标则集中在上级政府的满意程度、微观主体满意度、辖区 GDP 和税收收入等方面。此外，中央政府与地方政府的目标存在一个很大的区别，前者缺乏升迁激励，通常对经济有一个更为长远的考虑，后者由于受短期内升迁的动力驱使，经常出现追逐短期利益的倾向。①

地方政府与中央政府对进入行为进行限制的博弈导致钢铁市场的过度竞争。中央政府与地方政府进行投资总的目标，都是为了促进国民经济发展。但是，中央政府作为国民经济的宏观调控中心，更加注重国民经济的综合平衡和社会生产力的合理布局，而地方政府则更注重封闭式、区域性经济利益。因此，双方在限制过度进入的博弈中，主要表现为产业政策的管制与反管制方面。中央为了避免重复建设，防止资源浪费，需要对全国性的重大建设项目进行数量控制与市场准入。而地方政府则从增加本地区财政收入的角度出发，利用各种手段与中央讨价还价，以达到争取立项或中央投资的目的。这不仅削弱了中央统筹规划的政策效应，而且在这种讨价还价的过程中也降低了产业的进入壁垒。

中央与地方在钢铁产业整合方面的冲突也是源于利益的失衡。面对日益严峻的钢铁过剩产能和资源、环境约束，淘汰落后产能和加强产业整合是必经之路。但近年来的钢铁产业整合特别是跨区域、跨省市整合进展缓慢，其原因和地方政府的利益有很大的关系，地方利益和地方保护已经成为钢铁产业整合的重要障碍。许多钢铁企业隶属于地方政府或由地方政府所掌控，对地方财政贡献较大，而且牵扯就业人口众多。现行的企业缴纳所得税的税制导致每个省市、

---

① 参见徐洁媛："中央政府和地方政府博弈行为分析——以江苏铁本为例"，载《生产力研究》2009 年第 16 期，第 185—188 页。

每个地方都是利益主体。钢铁企业为地方政府提供了大量的税收和就业岗位，地方政府趋向于保持对本地钢铁公司的控制，不愿意它们被外地企业整合，以此使丰厚的地方税收来源免于遭受损失。

我国钢铁产业跨区域整合的最大障碍不是市场因素，而是来自地方政府的干预。"分灶吃饭"的财税体制决定了不同国有钢铁企业的不同归属，国有钢铁企业中大部分是地方所有的，地方政府牢牢掌握着地方国有企业的控制权，因此，地方国有企业在选择并购对象及并购方式时主动权较小，其行为实质上是地方政府意志的体现。地方政府的经济行为，有其独特的行为背景，转轨时期地方政府的经济行为特征使其在经济发展中具有独特作用。尽管改革已有30多年，但仍处于从计划经济体制向市场经济体制的经济转轨期。旧的计划管理系统被打破，而新的市场经济体制功能还不完全，作为连接中央政府与企业桥梁的地方政府及其行为无疑起着相当重要的作用。改革开放以来，以经济发展为中心的发展观逐渐被各级地方政府简化为片面追求 GDP 增长的发展观，固然与对官员的片面的政绩考核机制紧密相连，其实也凸显了转轨经济中政府对自身角色定位知识的局限。实际上，改革开放之初，提出以经济建设为中心契合了时代的需要，但发展到今天，需要与时俱进，树立协调发展的科学发展观，政府职能要转到主要为市场主体服务和创造良好的发展环境上来，政府要做经济增长的促进者。在过去较长时期内，中国各地普遍以经济增长作为地方官员政绩的核心考核指标，尤其是财政分权体制下所形成的地方财权与地方事权不对等，再加上官员有限任期与经济长期发展之间的矛盾客观存在，进一步强化了地方政府发展短期经济的激励作用。

在事权方面，地方各级政府仅仅是层次上处于下位，除了少数事权如外交、国防等专属中央政府外，地方政府拥有的事权几乎全是中央政府事权的翻版。从表面上看，地方政府获得了较大的自主权限，但地方政府所要提供的公共物品和服务大大增加。地方政府为增加本地财政收入，不顾中央的政策，搞盲目建设。地方政府在承接产业转移上存在着较为严重的非合作博弈现象，出于对短期经济增长目标的追逐，未充分考虑当地产业基础、资源条件和发展优势，地区间在产业规划上没有形成一种互补互利的意识。在产业承接过程中，中西部地区政府往往采取各种优惠政策，如减免税收、低价转让土地、降低企业环保标准等方式来吸引企业与资金入驻本地。这些优惠政策有些是符合国家对产业转移的优惠扶持政策的，有些优惠政策则是地方政府间为吸引企业而过度竞争的产物，不合理的优惠政策容易破坏市场环境，引发企业盲目扩张转移，可持续发展能力不强，结果造成资源浪费和产业布局不合理现象。在钢铁产业领域表现尤为突出，因钢铁产业对地方税收贡献大，因此得到地方政府的大力支持，在全国范围内形成了重复建设，造成了产能的结构性过剩。钢铁产业的主要矛盾从表面看表现为产能过剩，但是从深层次看，问题的根源在于中央与地方利益关系的失衡导致的地方投资冲动。

2. 不合理的政绩考核机制

政绩考核机制是政府内部对如何促进经济社会发展而设定的奖惩和约束机制。在政府推动现代化过程中，政绩考核机制为经济社会发展起到了重要作用，同时也在一定程度上导致了一些问题和弊端。中国在改革开放以来的很长一段时期都实行以 GDP 为主的政绩考核机制。事实表明，这种政绩考核机制对中国现代化发展产生了深远的影响。奉行以 GDP 为主的政绩考核机制，一方面，激励了地方政府发展地方经济的强烈冲动，对地方经济的发展起着重要的不可替代的领导、促进、组织等功能，使地方政府具有足够的动力和动机去干预经济，充分调动了地方政府发展经济的积极性，也促进了地方政府之间的相互竞争，为国家经济实力的迅速提升、国家财富的迅速积累发挥了关键作用。另一方面，在这种政绩考核机制下的地方政府不是企业家而胜似企业家。地方政府为发展本地经济，既有可能采取行政手段防止本地区的优质生产要素向外流动，也有可能为了争夺生产要素尤其是为了招商引资，竞相降低准入门槛，在土地价格、税收政策等方面出台优惠政策，甚至不惜违规违纪操作，在很大程度上推动形成了诸侯经济，并因此而割裂了市场的完整性，阻碍了全国统一市场的建设和形成。

以 GDP 为主的考核标准犹如一根指挥棒引导着地方政府官员的施政行为，导致当前地方政府经济行为存在很多不合理现象，产生了诸多负面效应：注重显性的短期绩效，各级地方政府领导实现行政任命制任期内的政绩成为领导干部考核的重要标准，决定其前途和发展。对于地方政府官员来说，经济增长不是单纯的经济政策上的需要，还有着丰富的政治意义。错误的政绩观造成了决策失误的思想根源，在国有资产的投资中，存在着短期性、盲目性和随意性的现象。一部分领导人的经济决策，不顾国家宏观产业政策和产业发展趋势，盲目投资导致恶性竞争和过度重复建设，更为严重的是，各地方政府辖区内的产业结构雷同，存在严重的资源浪费和环境污染现象。

尽管中央政府的目标是多元化的，但在 GDP 锦标赛考核体系下，地方政府官员的升迁主要与可以衡量的 GDP 指标相关，而与民生等一些客观上难以度量的指标没有明显的关系。由此，GDP 锦标赛导致的一个直接后果就是，尽管社会目标是多任务的，但各地方过度关注 GDP，而忽略民生指标。认识了这一点就不难理解，为什么近年来中国经济在高速增长的同时，各种民生问题却日益严重。

创造政绩以获得更多的升迁机会是大部分地方政府官员的追求，地方政府官员作为当地各种政策的制定者和强制执行者，左右着地方政府配置各种资源的方式，影响地方经济发展方式和中央政策能否得到贯彻执行。

目前我国正处于工业化的中期，钢铁产业的投入产出见效快，税收贡献大，促进工业化的绩效比较明显。地方政府为了获得好的政绩，势必会利用本级政府对自然资源的控制和定价权力，采取提供低价土地、税收减免或政府担保贷款等一系列优惠措施，甚至突破国家规定的优惠政策的底线，吸引国内外资本，鼓励投资建设那些短期内能够提高经济增长速度、增加经济规模的工业项目和 GDP 贡献大的项目。钢铁产业的产业关联度高，不可避免地成为地方经济发展的首选产业。"九五"和"十五"期间，大部分省份都在加快钢铁产业的发展，并将钢铁产业作为自己的支柱产业。[①] 但受投资规模小、设备技术水平落后等因素的影响，地方政府投资大多只能在较低的水平上重复进行，难以形成规模经济。面广量大的地方企业过度进入钢铁等重化工业，导致高能耗行业的超常规发展，引发生产能力过剩，超出了资源和环境的支撑能力，最终导致低层次重复建设，对上采取逆向调节行为，干扰弱化中央的宏观调控；地方保护主义盛行，相互封锁市场，阻碍要素自由流动和资源的优化配置，地方政府的行为将越来越影响地方经济增长的质量与效益，并逐渐异化为地方经济增长的限制与障碍。

政绩排序的考评机制意味着地方政府不仅要竭力提高本地区的各项经济指标，更重要的是这些指标要超过其他地区，所以各地方

---

① 参见徐康宁、韩剑："中国钢铁产业的集中度、布局与结构优化研究——兼评 2005 年钢铁产业发展政策"，载《中国工业经济》2006 年第 2 期，第 37—44 页。

政府尽可能使本地区的各项考评指标高于其他地区。这种政绩排序的相对水平考核意味着只要超过其他地区，不管绝对水平怎样，仍然会得到政治晋升，这样地方政府之间的竞争表现为一种零和博弈，每个地区会阻止本地区对其他地区发展的正溢出效益。于是，弥漫于地区之间的经济社会发展的互补性就会逐步消失。相对水平考核还意味着"领先其他地区"的激励变为"至少不落后于其他地区"，这样，在地方政府决策过程中"羊群效应"的特点就会非常明显，相互模仿、重复建设大面积发生。这样，不合理的政绩考评政策一方面使得地方政府受到中央政府的约束，另一方面却又使得地方保护主义、市场分割和重复建设大量产生。

不仅如此，地方政府还会保护落后产能企业，甚至在某些时候，地方政府反而为这些企业保驾护航，以保证落后产能企业继续停留在市场中进行生产，从而保证当地 GDP 指标保持稳定增长，取得稳定政绩。因为淘汰落后产能对地方政府而言意味着降低了 GDP 指标和减少了财政收入。钢铁企业对地方 GDP、财政收入拉动力较强，特别是对于经济相对落后的地区，一些在全国看来技术装备落后的中小型钢铁企业，在当地往往是 GDP 增长的主力军，还提供了较多的就业岗位。因此，当地政府往往就会从本地利益出发，不愿淘汰这些落后企业。因此，中央淘汰产业落后产能的政策在地方执行起来却困难重重也就不难理解了。实践证明，以 GDP 为主的政绩考核机制已经难以适应中国现代化发展的新形势，确立和实行综合的政绩考核机制是中国现代化发展的客观需要。

3. 中央与地方之间监督机制不健全

向市场经济体制转型后，地方政府获得了相对较大的独立自主权，激发了地方政府在经济建设中的主动性和积极性。但由于中央与地方的监督机制不健全，二者长期处在集权与分权的动态博弈中。

地方政府是作为中央政府权力的代理者参与国家管理，不难发现这种代理委托关系成立的前提条件是权力转移和让渡。由于中央政府与地方政府都存在着对权力最原始的渴求，使得二者的关系在这种权力让渡机制下表现为集权与分权的动态变化和博弈，中央政府和地方政府利用"制定规则的权利"和"执行规则的权利"使最终结果有利于自己，这就形成了中央政府与地方政府间相互维系、相互制衡的权力格局。由于这种权力博弈上的难以调和性，我国中央政府与地方政府的关系长期处在一种集权与分权的交替变化之中。而且，由于中央与地方的关系长期没有规范化、制度化，其调整往往偏重于依靠随机的政策和行政命令，具有一定的盲目性和不确定性，导致中央政府与地方政府间始终难以摆脱"一收就死、一放就乱"的博弈困境。

中央对淘汰落后产能制定了一系列的配套政策措施，涉及环保、国土、水资源、信贷、质检等多方面，但落实到地方层面很难实现"政令畅通"，有些基层政府对落后产能甚至采取默许或支持态度。如中央已经将节能减排指标纳入了地方政府的政绩考核体系，但是大部分地级市中没有建立能源平衡表，缺乏客观真实的能耗数据，考核指标也就容易成为"数字游戏"。再如地条钢之所以有生存空间，可以在市场上销售并应用到建筑领域，与监管部门不作为、有法不依、执法不严密切相关。

随着地方经济竞争的加深，某些地方政府不顾法律的统一规定和中央政府的产业政策的统一安排，竞相实施优惠许诺等措施，造成国有资产大量流失、环境污染严重等诸多恶果。目前地方政府都在制定自己的产业政策，其结果是形成所谓的产业结构"同构化"，在各地区产业结构变动过程中不断出现和增强的区域间结构的高度相似趋势。在各地的经济发展过程中，国家从全局出发的产业布局等政策，经常与地方局部利益相左。在局部看来合理的产业布局从全局看往往又是不合理的，但在地方经济利益的驱动下，不合理的布局会得到"合理"的发展。有时即便是在一个省市里有合理的产业布局规划，也会在更基层地方政府的经济发展中被扭曲。由于大家的努力方向相同，结果是"大而全、小而全"，形成产业保护，抑制竞争，宏观全局结构更不合理。由于中央政府对地方政府的经济行为并没有有效和强有力的约束手段，地方政府尤其是基层政府部门偏向于制定和执行对地方有利的政策，对地方不利的政策，则往往持消极甚至是对抗的态度，这也是为什么那些浪费资源、污染环境、产品质量差的小钢厂屡屡淘汰不掉，反而愈演愈烈的原因之一。

中央与地方政府毕竟是两个不同的政策主体，在制定和实施产业政策的动机、目标、内容、方式、手段等方面存在区别。中央制定的产业政策的目标，除了利用国家投资等手段去实施外，更多的是通过地方政府贯彻中央产业政策精神来体现。但作为地方利益的代表，地方政府有着自己的产业发展目标，只有当中央与地方利益目标一致时，地方的产业政策内容才会体现中央的产业发展意图。由于地方利益的动机，地方政府在产业政策实施中，常常会超越国家或全局利益，由于缺乏强有力的监督和制约，中央的政策往往难以在地方和基层得到贯彻执行。尤其是在我国社会转型期，由于旧的管理体制正在被打破，新的管理体制尚在形成之中，制度上的漏洞和缺陷还比较多，权力被滥用的情况更容易发生。中央对地方的监督体系不健全，缺乏现代化的监督机制、程序、手段和方式，导致中央层面的产业政策在地方的失效。

在对钢铁产业的调控中，中央政府的主要目标是整个钢铁行业的结构优化和升级，而地方政府追求自身利益最大化，特别是在淘汰落后产能及节能环保等方面往往与中央政府的目标产生冲突。为了保证中央的法律政策在地方能得到贯彻实行，除了从利益上进行平衡协调外，完善的监督机制是正确处理中央与地方关系的重要保障。与中央经济权力相比，地方经济权力是零散的、局部性的，因此在全局性或跨区域性的经济问题上，必然需要中央来统一整合，加强监管。离开中央监管，各地自行其是势必难以顾全大局。在中央政府缺乏对各级地方政府实施产业政策有效监督机制的情况下，产业政策的作用失效。中央出台了一系列的淘汰落后产能政策，地方政府为了地方利益，不仅千方百计保护落后企业，甚至鼓励新建落后项目，导致某些地方出现落后产能越淘汰越多的现象。

三、政府规制与社会自治的失衡

（一）行业协会的独立性不强

行业协会是社会中介组织和自律性行业管理组织。在我国，行业协会是随着市场经济的发展而成长起来的社会经济团体组织。在现代市场经济国家中，行业协会应是行业管理的重要力量，在行业内发挥服务、自律、协调、监督的作用，维护同行业利益，促进同行业发展，避免行业内部无序竞争，进行行业的自我协调、自我约束、自我管理，同时又是政府的参谋和助手。

我国由于大多数行业协会官办色彩浓厚，多数是政府部门利用行政权力牵头，有计划组建而成的，在成立之初就带有明显的官办色彩，并非真正的自治性组织。行业协会的大部分工作人员是来自政府或事业单位离退休的老领导或政府机构改革的分流人员，习惯于依靠政府的行政命令开展工作，运作方式行政化或准行政化，大多成为服务于政府或接受政府领导的辅助组织。行业协会定位不清晰主要表现在两个方面：首先是国家对行业协会定位的不准确，政府希望行业协会作为行业管理的辅助工具去转移部分行政职能，使行业协会的管理异化为公共管理体系下的准行政化治理；其次是行业协会自身定位不明确。大多行业协会也极愿意成为"二政府"，大多代表政府意图去组织和管理其会员企业。[①]

从行业协会应有的功能和地位来说，如果没有合理和准确的社会身份和地位，没有独立自主权，必然会受到诸多牵制而无法实现自我功能，最终沦为政府的附庸。[②] 行业组织自身发展不良直接影响了其职能的发挥。目前中国的大多行业协会主要发挥的是服务与协调职能，自律管理职能发挥的积极作用有限，甚至经常出现行业协会与企业共谋的价格联盟、市场分割等情况，行业协会并没有充分发挥自律管理职能。一个行业协会如果不能独立充分行使自己的职权，发挥自己应有的作用，就无法取得会员单位的信任，也就失去存在的价值。

中国钢铁工业协会并不是一个纯粹意义上的行业协会，由于特殊的历史原因它更像是一个行业协会与政府部门的混合体。以中国钢铁行业协会代表中国钢铁企业在国际上进行铁矿石谈判为例。从2009年开始，商务部授权中国钢铁行业协会对外谈判，中国钢铁行业协会作为中方代表参与国际铁矿石谈判。在此之前铁矿石谈判是由商务部做整体规划，由宝钢代表中方谈判，然后再将谈判情况报告给中国钢铁行业协会，中国钢铁行业协会再向商务部汇报，商务部再报给中央。从2009年开始，中国钢铁行业协会亲自主持谈判，由于之前的商务部授权，使中国钢铁行业协会具有钢铁企业谈判代表和政府管理者的双重身份，导致了中国钢铁工业协会在铁矿石谈判中的职能混乱。就铁矿石谈判本身而言，它只不过是国际之间的

---

① 参见张晓玉："行业协会的自治与转型"，载《瞭望》2005年第41期，第56页。

② 参见国家经贸委产业政策司：《中国行业协会改革与探索》，中国商业出版社1999年版，第38页。

贸易谈判，谈判双方地位应该是对等的。但中国钢铁工业协会一方面要履行谈判代表的职能，另一方面又要行使政府的经济管理权，管理国内钢铁市场的混乱局面，结果谈判时不够专业，管理时又缺乏力度，两方面都无法很好地达到预期目标。

（二）未构建起合作互补关系

行业协会作为自治组织，应在行业内发挥服务自律、协调的作用，同时又应与政府积极配合，共同促进行业的健康发展。在西方发达国家，行业协会是国家实行行业自治的重要力量和有效途径，已成为现代社会治理系统的有机组成部分，是经济与社会低成本、平稳运行的保障之一。但在我国，政府与行业协会却未构建起合作互补关系。政府与行业协会之间的优势互补只是二者合作监管的基础，并不是合作的充分必要条件。有合作的基础，并不意味着一定能合作。由于在组织性质上，行业协会既有公共性又有私益性，这种"二重性"导致行业协会既有与政府合作治理市场的可能，也有被会员企业俘获的危险。行业协会是行业成员利益的代表，在协会成立之初就阐明了维护行业成员的利益是行业协会的主要目的。行业协会以会员为基础，没有会员的参与，行业协会的存在就没有了意义，而如果不为会员的利益服务，就会失去对会员的吸引力。由此，如果某些反竞争行为能够更好地实现会员的集体利益，行业协会与会员共进退，以协会的名义将反竞争付诸实施也是不足为奇的。

我国行业协会与政府合作互补的关系远未形成。一方面，政府将经济活动中某些该由行业协会组织来完成的事情揽在自己身上，不愿放权；另一方面，现有大多行业协会政府色彩极其浓厚，政府将行业协会当成安置分流人员，收留离退休干部的机构，当成"疗养院"或"养老院"。政府的权力在行业协会的人事、经费等各方面全面渗透，导致行业协会不仅在生存上依附于政府，在实际的运作中也受制于政府，而未认识到自身是转移政府部分职能和协助政府进行行业管理的重要通道，在缺乏监管的情况下，有时甚至为了行业协会自身利益或会员企业的利益而与政府发生对抗的行为，更何谈良性的合作互动关系。

第六章

钢铁业产业法规制的目标和基本原则

一、钢铁业产业法规制的目标

（一）产业安全

产业安全是指一国在对外开放的条件下，在国际竞争的发展进程中，具有保持民族产业持续生存和发展的能力，从而保证国民经济和社会全面、稳定、协调和可持续发展。产业安全是国家经济安全的重要组成部分，在民族国家层面上，产业安全具有以下特点：

第一，产业安全的战略性。作为国家经济安全的重要组成部分，产业安全关系到国计民生和一国经济的长远发展，关系到一国的经济权益和政治地位。要使国家经济利益不受侵害和威胁，就必须确保本国产业的安全发展，必须把产业安全战略纳入到国家战略中去，从战略的、长远的高度去重视和研究产业安全问题。

第二，产业安全的综合性。产业安全涉及的范围很广，既包括工业，又包括农业和第三产业，而且不同产业之间相互关联，某一产业受到威胁，其他相关产业的安全也会受到直接或间接的威胁。

此外，影响产业安全的因素是复杂的，包括政治、经济、自然、社会、信息和技术，甚至还包括历史、文化因素、地理条件以及人员素质等。由此可见，产业安全具有高度复杂性和综合性的特点，因此维护产业安全的手段也应是复杂多样的。

第三，产业安全的紧迫性。产业安全的紧迫性源于其战略性和综合性，而发展中国家在全球经济一体化背景下实行的对外开放政策使这一问题变得尤其紧迫。如果对产业安全问题的紧迫性不给予高度重视并采取及时的应对措施，必将给国民经济的发展带来重大的隐患，甚至危及国家经济安全。因此，无论是理论界还是政府或企业，都应积极关注这一问题。

第四，产业安全的系统性。产业安全是由多种要素按照一定的方式组成的大系统，涉及各产业赖以生存和发展的宏观经济、政治和国际环境等诸多方面的问题，既涉及一国的内部问题，又涉及一国的外部问题。这些要素或问题相互关联，通过市场机制或其他组织机制共同对产业安全的走向产生着或大或小、或直接或间接的影响。此外，产业安全的系统性还表现在它与财政安全、金融安全等的有机联系上。从根本上讲，产业安全是一国财政金融安全的基础和前提，而后两者又为一国产业发展产生积极的促进作用。因此，产业安全本身作为一个相对独立的开放子系统，也在向国民经济的大系统输出各种信号和能量。另外，作为一个复杂的开放系统，产业安全离不开一系列规则制度的作用。正是这些规则制度使得系统各要素有机有序地发挥其自身功能和作用。因此，研究产业安全问题不能忽视规则制度对产业发展的稳定作用。只有使本国产业成为一个具有自组织特征的系统，才能够使这一系统尽可能及时灵活地应对外部环境的变化，从而实现产业的持续发展。

第五，产业安全的层次性。产业安全既包括一国某一产业的安全问题，也包括一国产业链、产业群的安全问题，这两个层次是局部与总体的关系。在经济全球化的条件下，按照国际分工和发挥国际间比较优势的原则，一国总是会有一些产业的国际竞争力相对较强、安全度较高，而另一些产业的国际竞争力相对较弱、安全度较低。而且由于一国的资源有限，任何国家不可能在所有产业上都占有明显优势。这就要求在维护产业安全的过程中，妥善处理好不同层次的产业安全关系。总的原则应以宏观层次产业链、产业群的安全为目标，以部分重要支柱产业的安全为支撑，以局部产业的不安全为代价，由此换得参与经济全球化中的主动权并获得最大化的比较利益。

第六，产业安全的动态性。产业安全的动态性具有两层含义：一是产业安全的问题是长期存在的，但具体在不同时期，有不同的产业安全维护对象，这是由经济发展和各国产业竞争力的相对变化所决定的。有些产业在一定时期内是安全的，不需要政府的规制或干预，而另一些产业则具有较大风险，需要政府适当规制或保护。二是产业安全的实现手段和途径不是一成不变的，而是动态变化的。绝大多数的产业安全保护不是永久的，政府规制的目的只是提供一个准备期，让本国产业经过此过渡期，站稳脚跟并逐步升级，形成较强的国际竞争力，而政府规制的实质是为了促进产业升级，提高其国际市场竞争力。

随着对国际市场依赖程度日益提高，中国与其他经济体发生冲突与对抗所带来的风险增大，国际市场上的变化已越来越影响国内产业和经济的健康发展。尤其是铁矿石等战略性资源进口依存度的不断提高，将可能威胁到中国的钢铁产业安全乃至国家经济安全。①

---

① 参见张勇："论扩大开放与维护产业安全的协调机制——《中国产业安全法》立法研究"，载《国际贸易》2007 年第 8 期，第 50—55 页。

经济全球化使全球产业竞争日趋激烈，从根本上改变了传统的国际分工格局，对发展中国家的产业发展环境产生了重大冲击，导致许多发展中国家不仅丧失了经济发展正常的产业链条和产业生态，而且丧失了关乎国计民生的重大产业和核心技术的控制权。产业安全问题日益受到各国的重视，一般来说，国内市场的开放程度越高，对国际市场的依存度越大，产业安全就更易受到威胁，就更需要国家从战略层面采取措施防范和化解产业风险。

钢铁产业安全问题不仅关系到我国钢铁产业自身的发展，而且还影响国家经济安全。我国钢铁钢材市场的开放程度非常高，产品的出口和铁矿石及高端钢材产品的进口量都非常大，因此，受国际市场的影响非常明显，一旦国际上发生经济危机，钢铁行业将首先受到冲击，1998年东南亚金融危机使我国钢铁产业深受重创便是明证。对我国钢铁产业安全影响最大的钢铁产业铁矿石原料的供应问题，由于我国国内铁矿石多为贫矿，开采难度大，并且储量有限，只得依赖进口，2006年我国已成为全球最大的铁矿石进口国，受国际市场的控制度不断提高，钢铁产业面临越来越大的铁矿石供应压力。在我国对铁矿石的高位需求是刚性的情况下，如果发生他国切断原材料供应，在我国储备又极为有限的情况下，将会对我国的经济造成极为不利的影响，国民经济甚至会陷于瘫痪。近些年来，由于进口铁矿石价格大涨，我国钢铁产业最基本的原材料铁矿石受制于人，就意味着整个行业的命脉掌握在别人手里，若不采取有效应对措施，将会危及钢铁产业的安全。①

有学者根据《中国钢铁工业年鉴》、《中国钢铁统计》的钢铁行

---

① 参见杨化邦："中国钢铁产业安全关键要素分析"，载《中国管理信息化》2011年第2期，第28—29页。

业的数据，以贸易竞争力指数、产业进口对外依存度、产业出口对外依存度等指标对我国钢铁产业的安全度进行分析，发现我国钢铁产业贸易竞争力较差、铁矿石严重依赖进口、钢材产品出口对外依存度大、钢铁产业安全度较低。[①] 随着经济全球化，越来越多的外资注入到我国钢铁行业中，有利的一面是促进国内钢铁企业的整改，不利的一面是给钢铁行业的安全带来隐患。外资主要通过核心关键技术的控制，增加了技术依赖性。[②] 我国钢材产品中高科技含量、高附加值产品比重低，需大量进口；中低档产品因国内多数钢铁企业"大而全、小而全"，产品雷同，导致产能严重过剩，只有依赖出口来消化。2008 年的国际金融危机直接造成房地产、汽车等产业的不景气，国际钢铁市场对钢材产品需求大大萎缩，钢材市场供过于求，钢铁产品价格大跌，对我国钢铁产业造成巨大冲击，在内因、外因共同作用下，钢铁产业深层次矛盾集中爆发，钢铁产业的安全度进一步下降。[③]

2005 年国家发改委发布的《钢铁产业发展政策》中提出根据我国富矿少、贫矿多的资源现状，国家鼓励钢铁企业发展低品位矿采选技术，充分利用国内贫矿资源。同时，按照优势互补、互利双赢的原则，加强与境外矿产资源国际合作。支持有条件的大型骨干钢铁企业集团到境外采用独资、合资、合作、购买矿产资源等方式建立铁矿、铬矿、锰矿、镍矿、废钢及炼焦煤等生产供应基地。沿海地区企业所需的矿石、焦炭等重要原辅材料，国家鼓励依靠海外市

---

① 参见荆竹翠、李孟刚、王冲："我国钢铁产业安全状况的评估与应对策略"，载《经济纵横》2012 年第 12 期，第 46—47 页。

② 参见李孟刚主编：《中国产业安全报告》，社会科学文献出版社 2011 年版，第110 页。

③ 参见刘军、谢锐、王腊芳："中国钢铁产业链各环节附加值的国际比较"，载《财经理论与实践》2011 年第 2 期，第 115—116 页。

场解决。2009 年国务院发布的《钢铁产业调整和振兴规划》中特别强调应开发国内外两种资源，保障产业安全。《钢铁产业发展政策》和《钢铁产业调整与振兴规划》虽然提出开发国外矿产资源，保障国内钢铁产业安全，但从战略上对上游铁矿石的资源掌控重视仍然不够，缺乏强有力的国家战略支持，错过了低位掌控铁矿石资源的机会。①

要保障钢铁产业安全，需完善外资安全审查机制，加强对外国企业投资境内企业的规范和引导。我国政府陆续颁布了《国务院关于加快振兴装备制造业的若干意见》、《关于外国投资者并购境内企业的规定》、《关于推进国有资本调整和国有企业重组的指导意见》等规定。这些规定加强了对涉及国家安全的行业、重大基础设施和重要矿产资源等行业的国家控制，建立了对外资并购的反垄断审查机制。但是，目前外资审查机制的法律层次较低，审查范围、标准和程序不明确，多头监管审批，缺乏协调性，利益冲突明显等。我国的外资安全审查机制可以借鉴美国外国投资委员会的做法，设立一个高层次、跨部门的专门机构，以对市场份额和市场力控制程度以及公共利益为审查标准，平衡吸引外资发展本国经济以保障我国的市场自主和国家利益。

（二）钢铁产业的转型升级

《中共中央关于制定国民经济和社会发展第十二个五年规划的建议》着重提出"十二五"时期要以加快转变经济发展方式为主线。要实现这一转变，产业结构的调整至关重要，产业结构的转型升级是经济发展方式转变的体现和依托。

---

① 参见杨化邦："中国钢铁产业安全关键要素分析"，载《中国管理信息化》2011 年第 2 期，第 28—29 页。

　　工业是我国国民经济的主导力量，是转变经济发展方式的主战场。今后五年，我国工业发展环境将发生深刻变化，长期积累的深层次矛盾日益突出，粗放增长模式已难以为继，已进入到必须以转型升级促进工业又好又快发展的新阶段。工业转型升级是我国加快转变经济发展方式的关键所在，是走中国特色新型工业化道路的根本要求，也是实现工业大国向工业强国转变的必由之路。

　　国务院发布的《工业转型升级规划（2011—2015）》给出了"转型升级"的定义："转型就是要通过转变工业发展方式，加快实现由传统工业化向新型工业化道路转变；升级就是要通过全面优化技术结构、组织结构、布局结构和行业结构，促进工业结构整体优化提升。"能源资源和生态环境约束更趋强化对工业转型升级提出了紧迫要求。随着资源节约型、环境友好型社会加快推进，绿色发展的体制机制将进一步完善，为工业节能减排、淘汰落后产能等创造良好环境，也将促进节能环保、新能源等新兴产业加速发展。同时，由于长期粗放式发展，我国工业能源资源消耗强度大，能源消耗和二氧化硫排放量分别占全社会能源消耗、二氧化硫排放总量的70%以上，钢铁、炼油、乙烯、合成氨、电石等单位产品能耗较国际先进水平高出10%～20%；矿产资源对外依存度不断提高，原油、铁矿石、铝土矿、铜矿等重要能源资源进口依存度超过50%。① 能源资源刚性需求持续上升，生态环境约束进一步加剧，对加快转变工业发展方式形成了"倒逼机制"。

　　当前钢铁工业发展的内外部环境发生深刻变化，既有国际市场带来的深刻影响，当今世界正处于大发展大变革大调整之中，我国工业发展面临的国际环境更趋复杂，全球需求结构出现明显变化，

———————

　　① 参见国务院发布的《工业转型升级规划（2011—2015）》。

贸易保护主义有所抬头，围绕市场、资源等方面的竞争更趋激烈，能源资源、气候变化等全球性问题错综复杂，世界经济的不确定性仍然较大，对我国钢铁工业转型升级形成新的压力；又有国内经济发展方式转变提出的紧迫要求，只有加快转型升级才能实现钢铁工业的可持续发展。

要实现钢铁产业的转型升级，在实践中应坚持以市场为导向，以企业为主体，强化技术创新和技术改造，促进"两化"深度融合，推进节能减排和淘汰落后产能，合理引导钢铁企业兼并重组，增强新产品开发能力和品牌创建能力，优化产业空间布局，全面提升核心竞争力，促进工业结构优化升级。从发达国家钢铁产业发展的历程来看，钢铁产业发展到一定的程度必然会面临结构优化的问题。根据产业结构的特点，优化可以分为合理化与高度化两个方面。合理化是从量上面规定优化的广度，包括产业的数量比例和整体平衡；高度化是从质上面规定优化的深度，包括产业的演进度与成熟度。产业结构高度化的关键在于技术的提高，使得产业高附加值化、高集约化、深加工化，在产值和比例上都要实现突破与发展。因此，产业结构法也要根据产业结构的优化关键节点，把握好如何引导、推动产业结构的合理化与高度化发展，以经济立法的形式，确保产业结构法系统以最佳性能良好运作。[①]

钢铁产业的发展是不断从低层次结构向高层次结构发展，不断调整与优化其结构的过程，其实质是产能总量与环境承载力、市场需求、资源保障相适应；空间布局与区域经济发展相协调；产品结构不断向高技术化、高附加值化演进；产业生产方式高集约化和产

---

① 参见蒋冬梅、闫翠翠："论产业结构法的生态化构建路径"，载《学术论坛》2011 年第 11 期，第 147—154 页。

能利用率达到合理水平。影响钢铁产业结构优化的主要因素有钢铁产业发展相关法律政策、资源供给结构、需求结构、技术水平等。钢铁产业法律政策主要影响产业资源配置的方式及产业结构优化的方向和状态。需求结构是钢铁产业结构优化的市场原动力，钢铁需求结构及其内容的变化必然影响钢铁产业结构的优化，它是钢铁产业结构优化政策据以制定的基础。资源供给结构包括自然资源供给结构、人力资源供给结构和资金资源供给结构，资源供给结构对钢铁产业结构的优化产生重大影响。自然资源的状况特别是铁矿石的供给状况制约了钢铁产业结构的优化，铁矿石的供给是钢铁产业经济发展的基础，又是人为因素难以改变的，所以对钢铁产业政策的制定有着重要影响。人力资源结构即劳动力结构，高素质的钢铁产业从业人员，对钢铁产业结构的优化起着非常重要的作用。资金是钢铁产业形成和发展必不可少的资源，主要从资金总量方面和资金投向方面对钢铁产业结构优化产生影响。钢铁产业技术进步和创新是指人们在钢铁生产中使用更高效率的劳动手段和工艺方法推动钢铁生产效率的提高，它是推动钢铁产业结构优化的关键因素。[1] 钢铁产业结构优化主要包括产品结构优化、技术结构优化、产业组织结构优化和产业空间结构优化几个方面。

1. 产品结构优化

世界钢铁产业的发展实践表明，除了数量的扩张，也应注重钢材产品结构的优化，否则，即使数量占优势，如果产品结构落后，在国际竞争中仍将处于的弱势。19 世纪 70 年代，英国凭借其产业革命的技术优势，钢铁产品结构占优势，产品很好地满足了当时经济

---

[1] 参见张信传："中国钢铁工业优化结构的历史回顾"，载《冶金管理》1999 年第 9 期，第 25—30 页。

发展的需要，使英国成为当时世界上首屈一指的钢铁强国。直到 19世纪 90 年代，这个优势才逐渐被美国所取代。美国抓住了国内大建铁路以及第一次世界大战需要优质钢材的时机，引进了西欧的先进技术，及时研发出更能符合经济发展及军事装备需要的钢材产品，终于执住了世界钢铁工业的牛耳。当时苏联在钢铁工业中与美国争霸时由于采取了数量优先的战略，忽视产品结构的优化，虽然一度成为世界钢铁生产的大国，但因其缺乏优势产品，产品结构不合理，在国际上并无竞争力。日本在"技术立国"思想的指导下，在扩张数量的同时，致力于优化钢材产品结构，生产出了高技术、高附加值而又具有价格竞争力的钢材，其钢铁产业在国际上具有较强的竞争力，逐渐成为世界钢铁强国之一。

　　我国虽是产钢大国，但钢材产品结构不合理，低技术含量、低附加值的钢材产品过剩；而高端钢材产品却需依靠大量进口来满足需求。① 由于长期科研投入不足，研发成果转化应用不足，我国钢铁企业过分重视产能扩张，忽视产品质量提高，大量的中小企业仍然采用在国外因能耗高或因产品质量得不到保障而早已淘汰的技术进行生产。

　　钢铁产品结构优化主要是提高高技术含量、高附加值产品的比例。带材是钢铁产品结构中技术含量、附加值极高的产品，而我国钢材产品的构成中，带材所占比例较低，1979 年达 1.9%，2000 年提高到 6%。② 目前，世界上高技术含量、高附加值的钢材产品占世

---

　　① 参见于海涛："我国钢铁产业发展循环经济的竞争力分析和对策"，载《兰州学刊》2012 年第 2 期，第 49—55 页。

　　② 参见李凯、韩爽等著：《钢铁工业发展前景研究报告》，经济科学出版社 2007年版，第 296 页。

界出口钢材比重为一半左右，而我国出口的多为低端钢材产品。[①] 在我国的钢材品种中，高技术含量的钢材品种较少，仍以型材、线材、板材、带钢、电工钢板、焊管和无缝钢管等中低档产品为主。为满足我国国民经济发展对高品质钢材的需求，优化钢材产品结构，研发高附加值、高科技含量的优质钢材，淘汰落后工艺和产品，是钢铁工业产品结构调整的当务之急，也是钢铁产业政策实现结构优化和产业升级的重要着力点。

2. 技术结构优化

科技创新和新兴产业发展孕育新突破。信息网络、生物、可再生能源等新技术正在酝酿新的突破，全球范围内新兴产业发展进入加速成长期。我国在新兴产业领域已取得了一定突破，把握好全球经济分工调整的新机遇，加强战略部署和统筹规划，就有可能在新一轮国际产业竞争中抢占先机、赢得优势。同时，发达国家纷纷推行"制造业再造"，加紧在新兴科技领域前瞻布局，抢占未来科技和产业发展制高点的竞争日趋激烈，如果应对不当、贻误时机，我国在新技术和新兴产业领域与发达国家的差距有可能进一步拉大。

优化技术结构的核心是技术创新。技术创新是推动钢铁产业结构优化的第一推动力。钢铁行业的发展总是伴随着新的技术进步。纵观人类钢铁冶金发展历史，从最早的海绵铁到高炉炼铁，从炒钢法到转炉炼钢以及连铸连轧，每一次的变化都离不开新的技术进步，技术进步推动了钢铁材料的升级换代，降低了钢铁生产成本，增加了钢铁行业的生产效率，提高了钢铁材料品质。在知识经济时代，科技创新成分在产业竞争力中所占的比重大大提升，甚至直接决定

---

① 参见李博、靳取："我国钢铁产业国际竞争力的 SWOT 分析"，载《北方经济》2009 年第 2 期，第 42—43 页。

了产品的竞争力。支持产业技术进步已成为各发达国家公共政策的主要内容。[1] 20 世纪 70 年代，韩国政府大力对钢铁、汽车、造船等产业技术领域的研发进行政策支持，使其产业技术得到很大的提高。因为重视技术研发投入，美国和日本钢铁业整体技术水平较强。美国为了促进技术的发展，成立了技术政策决策机构，其工业制造领域的技术大部分领先于其他国家。日本更是重视运用产业技术政策推进和引导钢铁产业技术的升级。

改革开放以来，我国钢铁产业技术虽取得了一定的进步，但由于钢铁产业长期实行粗放式经营，大部分钢铁企业仅重视产量增长而技术研发投入严重不足，钢铁技术整体落后于国际先进水平，因此无法在国际钢铁生产分工中处于高端位置，这也正是我国与世界钢铁强国的主要差距之一。[2] 产业的地方保护，使得在位企业失去技术创新的积极性，同时新进入企业失去引进先进技术的积极性，从而导致技术进步停滞甚至倒退。要素价格的扭曲会延迟粗放型经济增长方式向集约型经济增长方式的转变，导致要素投入对于技术进步投入的替代，地方保护与市场分割会导致技术创新停滞，技术引进倒退，结构性技术进步和制度性技术进步迟迟不能实现，从而对总体的技术进步产生锁定效应。产业演化及产业生命周期理论表明每个产业自有其从幼稚至成熟再到衰退直至消亡的有限生命周期。创新应是产业发展的源动力，但是地方政府保护作用，延缓了新产品的投产和新技术的发明，损害了经济发展的活力。我国钢铁企业平均技术装备水平低，技术创新力量分散，产业共性技术开发薄弱

① 参见王伟光著：《自主创新，产业发展与公共政策》，经济管理出版社 2006 年版，第 40 页。

② 参见科学技术部专题研究组编：《我国产业自主创新能力调研报告》，科学出版社 2006 年版，第 54 页。

和缺乏统一指导。① 真正顶尖的先进技术是难以通过技术转让合同引进的，国外钢铁企业为保持自己的竞争优势，对其高端技术大多采取保密措施。

随着我国经济的快速发展，下游产业对钢铁产品的质量要求也日益提高，钢铁企业必须与时俱进，通过与下游产业的双向互动，加强技术创新，不断调整和优化技术结构，通过需求导向型的生产经营战略满足客户需求。除了宝钢这样的大型钢铁企业还比较重视技术创新外，大部分中小型的钢铁企业自主创新意识不强，一些重要的冶金技术装备和生产工艺往往依赖进口，大多重视硬件的引进，或对引进的技术不注重消化吸收，导致长期引进、重复引进，缺乏二次创新与自主创新的能力，这正是我国钢铁产业的软肋。对钢铁企业来说，在自身研发能力有限的情况下，引进技术或许是一条捷径，但应该对引进的技术进行充分的消化吸收，在此基础上尽量进行改进创新，最后逐渐形成自主创新的能力。否则，企业就会产生"引进—依赖—再引进"的技术依赖路径，不仅增加了企业的成本，也不利于产业技术结构的优化升级。对政府来说，提升钢铁产业的总体技术水平是我国从钢铁产业大国迈向钢铁产业强国的必由之路。

优化产业结构、提高产业的国际竞争力都离不开钢铁产业的技术创新，重点在于强化政府对钢铁产业技术创新激励政策以及完善钢铁企业自主创新能力的政策体系，培育企业原始创新、集成创新和引进、消化、吸收、再创新能力，着力突破制约产业转型升级的关键技术，加大技术改造力度，支持和鼓励围绕钢铁行业共性技术和重点项目加大技术研发的投入，坚持用先进实用的技术改造钢铁

---

① 参见魏建新："国际上保护钢铁企业的做法及其对我国企业的启示"，载《冶金经济与管理》2002 年第 2 期，第 87—89 页。

产业，实现技术结构优化，提高工艺装备水平，提升产品档次和质量，整体提高钢铁产业的技术水平。因此我国在钢铁产业政策目标上，还必须高度重视自主创新，优化技术结构，以满足国内经济发展的需要。[1]

3. 优化产业布局

产业布局是指产业的空间分布，合理的产业布局可以促进各地区发挥比较优势，促进各类资源有效利用，优化生态环境。影响产业布局的因素有自然、经济、科技、制度等。旧中国的钢铁工业，约有80%的钢铁产量集中在东北地区，特别是辽宁省。新中国成立后，为了从战略上改变这种不合理的布局，采取了"三大五中十八小"的布局方式。[2] 20世纪60年代中期，为了军事战备的需要，国家在西北、西南建设了一批新的钢铁基地。

目前我国大部分省市都有钢铁企业。我国钢铁工业布局不合理，导致进口铁矿石转运损失和物流成本高。此外，我国60%的钢铁产能集中在缺水地区。[3] 随着市场需求和资源的变化，不合理的产业布局，在原料及能源供应、环境容量、运输条件等方面严重制约了我国钢铁产业的健康发展。钢铁产业布局调整应综合考虑矿产资源、能源、水资源、交通运输、环境容量、市场分布和利用国外资源等

---

① 参见史言信著：《新型工业化道路，产业结构调整与升级》，中国社会科学出版社2006年版，第166页。

② "三大五中十八小"是指三个大钢铁厂：鞍钢、武钢、包钢；五个中等钢铁厂：太原、重庆、石景山、马鞍山、湘潭钢铁厂；十八个小钢铁厂：邯郸、济南、临汾、新余、南京、柳州、广州、三明、合肥、江油、新疆八一、杭州、鄂城、涟源、安阳、兰州、贵阳、通化钢铁厂。参见《中国钢铁工业五十年》编辑委员会编：《中国钢铁工业五十年》，冶金工业出版社1999年版，第6页。

③ 参见李新创："加快调整结构促进科学发展"，载《钢铁规划研究》2011年第1期，第13—14页。

条件，逐渐形成与资源和能源供应、市场需求、环境容量等相适应的合理的产业布局。为了实现地区产业结构的调整和优化，不但要鼓励通过跨部门、跨省区的联合来对新建项目进行投资，推动地区之间的相互合作，加强地区间的产业关联度，逐步缩小差距，实现各地区的协调平衡发展，最终走向共同富裕；还要综合不同区域在自然条件、人力资源和技术水平上的特点和优劣，在同一产业领域内进行分工和合作，通过比较优势确定各自在产业链某一阶段的优势地位，不断提高技术水平，减小地区产业结构设置的盲目性，从趋同走向优化。具体来说，东北的鞍山—本溪地区有比较丰富的铁矿资源，临近煤炭产地，有一定水资源条件，根据振兴东北老工业基地的发展战略，该区域内现有钢铁企业要按照联合重组和建设精品基地的要求，淘汰落后生产能力，建设具有国际竞争力的大型企业集团。华北地区水资源短缺，产能低水平过剩，应根据环保生态要求，调整结构，兼并重组，严格控制生产厂点继续增多和生产能力扩张，对首钢实施搬迁，与河北省钢铁工业进行重组。华东地区钢材市场潜力大，但钢铁企业布局过于密集，区域内具有比较优势的大型骨干企业可结合组织结构和产品结构调整，提高生产集中度和国际竞争能力。

中南地区水资源丰富，水运便利，东南沿海地区应充分利用深水良港条件，结合产业重组和城市钢厂的搬迁，建设大型钢铁联合企业。西南地区水资源丰富，攀枝花—西昌地区铁矿和煤炭资源储量大，但交通不便，现有重点骨干企业要提高装备水平，调整品种结构，发展高附加值产品，以矿石可持续供应能力确定产量，不追求数量的增加。西北地区铁矿石和水资源短缺，现有骨干企业应以满足本地区经济发展需求为主，不追求生产规模扩大，积极利用周边国家矿产资源。重要环境保护区、严重缺水地区、大城市市区，不应扩建钢铁冶炼生产能力，区域内现有企业要结合组织结构、装备结构、产品结构调整，实施压产、搬迁，满足环境保护和资源节约的要求。[①] 我国钢铁产业一半以上的矿石原料需要依靠进口，并且钢材消费市场主要在东部地区，"加快沿海、沿江适度、内陆转移"，是未来钢铁产业布局政策所要引导的主要方向。

4. 产业组织优化

钢铁工业属于资源密集型和资本密集型产业，钢铁生产的技术特点决定了规模经济在钢铁业中的重要地位。规模经济是提高钢铁产业效率和竞争力的关键要素。我国钢铁企业数量众多，产业集中度极低，大部分企业规模过小，易造成企业的技术开发投入不足，产品缺乏竞争力，这是导致我国钢铁产业大而不强的主要原因。与世界各国相比，我国钢铁产业集中度偏低，带来了钢铁产业的粗放式的发展，使产业在国际市场竞争过程中处于不利的地位。

钢铁产业组织优化主要表现在提高产业集中度上。产业集中是指在社会生产过程中，企业规模不断扩大的过程，表现为较小比例的企业支配较大比例的生产要素。在描述某个行业或部门竞争程度时，集中是最重要的概念和工具之一。产业集中度（MarketConcentrationRate）是集中的程度，高度集中度往往导致垄断。为防止垄断，政府制定反垄断立法，对过度垄断进行限制，并扶持中小企业发展。但集中度低下，对某些特殊产业来说，也会存在诸多不利之处。在特定形势下，政府为增强本国企业竞争力，往往会采取措施鼓励企业合并与扩张，以提高集中度。

我国钢铁产业集中度低下有其深刻的历史原因，这也在某种程度上决定了我国优化钢铁产业组织、提高产业集中度的难度。在计

---

① 参见 2005 年国家发改委发布的《钢铁产业发展政策》。

划经济时代，国家为了发展重工业和基础工业，需要大量的钢铁资源，所以提倡大力发展钢铁行业，提出"大企业、小企业一起上"的口号。在国家重点发展钢铁产业的政策指引下，全国掀起了"大炼钢铁"的高潮，这是我国钢铁行业集中度偏低的历史原因。1997年以前，中国粗钢的产业集中度还属于低集中寡占型，到2000年以后，钢铁产业集中度已经跌落到了低集中竞争型之列。与此同时，粗钢、生铁和成品钢材的产量集中度均较低，生铁的产业集中度与粗钢产业集中度经历了由低集中寡占型到低集中竞争型的跌落过程；成品钢材的集中度更低，仅属于低集中竞争型。[①] 自2000年以来，伴随钢铁产能的大规模扩张，钢铁产业的集中度却出现逆集中化现象。[②] 其中一个重要原因是地方政府出于GDP考虑，鼓励投资钢铁产业，并在信贷、税收等方面给予政策支持或者提供市场保护，各地竞相上马钢铁项目，不仅导致集中度下降，而且使产业结构同质化，进一步加剧了钢铁产能的结构性过剩。

从国际钢铁业的发展历程来看，通过钢铁企业的联合、兼并和资产重组，实现产业组织优化，提高产业集中度，实现大规模的专业化生产，是优化钢铁产业结构的重要环节。世界钢铁新巨头米塔尔钢铁集团近几年的发展历程充分证明了钢铁企业的兼并重组对优化产业组织，提高产业集中度的重大意义。国际钢铁巨头米塔尔通过一系列的兼并整合，不仅使其产能、产量迅速提高，更重要的是其产业整体研发创新能力、协调能力、市场份额等各个方面得到全面提高。

---

①　参见王勇："对中国钢铁产业政策有效性的实证分析"，载《山西社会主义学院学报》2010年第1期，第61—63页。

②　参见李拥军、杜立辉、高学东："中国钢铁产业为何出现逆集中化现象"，载《经济纵横》2006年第9期，第24页。

我国也应充分运用产业组织政策促进钢铁企业进行联合重组，将提高产业集中度作为产业政策的重要目标，加大对兼并重组的政策扶持力度，进行清理限制跨地区兼并重组的规定，理顺地区间利益分配关系；支持优势企业在全国范围内开展跨地跨所有制的兼并重组。[1] 鼓励国内钢铁企业积极开展国际并购。一方面，跨国并购可以向生产成本较低的国家开展，也可以向出口市场国家开展，降低运输成本。通过跨国并购国外钢铁企业，转移国内过剩产能，拓展国际市场，提高企业的盈利和尽量避开国际贸易中的争端和制裁。另一方面，国际并购还应侧重于纵向市场的并购，通过对上游国际铁矿石厂商的并购，可以有效地保障我国铁矿石原料的供应。通过强强联合、兼并重组、互相持股等方式进行战略重组以减少钢铁生产企业数量，鼓励钢铁企业向集团化方向发展，实现资源的重新组合，降低管理和运行成本，提高产业集中度，减少行业内的无序竞争，避免重复建设，推动产业结构向高级化转换，实现钢铁工业组织结构调整和产业优化升级。[2]

（三）节能减排和淘汰落后产能

1. 节能减排

钢铁产业是高耗能、高污染和高排放的产业，是节能减排潜力最大的行业，加强节能减排和结构调整，是转变钢铁工业发展方式、提高产业发展质量和效益、实现可持续发展的必需，也是适应全球供求结构发生重大变化、应对世界铁矿石资源垄断加剧严峻形势、增强抵御国际市场风险能力的有效途径，是抑制钢铁产能过快增长、

---

[1]　参见周维富："我国钢铁工业布局与结构现状、问题及对策"，载《中国经贸导刊》2005 年第 1 期，第 16—17 页。

[2]　参见马凯："贯彻钢铁产业发展政策重点做好十项工作"，载《中国创业投资于高科技》2005 年第 6 期，第 4—5 页。

推进淘汰落后产能的重要方面，是走低消耗、低排放、高效益、高产出的新型工业化道路的必然要求。

国家环保部、国家统计局公布的《第一次全国污染源普查公报》显示，2007 年钢铁行业 SO_2 排放量占工业排放总量的 10.41%，烟尘排放量占 9.95%，粉尘排放量占 25.36%。[①] 钢铁工业是工业行业中能源、资源消耗高、污染物排放量大的重点行业之一。钢铁产业能耗高、污染严重的现状也说明过去多年来走粗放式以规模扩张为主的道路是不可持续的，只有以科学发展为主题，以加快转变发展方式为主线，通过合理的产业政策引导钢铁企业走绿色可持续的新型工业化道路，才是我国钢铁产业发展的唯一正确出路。节能减排、保护生态环境是钢铁产业政策所追求的重要目标之一。2005 年国务院发布的《促进产业结构调整暂行规定》指出加快淘汰落后产能是转变经济发展方式、调整产业结构、提高产业增长质量和效益的重大举措，并明确规定重点推进钢铁、有色、电力等行业节能降耗技术改造，对消耗高、污染重、危及安全生产、技术落后的工艺和产品实施强制淘汰制度，依法关闭破坏环境的企业。

对于钢铁企业来说，节能减排是一项长期而艰难的工作。节能减排离不开财政和金融的大力支持。市场经济体制下，经济主体一般都追求自身经济利益的最大化，节能减排在短期内会大大增加企业的成本，因此大多数企业会采取抵触的态度。政府应充分运用财政支持、税收优惠等经济政策刺激和调动市场主体开展节能减排的积极性。在金融信贷方面为节能减排提供资金支持。节能减排，研发节能减排技术是关键，法律制度是重要保障。应充分认识到发展

---

① 参见中国钢铁工业协会常务副会长罗冰生："'十二五'钢铁行业发展面临的问题和机遇"，载《钢铁规划研究》2011 年第 1 期，第 2—4 页。

节能减排是一项极其复杂的系统工程，应立足钢铁产业发展的实际情况，充分重视法律对节能减排的保障作用，完善财政税收、金融法律政策。

此外，国家应通过产业技术政策引导钢铁企业通过工艺技术革新，推进开展节能减排工作。虽然从短期来看节能减排会增加企业生产成本，影响企业经济效益，但从长期来看，通过促进钢铁企业加强对废弃物的综合利用，建立环境友好的钢铁企业生产体系，最终有利于企业的长远利益。因此，钢铁企业应在国家政策的引领下逐步形成"低资源、低能源消耗、低成本绿色制造"的循环经济产业链。钢铁产业应在相关法律和钢铁产业政策的引导下，大力发展循环经济，按照减量化、再利用、资源化原则，加强资源综合利用，全面推行清洁生产，完善再生资源回收利用体系，形成低投入、低消耗、低排放和高效率的产业增长方式。

2. 淘汰落后产能

（1）落后产能的标准。要实现钢铁产业转型升级的目标，必须淘汰钢铁领域的落后产能。针对制约经济发展的资源、能源与环境保护等问题，我国政府近年来出台了一系列政策措施淘汰钢铁、水泥、有色金属、石化、轻工等行业的落后生产能力。相关文件中对落后产能有些界定。2005 年年底国务院发布实施的《促进产业结构调整暂行规定》，在确定淘汰类产业指导目录时给出了几点原则：危及生产和人身安全，不具备安全生产条件；严重污染环境或严重破坏生态环境；产品质量低于国家规定或行业规定的最低标准；严重浪费资源、能源。国发 2010 年 7 号文件《国务院关于进一步加强淘汰落后产能工作的通知》分别从工艺、能耗、环保三个角度对钢铁行业落后产能作了明确规定。从工艺角度对落后产能规定如下：钢铁行业 2011 年年底前淘汰 400 立方米及以下炼铁高炉，淘汰 30 吨及以下炼钢转炉、电炉。这表明 400 立方米及以下炼铁高炉、30 吨及以下炼钢转炉与电炉均属于落后产能；从单位产量能源消耗角度对非淘汰产能规定如下：碳钢企业吨钢综合能耗应低于 620 千克标准煤，吨钢耗新水低于 5 吨，二次能源基本实现 100% 回收利用；从对环境造成污染的角度对非淘汰产能规定如下：吨钢烟尘排放量低于 1.0 千克，吨钢二氧化碳排放量低于 1.8 千克。从发展的角度看，能耗、水耗、污染物排放、安全性等将会作为钢铁产业淘汰落后产能的主要考核性指标，钢铁生产设备的大型化将会作为淘汰落后产能的引导性指标。这三个标准是时间函数，即随着时间的推移，判定落后产能的三个标准亦在不断地提高。同时，这三个标准之间存在着因果关系，生产设备、生产工艺的技术水平高低与其单位产量能源消耗指标、污染指标成负相关，落后的设备与工艺往往对应着较高的单位能耗、水耗和更多污染物的排放。因此，从判定落后产能三个标准的因果关系看，产能落后与否是一个技术判断问题。但在具体的国民经济管理中，落后产能通常是指技术水平（包括设备、工艺等）达不到国家法律法规、产业政策所规定的行业基本标准的生产能力。此外，某一个产业落后产能的表现形式是动态变化的，若干年前可能处于先进水平的产能，在今天看来就是落后产能，即淘汰落后产能是技术进步、经济发展要求工业生产能力进行必要的新陈代谢与优胜劣汰的必然结果。

（2）落后产能的形成机制。在完善的市场经济条件和政策体系下，某一特定时期的落后产能主要是由于技术的进步造成的，也就是说，随着技术的进步，原本在平均水平以上的生产能力转变为落后产能。由于落后产能往往效率低、成本高，因此会被市场所淘汰，同时不会有同样低技术水平的落后产能重新进入。但是在我国尚不完善的市场经济条件下，落后产能的形成机制要复杂得多。

第一，要素价格扭曲造成市场淘汰落后产能的能力较弱。我国的水、电、油、气、土地等生产要素价格仍是以行政定价为主，且远低于市场均衡水平，同时由于法律法规和监管不到位，许多企业在环保、安全生产、工作条件、社会保障等方面没有承担其应有的责任及相应的社会成本。此外，地方政府为了招商引资，促进本地发展，还在土地、水电、税收乃至设备投资等方面给予企业额外的优惠或补偿，使要素价格扭曲更为严重。要素价格的严重扭曲造成市场淘汰落后产能的能力较弱，尽管效率低、成本高，但是落后产能仍然有利可图，落后产能企业也没有动力和压力改造技术和更新设备，更不会主动退出市场。

第二，财政分权和地方竞争导致地方政府消极对待淘汰落后产能。我国中央与地方财政分权的财政体制虽然能够调动地方发展经济的积极性，但是也成为阻碍淘汰落后产能的重要制约因素。某一地区企业数量的多少、产值的大小和增长速度的快慢是当地经济增长速度的基础，也是地方政府财政收入的保证。淘汰落后产能对地方政府而言是砍掉了 GDP 和财政收入的重要来源，并且对就业、居民收入等方面都会产生不利的影响，甚至可能会因此引发社会问题。因此，尽管中央政府针对淘汰落后产能提出了一系列政策措施，但是作为落后产能的既得利益者，地方政府仍存在着默许甚至支持落后产能的倾向。

第三，落后产能的退出补偿机制不健全制约落后产能的淘汰。落后产能的停产、关闭会给相应的企业造成一定的经济损失，会使相应企业的职工丧失就业岗位，甚至会造成其他有关企业 MYM 银行的债务问题。同时，由于落后产能是动态变化的，原本符合产业政策的生产能力可能若干年后会进入政府淘汰落后产能的范围，政府更应该给这些企业以必要的说法。我国目前还没有形成完善的落后产能退出机制，国家没有拿出足够的资金对地方政府、企业和职工的损失进行补偿，因此面临来自基层的巨大阻力。①

第四，落后产能的危害性。落后的钢铁产能对国民经济、钢铁产业的危害有多种多样的表现形式。落后产能的自然禀赋决定了其单位产量对能源和资源消耗巨大。某些地区通过落后产能所实现的GDP 增长及对该地区工业化进程的促进是以浪费生态资源、环境恶化等高昂社会成本为代价的，其不良后果会日益显现。落后的炼铁、烧结产能与先进产能争抢铁矿石资源，不仅弱化了钢铁生产企业作为市场买方所应具有的话语权，而且破坏了正常的铁矿石交易秩序。

只有淘汰落后产能才能为先进产能腾出资源空间，才能保证铁矿石资源采购的相对集中，才能通过采购的相对集中促进国内铁矿石资源供应的集中，进而提高资源使用效率。多数拥有落后产能的中小型钢铁企业的固定成本通常很低，甚至有些企业只要赚回变动成本即可盈利，所以在市场需求旺盛、钢材价格处于上涨期、市场行情有利时，保持着较高的开工率；在市场需求低材价格处于下跌状态时，则是"见缝插针"生产，甚至会以停产的方式来规避风险。其产品虽无竞争力，但在销售手段上会追求所谓的低价竞争，从而对整个钢铁市场的健康发展有很大的杀伤力。

从社会长远利益看，落后产能所产生的社会成本远远高于其所创造的企业个体营利。个别地方对落后产能所提供的各种"优惠"条件，使先进产能与落后产能之间存在着不公平竞争，这种对落后产能的变相保护，本身是对先进产能的抑制，不利于全行业的技术进步与发展。落后产能退出壁垒较高，制约了落后产能的退出。我

---

① 参见李晓华："产业转型升级中落后产能淘汰问题研究"，载《江西社会科学》2012 年第 5 期，第 12—18 页。

国城乡之间、东西部地区之间以及高收入与低收入之间存在着二元分割的现象，造成市场需求的多样化，如在农村地区和欠发达地区廉价产品反而更具有竞争力，这就使得落后产能仍然有较大的市场空间，落后产能所生产的低端钢材仍有较大的市场空间。

我国钢铁行业相当比例的落后产能，已经成为提高钢铁产业整体水平、实现钢铁产业转型升级的严重制约。从未来发展的角度看，能耗、水耗、污染物排放、安全性等将会作为钢铁产业淘汰落后产能的主要考核性指标，钢铁企业生产设备的大型化、节能环保性能好将会作为淘汰落后产能的引导性指标。淘汰落后产能应在充分发挥市场配置资源的基础上，充分发挥法律的奖惩机制，对淘汰落后产能任务完成较好的企业，适当在政策、资金支持等方面予以倾斜。对未按期完成淘汰落后产能任务的钢铁企业，给予一定的经济惩罚。此外，在淘汰落后产能方面应实施差别化退出时间政策。因为我国东部与中西部经济发展不平衡，存在较大差距。因此，对中西部落后产能退出时间应与东部地区区别对待，中西部落后产能的退出期限可根据实际情况适当延长，增强退出政策的可操作性。否则，不仅会对当地经济发展和社会稳定造成不利影响，也会影响节能减排的效果。

（3）淘汰落后产能的重大意义。首先，淘汰落后产能是破解能源、环境约束的需要。在土地和资源、环境的约束下，我国经济的增长必须从粗放型向集约型转型，必须大力推进产业结构的转型升级。我国能源、环境严峻形势的形成除了工业规模总量大、重工业比重高的因素外，工业的整体生产效率低是重要的原因。工业生产效率低、污染重在很大程度上是由于落后产能比重大造成的。通过淘汰落后产能，可以提高我国工业的整体技术水平，进而提高能源效率和生产率，减少污染物排放。

其次，淘汰落后产能是治理产能过剩的重要抓手。所谓产能过剩，是指实际产出数量小于生产能力而形成的生产能力过剩（生产能力或产能是指在正常生产条件下所能达到的潜在产能或经济中业已形成的产能）。我国当前很多产业都存在比较严重的产能过剩，例如，《关于抑制部分行业产能过剩和重复建设引导产业健康发展的若干意见》（国发〔2009〕38 号）指出，钢铁、水泥、平板玻璃等行业产能过剩矛盾突出或存在产能过剩的风险。产能过剩会造成资源的严重浪费以及恶性的市场竞争，所以，抑制产能过剩是近年来我国产业政策的重点之一。落后产能在我国一些产业占有相当大比重，例如，《关于钢铁工业控制总量淘汰落后加快结构调整的通知》（发改工业〔2006〕1048 号）指出要坚决淘汰落后产能。落后产能的淘汰、退出能够明显地改变产能过剩行业的市场供求关系，减轻产能过剩的程度，较快地起到治理产能过剩的效果。

最后，淘汰落后产能是促进产业转型升级的重要手段。国务院在 2011 年 12 月 30 日印发的《工业转型升级规划（2011—2015）》中明确提出，"工业转型升级是我国加快转变经济发展方式的关键所在，是走中国特色新型工业化道路的根本要求，也是实现工业大国向工业强国转变的必由之路"。该规划的颁布意味着产业转型升级已经成为我国"十二五"经济发展的重要任务。按照《工业转型升级规划》的界定，转型就是要通过转变工业发展方式，加快实现由传统工业化向新型工业化道路转变；升级就是要通过全面优化技术结构、组织结构、布局结构和行业结构，促进工业结构整体优化提升。淘汰落后产能恰恰契合了工业转型升级的要求：淘汰落后产能主要是淘汰不符合"科技含量高、经济效益好、资源消耗低、环境污染少"的新型工业化要求的设备、生产工艺和产品，通过淘汰落后产能，为先进生产能力腾出市场空间，有利于提高产业的整体技术水平，有利于生产能力向大型企业和优势企业集中，因而对优化产业组织结构具有积极的意义。

3. 推进钢铁产业的低碳化转型

我国经济发展正处于工业化中期，能源、资源较匮乏，能源需求对外依存度很大，环境压力也在不断增大。钢铁产业的低碳化绿色化发展利于节能减排，促使我国产业结构优化升级。改革开放以来，走靠资源能源大量消耗之路导致了环境危机，严重威胁到我国经济的长远发展。走低碳化之路，推动我国钢铁产业结构逐步得到调整，加快钢铁产业转型升级的步伐。低碳化是一项系统工程，它包括生产、交换、分配和消费在内的整个社会再生产过程的低碳化，特别是生产环节的低碳化。从国外的经验看，钢铁产业的低碳化发展将是顺应时代发展潮流的大势所趋，要真正全方位全领域推进钢铁产业的低碳化绿色化转型，应强化政策约束和政策激励，统筹节能减排、淘汰落后产能与产业升级的关系，健全促进节能减排的政策体系。

（四）提高国际竞争力

全球化生产方式变革不断加快。随着信息技术与先进制造技术的深度融合，柔性制造、虚拟制造等日益成为世界先进制造业发展的重要方向。全球化、信息化背景下的国际竞争新格局，客观上为我国利用全球要素资源，加快培育国际竞争新优势创造了条件。同时，跨国公司充分利用全球化的生产和组织模式，以核心技术和专业服务牢牢掌控着全球价值链的高端环节，我国工业企业提升国际产业分工地位的任务还十分艰巨。

随着经济全球化的加剧，钢铁产业的国际竞争越来越激烈，而我国钢铁产业在国际竞争中处于劣势。长期以来，我国钢铁产业片面追求产量，这种以量为主的方针对满足快速发展的国民经济需求和解决就业问题是发挥过重要作用的，但也导致了忽视质量、结构以及效益及竞争力低下的不良后果，作为世界上的产钢大国，中国钢铁产业在全球市场竞争力优势并不明显。我国钢铁产业产品竞争力、资本竞争力、技术竞争力和国际市场竞争力等方面与世界钢铁先进国家之间还存在着较大的差距。我国钢铁产业在国际竞争方面已陷入困局。① 一方面，虽然钢材出口量快速增加，但是出口产品的附加值低，在国际产业分工中处于低端，利润率极低，更为严重的是造成了国内巨大的资源压力与环境成本；另一方面，由于国内铁矿石供应有限，随着钢铁产量规模的扩大，对铁矿石资源进口依存度越来越高，却一直没有掌握铁矿石国际贸易的定价权，导致铁矿石进口价格的高涨，造成产业利润的严重失衡，以及中国钢铁产业"利润流向国外，污染和成本留给国内"的不利局面，此种困局若不采取有效措施改变，长此以往，不仅影响钢铁产业的健康发展，甚至会影响整个国民经济的协调发展。

中国钢铁企业整体的技术、管理相对落后，尚未形成一家真正意义上的跨国大型钢铁企业集团。钢铁产业的国际化水平主要体现在三个方面：首先是资源、技术的全球化配置，尽可能以最低的成本进行生产。其次是产品销售的全球化。随着经济全球一体化进程加快，国内外市场高度融合，我国钢铁企业应充分利用两种资源、两个市场，国家应鼓励有条件的钢铁企业"走出去"，参股或直接投资国外钢铁企业或开采铁矿，在资源开发、技术创新、合资合作、国际贸易等方面积极参与国际市场竞争，抢占发展制高点，全面提升我国钢铁企业综合竞争力。

---

① 参见李鹏："中国钢铁工业国际竞争力分析"，载《经济纵横》2002 年第 11 期，第 9—12 页。

近年来铁矿石的持续涨价给国内钢铁企业带来巨大的成本压力，造成铁矿石涨价的原因之一便是多头进口，由于多头进口，使铁矿石供应商借机抬高铁矿石价格。参与铁矿石谈判的双方阵营，铁矿石大的供应商只有三家，但已基本垄断全球铁矿石交易；而我国国内钢厂相对较分散，进口秩序混乱，导致整个钢铁行业为此付出了沉重的代价。为此，需要政府规范铁矿石的进口秩序和积极鼓励我国钢铁企业海外投资采矿，充分利用海外铁矿石资源，降低我国钢铁企业的生产成本，提高国际竞争力。[①]

提高钢铁产业的国际竞争力离不开政府的引导和扶持。钢铁行业的竞争从表面上看是最终品的竞争，但实际上涉及政府和企业两个层面的竞争。[②] 产业竞争力的提高离不开国家竞争力的提高，需要政府在宏观层次上努力创造一个良好的环境，引导钢铁企业认识到钢铁产品的竞争优势是建立在整个产业链竞争力的基础之上。长期以来，我国钢铁企业仅关注钢铁制造环节，忽视了钢铁产业链的上、下游环节的整合，结果易陷入困境。[③] 例如，忽视上游铁矿石资源开发利用易使钢铁企业因缺少稳定铁矿石原材料支撑陷于被动。钢铁企业应在国家产业政策的指引下，实施"全产业链"优化战略，强化上游资源保障能力，使生产钢铁的主要原料铁矿石能得到及时充足的供应；通过与下游产业的联系协作，加快开发高技术含量、高附加价值的钢材产品，积极提高产品深加工度和延伸服务能力，满足下游用户的需求，通过上、下游的协调配合，大力提升中国钢铁

---

① 参见耿嘉川、周晓曼："中国钢铁产业竞争力评析——兼评《钢铁产业发展政策》"，载《福建论坛·人文社会科学版》2008 年第 6 期，第 35—36 页。

② 参见陈立敏著：《中国制造业国际竞争力评价方法与提升策略》，武汉大学出版社 2008 年版，第 191 页。

③ 参见李拥军、高学东、刘玉："中国成为钢铁强国所涉及的支撑性要素"，载《宏观经济研究》2007 年第 5 期，第 23—27 页。

产业的国际竞争力。①

二、产业法规制的基本原则

(一) 社会本位原则

产业法产生和变迁的过程是社会化大生产逐步深入发展的过程。在社会化大生产情况下，国家也开始以社会经济生活内在的重要主体参与经济生活，对经济的发展进行调控。在法学领域兴起了社会本位思潮，出现了社会法域。经济法是典型的社会法，产业法是经济法的重要组成部分，具有鲜明的社会本位性，以经济法一贯的社会整体利益为本位。产业的发展是关系一个国家持续发展的问题，而不是简单的对某些特定产业利益的维护。基础产业的发展、高新技术的采用、产业结构的转换等都与社会整体利益紧密相关。产业法追求的目标是社会经济的整体、协调发展，它强调社会性、公共性。产业法是对市场机制微观调节的盲目性、滞后性的克服，反映了政府的主观能动性，政府根据国民经济未来发展战略和保护环境的需要，对不同产业的发展采取鼓励、扶持、限制、淘汰等不同的态度，旨在促进国民经济整体的平衡协调发展。

产业法并非为了某些企业的局部利益，某些时候尽管它在客观上可能会对个体企业产生某些有利或不利的影响，但它的着眼点是协调各种社会利益关系、维护社会整体利益、长远利益，促进整个产业及国民经济的发展，体现了在价值取向上以社会为本位的原则。产业的发展特别是像钢铁产业这样的基础关联性很强的产业对国民经济中其他产业的发展是必不可少的支撑产业，更是国家的重点调

---

① 参见刘军、王腊芳、谢锐："中国钢铁产业国际竞争力对比研究——基于钢铁产业链的视角"，载《湖南大学学报》（社会科学版）2011 年第 2 期，第 57—58 页。

控对象，新中国成立后钢铁产业的发展一直受到国家高度重视便证明了这一点。政府调控钢铁产业一般是凭借从宏观上掌握钢铁产业运行的信息，在此基础上尽量把握钢铁产业演变的规律和发展方向，确定钢铁产业在国民经济中的地位，以实现各产业的协调发展。

（二）平衡协调原则

由于现实经济系统存在着市场不完善、竞争不充分、信息不完全、价格不灵敏等问题，使得系统的常态不是均衡的而是非均衡的，资源配置处于非帕累托最优状态中，始终存在着不同形态、不同程度的资源闲置。此时，如果能够将那些未被充分利用的资源配置到其他产业部门或企业中去，形成新的结构状态，就可变资源无效、低效为有效、高效，变资源损失为资源收益。因此，政府对产业的调控是一个具有很强综合性的协调与平衡过程。

1. 市场调节机制与国家调节机制的平衡协调。在政府对产业调控过程中，市场调节机制与国家调节机制的平衡协调最为关键。政府的调节只能以市场规律为指引，根据国民经济发展的趋势和需要有针对性地对产业某些失衡的方面进行调整。政府的产业调节还应注重协调经济发展与环境资源、局部利益与整体利益、当前利益与长远利益、个人利益与社会公共利益。在产业布局法中，应注意发达地区与落后地区的平衡协调、地方与国家整体利益的协调。在产业组织法中，应注意大中小企业竞争力的协调，鼓励规模经济与维护市场竞争秩序的协调。在产业结构法中，应建立各产业间协调发展的产业结构体系。在对外开放中，要注意开放产业与保护产业安全的平衡协调。产业的协调是动态的过程，要依国家经济形势、发展重点的不同而适时进行产业政策调整。

基于钢铁行业本身的特点及其在国民经济中的重要地位，在我国钢铁产业陷入种种困境，面临结构优化与升级的关键阶段，应重视政府的有效规制，在尊重市场机制的基础上，通过竞争政策发挥市场的作用，产业政策发挥政府的引导作用，以平衡协调的原则实现政府与市场"双轮"驱动的最佳效应。钢铁产业在发展过程中由于种种原因导致了数量与质量的失衡、经济效益与环境效益的失衡、技术引进与自主创新的失衡、钢铁产业链中上游铁矿石产业利益与钢铁产业的利益严重失衡等。针对失衡的状况，国家应采取措施协调相关产业的平衡发展。

2. 国内与国际的平衡协调。随着经济一体化进程的加快，在立足本国国情的基础上，推进产业的国际化已呈不可逆转之势。在这一时代背景下，我们应顺着国际产业转移的大势调整产业结构，积极参与国际分工，将我国经济纳入世界经济轨道，立法也应体现这一要求。但值得注意的是，经济一体化并非否定主权国家的经济主权，因此，在将一国的产业发展纳入一体化轨道的同时，任何一个主权国家都有权根据本国政治、经济制度的特点，采取不违背 WTO 规则的措施来保护本国产业的安全及促进产业的转型升级，可以说，主权国家的产业安全和世界经济一体化是一对相联相制的矛盾，因此，相关法律的制定和实施还应重视国内和国际的平衡协调以及产业安全和产业效益的平衡协调。

（三）灵活性与引导性原则

1. 灵活性原则

产业法如同其他法律一样，归根结底是政治经济生活发展的产物，但是与其他法律不同，它具有明显的政策性。政策性之所以成为产业结构法的一个特征，是与产业结构经济关系的多变性特征分不开的。产业经济关系不是固定不变的，而是随着国内外产业发展形势的变动、产业结构的变动而不断变动的，这要求调整产业关系的政策也应及时变动。产业结构的变动性要求调整产业结构的规范也具有变动性，即具有及时性或时效性。尤其是产业结构法中对特定产业的扶植、援助等规定带有很强的应时性和阶段性。当所针对的特定产业被成功扶植或调整时，该产业法便因其历史任务的完成而被废止。许多产业法被冠以"临时法"的称呼就是此理，如《特定纤维工业结构改善临时措施法》、《临时船舶建造调整法》。

从世界各国发展规律来看，具体的产业政策一般是每十年或更短的时间为一个周期，产业政策的内容就进行一次较大的更新调整。① 例如，为了顺利完成结构转换和对衰退产业的调整，1978 年，日本政府制定了《特定萧条产业安定临时措施法》（以下简称"特安法"）。1983 年，日本产业结构向资源节约化和高加工度化的转换基本实现，大规模的产业替代已经完成，新的一轮产业结构转换目标是高技术密集化，因而产业调整任务由一般的规模缩减为主转变为以产品和技术改造为主。随着形势、任务的变化，1983 年，"特定法"被废止，代之以《特定产业结构临时措施法》。② 产业法的制定、修改与一国的宏观经济政策及国内外产业的发展态势紧密相关，决定了产业法的阶段性特征。现阶段我国大多产业面临的主要问题是产业结构的高级化，与此相对应，产业法也应因时制宜，具有较大的灵活性。

从空间的角度来说，由于经济增长的区域差异，我国各地区的经济发展水平和阶段也存在差异，钢铁产业在不同地区的作用也不一样。在东部发达地区，经济发展水平高，工业化可能处于后期或中后期，钢铁产业在该地区可能不属于支柱产业；在中西部不发达

---

① 参见王健："产业政策法若干问题研究"，载《法律科学》2002 年第 1 期，第118—124 页。

② 参见陈淮：《日本产业政策研究》，中国人民大学出版社1991 年版，第171—173 页。

地区，经济发展水平低，工业化可能处于工业化中期，钢铁产业的发展对于地区经济发展的作用至关重要。产业政策实施过程中如果不考虑区域差异而统一对待，就明显不利于地区经济的发展，因此需要在坚持原则的基础上，具有适当的灵活性，才能因地制宜，促进当地经济的协调发展。

2. 引导性原则

引导性原则是指政府在进行产业调控时，除了必要的强制性手段外，一般情况下应采取指导和诱导的方式引导产业的发展。指导性主要体现在通过明确产业发展战略规划，指出产业发展的前景和方向，规定产业组织结构、产业布局和产业技术的调整目标，以此为相关企业的战略决策提供重要的参考，通过经济性诱导和激励引导企业的行为，最终实现国家产业调控的目标。

诱导性主要体现在政府在尊重经济规律和市场机制的基础上，通过税收、信贷、价格等经济手段来引导企业的行为，而不是通过传统的直接命令的方式来左右企业，通过经济利益的诱导使企业的行为与政府的产业政策目标保持一致。例如，为实现对钢铁产品结构的调整，国家取消了低附加值钢材产品的出口退税，以此诱导钢铁企业生产高附加值的钢材产品，达到优化产品结构的目的。

（四）优化原则

所谓优化，在产业结构法范畴内，是指促进最佳产业结构的形成，在结构协调的基础上谋求经济的最快增长。优化原则要求产业结构调整要实现公正和效益目标各自子目标及其相互之间的和谐统一。优化原则要求产业结构法确定调整的优化目标。产业结构法中，"国家之手"伸出的目的不仅是运用社会理性弥补市场的缺陷，更是要驾驭市场规律，促进市场规律的更好发挥，在"一般"效果的基础上追求"最佳"的效果。"除了景气性促进外，还试图不断以新的计划来改善结构弱点"。[①]

　　优化意味着产业结构调整要遵循系统差异整合的原则，即根据国家产业结构调整的要求，利用各种机制、手段来保证各产业按比例协调发展，保证资金循环和分配与产业发展协调一致，促进生产要素的合理流动，使社会资源配置在差异整合中达到最优，实现系统功能的整体性突破。从产业发展的时间历程来看，每个具体的产业都要经过萌芽期、成长期、成熟期和衰退期四个阶段。可以说，产业发展最佳效果的取得关键是要正确分析产业经济寿命、产业系统内部各环节在时间序列上的协调，把握住产业发展每一阶段的最佳时机和阶段之间转换的最佳时期。因此，产业结构法最优化原则的内涵还包括产业调整的最优时机的选择。产业结构优化的主要内容是发展新兴的科技产业和扩大传统产业的科技含量。

　　优化原则要求享有产业结构调整权的主体的权限、手段和法律责任都必须符合法律规定。超越权限的权力是违法的，必须受到制裁，以维护稳定的产业结构法法律秩序。享有产业结构调整权的主体权力的行使必须依循法定的程序，程序的不合法将导致行为的无效。此外，合法性还要求享有产业结构法调整权的主体在行使权力时要依法接受监督。这种监督既包括主体内部的监督，也包括主体外部的监督。

　　优化原则要求享有产业结构调整权的主体在行使权力时不仅要按照法律、法规的规定进行，而且要符合法律的意旨或精神，符合公平正义等法律价值。产业结构活动是复杂多变的，法律不可能穷尽所有的产业结构活动，对于享有产业结构调整权的主体来说，赋

---

　　① 参见 [德] 迪特尔·格罗塞尔主编，晏小宝等译：《德意志联邦共和国经济政策及实践》，上海翻译出版公司1992年版，第192页。

予其一定的自由裁量权是必要的。合理性的内涵是：首先，要符合法律的目的。事实上，合理性要求并没有脱离法的范畴，因为它尽管不是依循明文的法律规范来行为，但它仍依据法理，符合法的一般精神。其次，具有合理的动机。在产业结构调整领域，合理的动机是指要实现产业结构的合理化、高级化，促进国民经济发展的整体利益的实现，而不能是为某地方、某部门、某行业的利益而作出自由裁量行为。再次，要考虑相关因素，不能受不相关因素的影响。如是否允许某企业进入某行业应根据它是否具备了市场准入的条件来确定，而不应考虑政治因素等。最后，要具有公正性。即同种情况同种处理，不能前后不一致；享有产业结构调整权的主体所作出的决定，要和受调整方受到的处理成比例。

优化原则要求享有产业结构调整权的主体行使权力时要适度。在产业结构法领域，权力和权利的协调是其基本的法哲学基础，这一协调的本质在于保证权力和权利尤其是权力行使的适度性，不能偏重于任何一方，不能一方压制一方。产业结构法领域的适度性要求享有产业结构调整权的主体在行使权力时不能压制产业组织的自主性；要更多地发挥行业协会、中介机构等社会组织的自治权；要尊重产业结构调整的一般规律。

（五）可持续发展原则

可持续发展意味着既满足当代人需求，又不对后代人满足其需求的能力构成危害的发展。可持续发展的最初定义是实现环境与经济的共同发展，如今它的涵义是强调经济、社会、人口、资源、环境、科技等的协调发展，实现代际公平、持续发展、永续利用。可持续发展是全人类共同的责任。挪威前首相布伦特兰在报告《我们共同的未来》的前言中指出，"进一步发展共同的认识和共同的责任感"。《里约宣言》规定，"致力于达成既尊重所有各方的利益，又保护全球环境与发展体系的国际协定，认识到我们的家园——地球的整体性和相互依存性"。可以说，维护人和自然的和谐是全人类共同的责任，基于对环境的保护而限制其他国家的产业发展行为也是符合世贸组织规定的，所以，在对外贸易中，为保护一国产业安全而制定的绿色壁垒是允许的，但这种绿色壁垒的制定和适用不能违反非歧视原则。一国在发展国内产业时也应注意保持人和自然的和谐。

现在可持续发展已成为世界许多国家指导经济和社会发展的总体战略，我国也不例外。1996 年，我国政府颁布的《国民经济和社会发展"九五"计划和 2010 年远景目标纲要》正式提出了"实施可持续发展战略，推进社会事业全面发展"的实施方略，提出积极促进社会公正、安全、文明、健康发展的方针。国家对产业的调控也必须遵循可持续发展的原则。

可持续发展的原则要求国家在进行产业调控时，首先要确定产业所要达到的目标，制定可行性计划，避免"突击性发展模式"。"突击性开发"是不分重点、不加保护、一哄而上、竭泽而渔地发展各种产业，这种发展模式虽然在初期能使个体获得收益，但从长远和全局角度看，却破坏了环境和资源，造成重复生产和建设，导致资金浪费、发展的无序化和低效益。我国现阶段必须遵循可持续发展模式，即在借鉴他国和地区产业结构调整经验的基础上，立足本国，利用后发优势，对影响社会发展的人口、资源、环境、经济、科技等各因素统一规划、整体协调、突出重点，实现资源的永续利用、环境的全面保护、经济的良性发展、社会的持续进步。

可持续发展的原则要求政府调控产业的目标是经济发展而非单纯的数量上的经济增长，经济发展要求不仅有数量上的增长，还要有社会和经济结构的进化，没有发展的增长是没有效率的。经济发展的表现是经济结构的演进，政治体制、文化法律，甚至观念、习俗等社会诸方面的变革以及人民生活质量的提高，等等。由此可见，可持续发展要求产业结构在合理化的基础上要不断地趋向优化，以实现经济发展的各项目标。

不少国家在产业布局时都主张建立环境影响评价制度，在企业从事产业活动时鼓励企业进行清洁生产。各国在经济发展的中高级阶段，还列出造成环境污染的黑名单，制定出淘汰落后及严重污染环境的行业和企业目录，引导企业自觉采用保护环境的生产技术。这些都体现出产业法的生态性和可持续发展性。

总之，可持续发展原则要求政府在调控产业时为社会的发展提供一个综合决策和平衡协调的法律机制，强调在保证经济增长的同时，要依靠科技进步和提高劳动者的素质来提高发展的质量；要实现发展与规制相统一、近期目标与远期目标相统一、区域目标与国家整体目标相统一、当代发展目标与代际发展目标相统一。

第 七 章

完善中国钢铁业产业法规制的对策

一、政府与市场关系之重构

政府与市场关系处理不当，将会严重制约钢铁产业的转型升级。为此，必须正确认识在市场经济体制下，政府经济职能的定位，亦即明确政府与市场的关系，这既是经济发展也是经济法律研究中的根本性问题。转型升级、提高钢铁产业核心竞争力是我国钢铁产业发展的重要任务。党的十八大报告提出："深化改革是加快转变经济发展方式的关键。经济体制改革的核心问题是处理好政府和市场的关系，必须更加尊重市场规律，更好发挥政府作用。"政府与市场关系不顺已成为制约钢铁产业转型升级的"瓶颈"。一方面，在钢铁产业转型升级过程中，政府替代市场配置资源的现象比较突出，政府直接干预、行政干预、微观干预经济活动时有发生，企业的主体作用发挥不够，一些地方和企业把过多的精力放在获取扶持政策上，影响了对提高自身能力的关注。另一方面，有的地区在产业转型升级过程中，政府作为不够，公共产品供给和服务不足，城市功能、环境与经济发展水平不相协调。政府经济职能的作用范围、内容及具体方式，因各国的国内具体情况和国际经济地位不同而有所差异。经济全球化对发达国家与发展中国家、成熟市场经济国家与"转型国家"的意义显然不同。因此，发展中国家，特别是正在转型的或者初步完成转型的发展中国家在处理政府与市场的关系时，应当顺乎经济全球化的潮流和本国经济发展的需要，给政府经济职能重新定位。

　　面对时代的挑战和钢铁产业发展的需要，我国应当增强政府的宏观调控能力、协调能力和风险防范能力；同时，政府在制定、实施国家经济政策和行使经济职能时必须站在国际高度考虑联动效应，努力寻求国家间经济政策的协调，以保证世界经济的和谐发展。[1] 我国政府经济职能应围绕"适度、规范、统一、效能、服务、透明"的原则展开。适度要求将政府干预的力度限定在不损害市场机制、不妨碍贸易自由的幅度内。规范要求政府经济职能既要符合国内法律规定，依法行政，又要避免与 WTO 规则及中方承诺相冲突，符合国际通行做法。统一要求必须保证各层级法律与政策的统一性，避免地方政府与中央政府行政执法依据的矛盾、冲突。效能要求政府应更新管理理念，提高管理效能，从重审批转向审批与管理并重、管理与服务并重，从全面监管转向以重点监管为主，从运动式、间歇式大检查大清理转向常规式监管。服务要求政府应实现"管理者"到"服务者"的角色转换，为国内企业参与国际竞争提供高水平的公共服务，创造良好的外部环境。透明要求政府政策应具有较高的透明度、可预见性与稳定性，大力推广听证制度，保证政策制定与执行程序的透明度，避免决策的随意性与盲目性；建立统一的法律政策咨询机构，统一对外解释法律与政策的具体内涵，保证国内外

---

　　① 参见杨紫烜著：《国际经济法新论——国际协调论》，北京大学出版社 2000 年版，第 41 页。

企业能够随时了解政策变动。按照上述基本要求给我国政府经济职能重新定位，应当依据全球性制度体系来审视世界和本国的经济发展问题，从世界经济整体发展的高度推动政府制度创新，转变政府职能，实现本国经济体制与全球性制度的基本协调，充分利用全球性制度资源降低本国经济的运行成本，并在全球性市场缺陷显现时利用全球性制度和本国制度创新加以弥补。

鉴于钢铁产业政府越位与缺位并存的现状，重构政府与市场的关系，重点应当在于：一方面，政府规制从其越位的领域退出，恢复市场调节的基础性地位；另一方面，在市场失灵而政府缺位的领域，加强政府规制，以发挥政府规制在市场调节基础上的导向作用。国内外钢铁产业规制和发展的实践表明，政府规制与市场调节组合的关键在于各国根据自身经济发展的状况如何使市场调节与政府规制之间恰到好处地配合，因此，更要重视政府与市场的动态匹配。

（一）保障市场调节的基础地位

在现代经济发展中，政府与市场是不可或缺的两大支柱。市场是一种经济运行机制，市场经济体制的核心是市场作为资源配置的主要方式和基本手段，或者说市场要在资源配置中起基础性作用。所谓市场配置资源，就是市场主体通过价格机制，并结合供求机制和竞争机制配置资源。没有市场机制的作用，就会出现资源配置的低效率，经济就没有活力。

1. 尊重市场的基本规律

尽管从宏观的角度看，宏观调控是政府对市场经济运行过程有意识、主动地进行干预和调控，但必须尊重市场的基本规律。宏观调控要想发挥作用，前提条件是市场机制自身存在并能充分发挥对社会资源配置的调节功能。离开市场的基础性作用，宏观调控也就无从谈起。政府应尽量避免直接干预微观经济主体正常的生产经营和市场竞争活动，尊重市场价值规律和微观主体的主观能动性。政府进行宏观调控时不能"无事生非"，要让可能损害市场运行的机理或损害程度最小，尽可能让市场机制充分发挥作用，而不是削弱或取代市场机制自身的调节功能。政府宏观调控应尽量从被动转为主动，尽可能避免在经济失衡已非常严重、市场机制作用条件已严重扭曲时才去被动地、仓促地进行调控。

在市场经济体制下，在钢铁产业发展的不同阶段，市场都是实现资源配置的基础机制，政府对钢铁产业规制的有效性取决于对政府与市场关系的合理把握，关键在于确保市场调节的基础地位。相对于计划经济体制，市场机制是一种制度创新和革命，是一种配置资源更有效率的机制，在我国体制转轨的过程中，需要政府自觉地加以培育，制定适应市场经济体制要求的法律，规范政府和市场的分工与合作，让市场机制和政府在调节和引导经济活动中各自发挥最大的作用。实践证明，市场失灵和政府失灵都是客观存在的，现代市场经济是市场与政府有机融合的"混合经济"，运行模式是在不完善的市场和不完善的政府之间以及二者互补和组合的选择。经济运行是一个有机的系统工程，既需要政府与市场明确分工，又需要政府与市场密切合作，克服彼此的缺点，使两者的效率同时达到最优化。关键在于各国根据自身经济发展的状况如何使市场调节与政府干预二者结合得恰到好处，尽最大可能将市场调节和政府干预的负面效应降至最小，而不是叠加至更大，将二者的正面效应叠加至更大，而不是抵消至更小，是现代市场经济中内含的"哥德巴赫难题"，这也正是对现代市场经济国家经验与智慧的考验。①

---

① 参见俞宪忠："市场失灵与政府失灵"，载《学术论坛》2004 年第 6 期，第 94—98 页。

为使市场机制更好地发挥基础作用，应营造公平竞争环境。保障各种所有制经济依法平等使用生产要素，公平参与市场竞争，受到法律同等保护。政府减少对企业生产经营活动的行政干预，废除地方政府在招商引资中采取土地、资源、税收、电价等损害公平竞争的优惠政策，以及地方保护、市场分割的限制措施。进一步完善市场机制，推进资源税改革和环境保护税立法。理顺资源、要素价格的市场形成机制，完善差别化价格政策，提高钢铁产业准入的能耗、物耗、水耗和生态环保标准，发挥市场配置资源的基础性作用。

2. 最大限度地保障经济自由

对市场主体而言，"法不禁止即为自由"。市场机制在现代经济体制中处于基础性地位，应当本着"最大限度地保障经济自由"的精神，从政府干预的范围、力度、方式等方面来确定经济行政主体的职权边界。市场导向原则的基本要求是政府的产业政策必须反映市场经济规律的内在要求，政府对产业的干预服从和服务于市场机制，使市场能够通过产权独立、行为自主的经济主体按照市场价格信号和契约化的行为方式，通过自由公平竞争、优胜劣汰，使资源由低效益产业流向高效益产业，实现优化配置。国家运用公共权力对产业发展实施干预的原因在于市场调节机制的失灵，但这种权力干预经济绝不是替代市场而只是对市场的辅佐或克服市场的障碍，其目的在于推动产业经济尽早向市场规律回归。市场机制是政府在产业调控时必须遵守的基础力量，政府通过健全市场机制和建立良好的市场秩序，充分发挥市场机制对钢铁产业的调节作用。

（二）加强政府规制的重点

实践证明，市场不是万能的，它存在一些与生俱来的缺陷和问题，即市场在许多领域存在"失灵"或"无效"现象，许多问题无法单纯用市场的办法来解决，只能依靠政府的力量来调节和规制。

因此，发展市场经济不能完全脱离政府的干预。但是，政府也非全知全能的，倘若干预不适度，同样会产生政府失灵问题。既然我们希望政府用"看得见的手"去把"看不见的手"办不好的事办好，就必须首先明确政府的职能，并使政府以最有效的方式进行干预和调节，从而促进市场机制更好地发挥作用。

钢铁产业的深化发展是结构不断优化和持续技术革新的动态过程，包括产业升级、多元化及配套的软硬件设施的改进，这一升级和改进的过程伴随着较大的外部性需要协调。纵观世界经济发展趋势和复杂的环境以及我国经济发展态势，我国钢铁产业应以优化结构为主线，将推动联合重组以提高产业集中度和节能减排等作为调整的突破口，加快钢铁产业的主要原料铁矿石资源保障体系建设，以保障钢铁产业的安全和可持续发展，走高科技含量、低资源消耗、环境友好、经济效益好的新型钢铁产业发展道路。除了发挥市场机制的基础调节功能，政府应该在钢铁产业结构转型升级的过程中发挥积极的作用，为实现钢铁产业的升级，建立集约、高效、环保、可持续发展的钢铁工业体系，促进钢铁产业的健康发展，政府应适时根据钢铁产业及市场发展的不同阶段相应调整产业政策目标，树立合理的产业调控重点。

1. 构建整体系统的钢铁产业规制框架

纵观世界钢铁产业发展趋势以及我国钢铁产业发展态势，钢铁产业在国家转变经济发展方式，经济结构战略性调整的大背景下，通过构建合理的钢铁产业整体规划引导钢铁产业优化产业结构，推进产业升级，促使钢铁产业在数量、质量、品种上基本满足国民经济和社会发展需求，促进钢铁产业健康、持续、协调发展。

中国钢铁产业的调控需要从"道、势、术"三个方面进行系统治理。"道"即必须遵循的客观规律；"势"即指我国钢铁产业发展的国际、国内的大环境、总的发展趋势、优势及劣势；"术"即国家促进钢铁产业发展所实施的具体手段、方法。钢铁产业首先要遵循现代市场经济基本客观规律，这是大的指导方针；同时也要考虑钢铁产业所面临的国内外现实发展环境，善于因势利导，顺势而为；在坚持以上两点的基础上还要注意具体的手段方法。钢铁产业需要标本兼治，既要处理好短期面临的热点难点问题，否则可能使长期积累的深层次的根本问题恶化；又要逐步处理好长期深层次的根本的问题，否则可能不断形成新的短期难点问题，如此形成恶性循环。

市场机制有效发挥作用的必要条件是需要有一个有效的政府，而有一个有效的政府的前提条件是有一个正确处理政府与市场边界的定位恰当的政府。一个政府是否真正有所作为，其实并不在于其管得到底有多宽，不在于是"大政府、小社会"还是"小政府、大社会"的标准，关键在于管理的范围和程度是否为社会需要，也即是否合理，管理的方式和手段是否有效，是否让市场更有效，是否让社会经济平衡协调地发展。正如老子在《道德经》中所言："圣人无心，以百姓心为心……。"①

回顾政府对钢铁产业的调控，面对钢铁业的种种问题，此前国家相关部门出台的一系列钢铁产业政策，对市场各方起到了一定的导向作用，但由于中国钢铁产业长期存在的问题的复杂性，很多政策从实施效果看并不理想，中国钢铁产业政策迫切需要形成"整体聚焦"战略框架，政策的制定应避免"头痛医头，脚痛医脚"。钢铁产业出现的投资分散、过热，产能膨胀及无序出口，反过来引起矿价过快上涨，等等，许多问题互为因果，形成恶性循环。钢铁产业的许多问题虽各有其特点，但其实是一个整体。如果分开解决或作

---

① 参见老子：《道德经》（第3版），北京燕山出版社2009年版，第164页。

一些临时性政策安排，就会出现顾此失彼的局面，很难解决根本问题，甚至出现政策调控与市场反应不一致的现象。钢铁产业政策形成"整体聚焦"战略框架刻不容缓，钢铁业的政策调整不应"多点散射"，而是要"整合聚焦"。

2. 制定科学合理的产业规划

钢铁产业调控要达到预期效果，应将产业规划放在首位。在新的科学发展观的指导下，规划工作在经济社会发展中扮演着越来越重要的角色。规划是对未来的一种谋划、安排、部署或展望，是政府对国民经济和社会发展在时间和空间上作出的战略谋划或具体部署。在我国的规划体系中，除了每五年一次的国民经济和社会发展规划以外，还有政府各部门编制的各种行业规划、专题规划、项目规划等专项规划，它们是总体规划在特定领域的延伸和细化，是政府指导该领域发展并决定该领域重大建设项目和安排固定资产投资的依据。产业规划要体现政府和市场各自作用的领域。产业规划的目的在于借助市场与非市场的力量推动地区产业发展。

关于政府对产业结构调整的作用，一般认为体现在两个方面：一方面是政府应该给予财政支持和优惠政策的扶持；另一方面是政府不但不能随意干预市场，而且要在消除进入和退出产业时的制度障碍，建立全国统一市场，避免地方政府的重复建设和消除垄断上有所作为。① 然而，经济发展的力量和以政府意志为主体的力量却似乎构成了产业规划的一对现实矛盾，这对矛盾同时也表现为经济系统的内在发展和外在因素之间的矛盾。有的地方政府凭着一腔热血制定产业发展蓝图，结果往往是事与愿违。协调这种矛盾的方式不

---

① 参见孙皆豹："对产业规划问题的探讨"，载《商业研究》2003 年第 14 期，第 19—20 页。

能单纯依赖经济系统的自身发展，而应借助外力，通过规划与市场的关系进行协调。在这里，市场规律在政府规划的外力下发挥作用，而政府则应顺应经济规律而为。因此，在产业规划过程中，既应把握经济发展的规律，又要充分发挥政府的作用，将政府组织与市场组织紧密结合起来。

产业规划是我国规划体系中的重要一环，产业规划的制定和实施过程体现了我国地方政府的执政能力。作为对地方经济具有重要影响力的工作之一，产业规划需要具有系统性、科学性、规范性和可操作性等特点。目前我国对产业规划理论尚缺乏系统的研究，规划实践中亦出现了诸多问题，如政府意志过强，而忽略了规划的科学性；规划的制定过程较为随意，缺乏严格的流程管理；规划实施缺乏有效保证等，这些问题直接影响到产业规划的良好初衷，有必要加以正视并力求改进。产业规划要明确"为什么而规划、规划什么、怎样规划"等问题，制定产业规划须有长远眼光，其论证过程应十分严密，力求产业规划的制定过程更加科学化、规范化。

钢铁产业规划的制定建立在科学化、民主化、系统化的基础上。政府制定产业规划之前，首先要做好产业现状与前景的科学评估和论证。对国际、国内宏观经济的走势及产业发展的预测极为关键，这关系到要不要调控和如何进行调控，以及调控时机、力度与范围的选择，在宏观调控过程中，调控政策必须统筹兼顾，并要对行业和市场发展情况跟踪调查，及时了解市场的动态反馈，以因应市场的变化对前期政策作出相应的调整。此外，也应对国际经济的走势及钢铁产业发展的趋势作出科学预测，在统筹兼顾的基础上，尊重资源禀赋的约束，上游、下游相关产业政策的协调性，坚持整体调控的原则，引导我国钢铁产业结构优化和升级。[①]

3. 加强政府对海外铁矿石投资的监管与服务

党的十八届三中全会提出"构建开放型经济新体制"、"扩大金融业对内对外开放"，预示着我国将进一步提升对外开放水平，不断融入全球化，促进中国经济升级转型。对外开放是解决国内产能过剩的重要契机。近年来，我国产能过剩形势严峻，结构调整压力与日俱增。在这样的背景下，加大对外开放力度，引进国外先进技术实现产业升级，将传统产业逐步向海外转移，既符合全球分工变化趋势规律，也符合我国国家利益。

对外开放是适应世界贸易格局新变化的必然要求。当前全球范围内区域经济合作迎来新一轮高潮，我国只有主动、积极应对，坚持双边、多边、区域、次区域开放合作，主动参与面向全球的高标准自由贸易区网络的建立，才能在新的贸易环境中取得有利地位。稳定发展对外贸易，保持传统贸易优势。为了在保持社会稳定基础上把握开放红利，缓解变革期的阵痛，在外贸转型升级的过程中保持传统优势、实现巩固传统优势与培育新优势良性互动显得尤为重要。扩大对外投资，积极推动我国经济"走出去"。通过"走出去"战略，把过剩产能和低技术含量的行业向海外转移，既有利于加快国内产业结构调整，促进企业跨境配置市场营销渠道等战略资源，也有利于提升我国制造、服务和品牌的全球影响力以及带动国内出口。我国主动参与国际经济合作和国际规则制定，通过多层次对话机制，增进理解，互利共赢等。[②]

---

① 参见林春山、白龙："中国钢铁长期需求：影响因素与政策选择"，载《经济管理》2010 年第 1 期，第 40—41 页。

② 参见宗良："把握开放重大红利促进经济转型升级"，载《中国金融家》2014 年第 1 期，第 131—132 页。

由于我国铁矿石资源储量有限且多为贫矿，铁矿石作为钢铁产业主要原材料，主要依靠进口解决，我们将面临十分严峻的铁矿石资源压力，加快建立铁矿石资源保障体系是一个重要战略性问题。另外，我国还需大量进口镍矿、锰矿、铬矿等资源，过去由于我国钢铁产业缺乏长远的资源保障战略，国际铁矿石一再涨价，已经使我国钢铁产业蒙受巨大的经济损失。从 2003 年开始，我国成为世界上铁矿石进口量最大的国家。① 上游铁矿石资源保障程度低，已成为影响我国钢铁产业健康发展的重要因素。政府加强从法律政策上保障国内钢铁企业的海外铁矿石投资尤为重要。为此，需要简化项目审批程序，完善信贷、外汇、财税、人员出入境等政策措施，支持符合准入条件的重点骨干企业到境外开展资源勘探、开发、技术合作和对外并购。对向境外转移过剩产能的钢铁企业，其出口设备应享受出口退税政策。加大企业"走出去"的贷款支持力度、完善海外投资保险产品和投融资服务体系，支持产能向境外转移。② 加强境外资产的经营管理，切实防范和化解境外资产风险。充分利用境外矿产资源权益投资专项资金、对外经济技术合作专项资金和国外矿产资源风险勘探专项资金，支持钢铁企业实施"走出去"战略，增强铁矿石资源的保障能力，与此同时，要加快与进口资源相对应的海运保障体系建设，确保海运的及时畅通和高效的海运竞争力。

当前的国际竞争呈现的特点是在企业竞争的背后更是国家之间的法律制度之间的竞争。政府应加强制度保障，明确自己的职能定位。在产业安全和科学发展的原则指导下，结合我国国民经济发展

---

① 参见李新创："加快钢铁结构调整实现可持续发展"，载《冶金管理》2008 年第 6 期，第 23—24 页。

② 参见国务院 2013 年 10 月 6 日公布的《国务院关于化解产能严重过剩矛盾的指导意见》（国发〔2013〕41 号）。

的现状和钢铁产业结构优化的需要，制定出具有全局性和持续性的对外直接投资铁矿石的长期规划，避免国内钢铁企业在海外投资时的恶性竞争。2005 年的《钢铁产业发展政策》和 2009 年的《钢铁产业调整和振兴规划》虽然提出开发国外矿产资源，保障国内产业安全，但从战略上对上游铁矿石的资源掌控重视仍然不够。应完善海外投资管理方面的法律建设，从而为国内钢铁企业对外直接投资行为以及政府管理监督对外直接投资提供法律依据和保障。针对目前审批内容重叠、周期较长及多头管理最后导致管理低效的现状，应理顺审批程序，加强立法对海外投资的监管。美国政府专门制定了《对外援助法》、《经济合作法》等法律来监管其海外投资。韩国政府也制定了《扩大海外投资法案》、《海外资源开发促进法》等法律来促进和规范本国的对外投资。我国应依法加强对钢铁企业的海外投资事前、事中和事后的全程监管和提供相关的信息服务。

最后，政府应积极签订相关国际条约和协定，为国内钢铁企业的海外投资创造良好的投资环境。通过国际条约尽量消除各种形式的贸易壁垒和保护主义，争取国内钢铁企业与东道国企业享受同等待遇或最惠国待遇，尽力避免我钢铁企业的海外投资项目被东道国政府国有化或没收，或因为战争、政变等突发事件发生损失时可以获得合理赔偿。

4. 强化环境监管，推进节能减排

（1）提高产业准入门槛，从源头上控制环境污染。《环境保护法》规定：保护环境是国家的基本国策。国家采取有利于节约和循环利用资源、保护和改善环境、促进人与自然和谐的经济、技术政策和措施，使经济社会发展与环境保护相协调。环境保护坚持保护优先、预防为主、综合治理、公众参与、损害担责的原则。一切单位和个人都有保护环境的义务。企业事业单位和其他生产经营者应当防止、减少环境污染和生态破坏，对所造成的损害依法承担责任。地方各级人民政府应当对本行政区域的环境质量负责。

政府应设定并逐步提高产业准入门槛，建立科学的行业准入制度，规范重点行业的环保标准、安全标准、能耗水耗标准和产品技术、质量标准，防止低水平重复建设，从源头上控制环境污染。《产业结构调整指导目录》将投资项目分为鼓励、限制和淘汰三类。限制类主要是工艺技术落后，不符合行业准入条件和有关规定，不利于产业结构优化升级，需要督促改造和禁止新建的生产能力、工艺技术、装备及产品。淘汰类主要是不符合有关法律法规规定，严重浪费资源、污染环境、不具备安全生产条件，需要淘汰的落后工艺技术、装备及产品。根据《关于加快推进产能过剩行业结构调整的通知》要求，对属于落后产能的企业和项目，城市规划、建设、环保和安全监管等部门不得办理相关手续。

政府应推进开展区域产业规划的环境影响评价；区域内的钢铁、水泥、平板玻璃、传统煤化工、多晶硅等高耗能、高污染项目环境影响评价文件必须在产业规划环评通过后才能受理和审批；未通过环境评价审批的项目一律不准开工建设。环保局、规划局、市发展改革委等部门应加强监督管理，定期发布环保不达标的生产企业名单；对使用有毒、有害原料进行生产或者在生产中排放有毒、有害物质的企业限期完成清洁生产审核，对达不到排放标准或超过排污总量指标的生产企业实行限期治理，未完成限期治理任务的，依法予以关闭。

（2）强化节能减排，淘汰落后产能。2010年国务院发布的《国务院关于进一步加大工作力度确保实现"十一五"节能减排目标的通知》中强调重点推进钢铁、有色、石油石化等行业节能减排管理，加大用先进适用技术改造传统产业的力度，并对钢铁产业提出了淘汰落后炼铁、炼钢产能的要求①。2010 年《国务院关于进一步加强淘汰落后产能工作的通知》中明确提到以电力、煤炭、钢铁、水泥、有色金属等行业为重点，按照《国务院关于发布实施〈促进产业结构调整暂行规定〉的决定》、《国务院关于印发节能减排综合性工作方案的通知》、《国务院批转发展改革委等部门关于抑制部分行业产能过剩和重复建设引导产业健康发展若干意见的通知》、《产业结构调整指导目录》以及国务院制定的钢铁、有色金属、轻工、纺织等产业调整和振兴规划等文件规定的淘汰落后产能的范围和要求，按期淘汰落后产能。各地区可根据当地产业发展实际，制定范围更宽、标准更高的淘汰落后产能目标任务。

《国务院关于进一步加强淘汰落后产能工作的通知》分别从严格市场准入、强化经济和法律手段、加大执法处罚力度三个方面加大了对落后产能的淘汰力度。第一，严格市场准入。强化安全、环保、能耗、物耗、质量、土地等指标的约束作用，提高准入门槛，鼓励发展低消耗、低污染的先进产能。对产能过剩行业坚持新增产能与淘汰产能"等量置换"或"减量置换"的原则，严格环评、土地和安全生产审批，遏制低水平重复建设，防止新增落后产能。支持优势企业通过兼并、收购、重组落后产能企业，淘汰落后产能。第二，强化经济和法律手段。充分发挥差别电价、资源性产品价格改革等价格机制在淘汰落后产能中的作用，落实和完善资源及环境保护税费制度，强化税收对节能减排的调控功能。加强环境保护监督性监测、减排核查和执法检查，加强对企业执行产品质量标准、能耗限额标准和安全生产规定的监督检查，提高落后产能企业和项目使用

---

① 参见《国务院关于进一步加大工作力度确保实现"十一五"节能减排目标的通知》（国发〔2010〕12 号）。

能源、资源、环境、土地的成本。采取综合性调控措施，抑制高消耗、高排放产品的市场需求。第三，加大执法处罚力度。对未按期完成淘汰落后产能任务的地区，严格控制国家安排的投资项目，实行项目"区域限批"，暂停对该地区项目的环评、核准和审批。对未按规定期限淘汰落后产能的企业吊销排污许可证，银行业金融机构不得提供任何形式的新增授信支持，投资管理部门不予审批和核准新的投资项目，国土资源管理部门不予批准新增用地，相关管理部门不予办理生产许可，已颁发生产许可证、安全生产许可证的要依法撤回。对未按规定淘汰落后产能、被地方政府责令关闭或撤销的企业，限期办理工商注销登记，或者依法吊销工商营业执照。

在节能减排方面，我国在立法方面较为完善，已经出台了《节约能源法》、《能源法》、《循环经济法》；专门针对钢铁产业方面的有《钢铁企业清洁生产工序》、《粗钢能耗限额》、《钢铁工业节能规范》等，但问题的关键是加强监管落实。在实践中，积极投资环保的钢铁企业因节能减排需要投入大量资金，生产成本大幅提高，反而处于竞争劣势，所以，很多钢铁企业对节能减排政策持消极态度。应按照体现资源稀缺性和环境成本的原则，深化资源性产品价格改革。完善非居民用水超定额加价和环保收费政策。对能耗、电耗、水耗达不到行业标准的产能，实施差别电价和惩罚性电价、水价。政府应加强法律落实的同时，鼓励和引导钢铁企业发展循环经济，以资源、能源高效利用和循环利用为核心，以"减量化、资源化、再利用"为指导思想，以低消耗、低排放、高效率为目标，追求经济效益和生态环境的最佳化。

我国有关淘汰落后产能的政策基本上都包含要求某一标准以下的设备、工艺或产品限期退出的内容。《促进产业结构调整暂行规定》提出："对消耗高、污染重、危及安全生产、技术落后的工艺和产品实施强制淘汰制度，依法关闭破坏环境和不具备安全生产条件的企业。对国家明令淘汰的生产工艺技术、装备和产品，一律不得进口、转移、生产、销售、使用和采用；地方政府及有关部门可以根据国家有关法律法规责令不按期淘汰落后产能的企业停产或予以关闭。《关于进一步加大工作力度确保实现"十一五"节能减排目标的通知》、《国务院关于进一步加强淘汰落后产能工作的通知》规定，对未按规定淘汰落后产能的企业，依法吊销排污许可证、生产许可证、安全生产许可证，限期办理工商注销登记或者依法吊销工商营业执照，相关部门不予审批或核准新的投资项目、不予批准新增用地，甚至依法对落后产能企业停止供电供水。

重视经济性限制措施。通过提高落后产能企业所能获得生产要素的价格、改变其生产经营环境，使落后产能无利可图进而退出，主要措施包括对落后产能不提供任何形式的信贷支持，不安排运力，实行差别电价、水价政策等。例如，《促进产业结构调整暂行规定》要求金融机构应停止对淘汰类项目的各种形式的授信支持，采取措施收回已发放的贷款；《国务院关于进一步加强淘汰落后产能工作的通知》提出："充分发挥差别电价、资源性产品价格改革等价格机制在淘汰落后产能中的作用，提高落后产能企业和项目使用能源、资源、环境、土地的成本。"

淘汰落后产能是个系统工程，应将淘汰落后产能与完善行业进退出机制相结合。在完善的市场体系中，任何一个产业都有着严格、规范的进入及退出机制，以保证优秀企业在市场中能够得到充分发展，劣势企业在市场中被彻底淘汰，从而实现社会资源的最优配置。如果劣势企业不能被淘汰，优势企业就不能得到充分的发展、壮大。中国钢铁产业一直存在着进入壁垒较低而退出壁垒较高的现实问题。如在进入壁垒方面，小型钢铁生产企业具有建设周期短、投资回收快的特点，而且生产操作技术相对简单，具有生产管理费用、人工成本较低的"成本优势"。许多潜在进入者特别是民营资本在钢铁行业效益较好的时候，较为容易地建设好一个年产几十万吨的钢铁企业；由于退出壁垒较高，当钢铁产业发展出现低谷时，许多劣势企业出于种种原因难以撤离，为了维持企业生存，只好继续留在本行业中背水一战，造成社会资源的巨大浪费。提高钢铁产业进入壁垒意味着只有优势资本、优势技术才能参与到钢铁产业发展当中；完善钢铁产业退出壁垒，意味着在竞争中处于劣势的钢铁企业（通常是落后产能的拥有企业）面临着或破产或被兼并重组的风险，意味着劣势企业的主要决策者及管理层将被淘汰出局。因此，只有完善了产业进退出机制，优胜劣汰的竞争机制才能发挥作用，才能通过市场规律淘汰那些落后产能企业，促使产业内各种社会资源向具有市场活力、拥有先进产能的优势企业集中，这既优化了社会资源配置，又能促进中国钢铁产业对落后产能的淘汰。

除了采取强制淘汰落后产能、经济上限制落后产能外，也应重视运用经济激励措施，推动落后产能的退出或改造。首先，加强财政资金引导。以节能降耗、环境保护、改善装备等为重点，对落后产能进行改造。中央财政利用淘汰落后产能奖励资金等现有资金渠道，适当扩大资金规模，支持产能严重过剩行业压缩过剩产能。充分发挥科技对产业升级的支撑作用，统筹安排技术改造资金，完善相关税收优惠和金融支持政策，支持符合国家产业政策和规划布局的企业，运用高新技术和先进适用技术，提高生产、技术、安全、能耗、环保、质量等国家标准和行业标准水平，引导企业技术升级。对淘汰落后产能任务较重且完成较好的地区和企业，在安排技术改造资金、节能减排资金、投资项目核准备案、土地开发利用、融资支持等方面应给予倾斜。

《国务院关于进一步加强淘汰落后产能工作的通知》、《"十二五"节能减排综合性工作方案》等文件提出国家统筹安排技术改造资金，落实并完善相关税收优惠和金融支持政策，支持符合国家产业政策和规划布局的企业对落后产能进行改造；中央通过转移支付加大支持和奖励经济欠发达地区淘汰落后产能工作，各地区也要安排资金支持企业淘汰落后产能；对淘汰落后产能任务较重且完成较好的地区和企业，在安排技术改造资金、节能减排资金、投资项目核准备案、土地开发利用、融资支持等方面给予倾斜；对积极淘汰落后产能企业的土地开发利用，在符合国家土地管理政策的前提下，优先予以支持。①

5. 完善投资体制，规范政府投资行为

（1）投资体制改革的指导思想和目标。投资体制是投资运行机制和管理制度的总称。我国投资体制改革的主要障碍在于各级政府对国有经济的依赖以及对政府投资的利益需求，因此，我国投资体制改革必须以市场化为导向，积极转变政府投资职能。钢铁工业由于投资规模较大，投资周期较长，一旦出现投资失误，后果会比较严重。对以各级政府为主体形成的"大炼钢铁热"要保持高度警惕，应深化投资体制改革，完善重大项目投资失误问责制，以控制各级政府的短期行为。

深化投资体制改革的指导思想是：按照完善社会主义市场经济体制的要求，在国家宏观调控下充分发挥市场配置资源的基础性作用，确立企业在投资活动中的主体地位，规范政府投资行为，保护投资者的合法权益，营造有利于各类投资主体公平、有序竞争的市

---

① 参见李晓华："产业转型升级中落后产能淘汰问题研究"，载《江西社会科学》2012 年第 5 期，第 12—17 页。

场环境，促进生产要素的合理流动和有效配置，优化投资结构，提高投资效益，推动经济协调发展和社会全面进步。深化投资体制改革的目标是：改革政府对企业投资的管理制度，按照"谁投资、谁决策、谁收益、谁承担风险"的原则，落实企业投资自主权；合理界定政府投资职能，提高投资决策的科学化、民主化水平，建立投资决策责任追究制度；进一步拓宽项目融资渠道，发展多种融资方式；培育规范的投资中介服务组织，加强行业自律，促进公平竞争；健全投资宏观调控体系，改进调控方式，完善调控手段；加快投资领域的立法进程；加强投资监管，维护规范的投资和建设市场秩序。通过深化改革和扩大开放，最终建立起市场引导投资、企业自主决策、银行独立审贷、融资方式多样、中介服务规范、宏观调控有效的新型投资体制。

（2）转变政府投资管理模式，实现准入方式转型。首先，改变传统准入管理模式，主要包括四方面的转型：一是从所有制差别准入向公平准入转型。坚持"平等准入、公平待遇"原则，进一步清理和修订限制非公有制经济市场准入的政策规定，对各种所有制企业实行同等的市场准入条件。二是从重视企业规模标准向鼓励创新型企业进入转型。改变以往依靠规模经济取胜的观念，吸引高科技、高附加值、创新型的中小企业参与到产业发展中来。三是从经济性标准向社会性标准转型。淡化经济业绩、企业人数、注册资本等经济性准入标准，适应资源节约、环境友好、社会责任、消费者权益保护、质量、安全等要求，强化对市场准入的社会性准入管制。四是从前置性监管向过程性监管转型。放松前置性监管，向侧重过程性监管转变，宽进严出，将工作重心转向研究政策、制定规划、加强批后监管和服务工作，建立市场监督的预警防范机制、问题发现机制和依法查处机制。①

　　其次，改革项目审批制度，落实企业投资自主权。对于企业不使用政府投资建设的项目，一律不再实行审批制，区别不同情况实行核准制和备案制。其中，政府仅对重大项目和限制类项目从维护社会公共利益角度进行核准，其他项目无论规模大小，均改为备案制，项目的市场前景、经济效益、资金来源和产品技术方案等均由企业自主决策、自担风险，并依法办理环境保护、土地使用、资源利用、安全生产、城市规划等许可手续和减免税确认手续。对于企业使用政府补助、转贷、贴息投资建设的项目，政府只审批资金申请报告。各地区、各部门要相应改进管理办法，规范管理行为，不得以任何名义干预下放给企业的投资决策权利。

　　规范政府核准制，应严格限定实行政府核准制的范围，并根据变化的情况适时调整。《政府核准的投资项目目录》（以下简称《目录》）由国务院投资主管部门会同有关部门研究提出，报国务院批准后实施。未经国务院批准，各地区、各部门不得擅自增减《目录》规定的范围。企业投资建设实行核准制的项目，仅需向政府提交项目申请报告，不再经过批准项目建议书、可行性研究报告和开工报告的程序。政府对企业提交的项目申请报告，主要从维护经济安全、合理开发利用资源、保护生态环境、优化重大布局、保障公共利益、防止出现垄断等方面进行核准。对于外商投资项目，政府还要从市场准入、资本项目管理等方面进行核准。政府有关部门要制定严格规范的核准制度，明确核准的范围、内容、申报程序和办理时限，并向社会公布，提高办事效率，增强透明度。健全备案制。对于

---

　　① 参见张曼茵、王忠宏："理顺政府和市场的关系"，载《中国发展观察》2012年第12期，第9—11页。

《目录》以外的企业投资项目，实行备案制，除国家另有规定外，由企业按照属地原则向地方政府投资主管部门备案。备案制的具体实施办法由省级人民政府自行制定。国务院投资主管部门要对备案工作加强指导和监督，防止以备案的名义变相审批。

（3）规范企业投资行为，拓宽企业投资项目的融资渠道。企业应严格遵守国土资源、环境保护、安全生产、城市规划等法律法规，严格执行产业政策和行业准入标准，不得投资建设国家禁止发展的项目；应诚信守法，维护公共利益，确保工程质量，提高投资效益。国有和国有控股企业应按照国有资产管理体制改革和现代企业制度的要求，建立和完善国有资产出资人制度、投资风险约束机制、科学民主的投资决策制度和重大投资责任追究制度。严格执行投资项目的法人责任制、资本金制、招标投标制、工程监理制和合同管理制。

进一步拓宽企业投资项目的融资渠道。允许各类企业以股权融资方式筹集投资资金，逐步建立起多种募集方式相互补充的多层次资本市场。经国务院投资主管部门和证券监管机构批准，选择一些收益稳定的基础设施项目进行试点，通过公开发行股票、可转换债券等方式筹集建设资金。在严格防范风险的前提下，改革企业债券发行管理制度，扩大企业债券发行规模，增加企业债券品种。按照市场化原则改进和完善银行的固定资产贷款审批和相应的风险管理制度，运用银团贷款、融资租赁、项目融资、财务顾问等多种业务方式，支持项目建设。允许各种所有制企业按照有关规定申请使用国外贷款。制定相关法规，组织建立中小企业融资和信用担保体系，鼓励银行和各类合格担保机构对项目融资的担保方式进行研究创新，采取多种形式增强担保机构资本实力，推动设立中小企业投资公司，建立和完善创业投资机制。规范发展各类投资基金。鼓励和促进保险资金间接投资基础设施和重点建设工程项目。

（4）完善政府投资体制，规范政府投资行为。第一，合理界定政府投资范围。政府投资主要用于关系国家安全和市场不能有效配置资源的经济和社会领域，包括加强公益性和公共基础设施建设，保护和改善生态环境，促进欠发达地区的经济和社会发展，推进科技进步和高新技术产业化。能够由社会投资建设的项目，尽可能利用社会资金建设。合理划分中央政府与地方政府的投资事权。中央政府投资除本级政权等建设外，主要安排跨地区、跨流域以及对经济和社会发展全局有重大影响的项目。

第二，健全政府投资项目决策机制。进一步完善和坚持科学的决策规则和程序，提高政府投资项目决策的科学化、民主化水平；政府投资项目一般都要经过符合资质要求的咨询中介机构的评估论证，咨询评估要引入竞争机制，并制定合理的竞争规则；特别重大的项目还应实行专家评议制度；逐步实行政府投资项目公示制度，广泛听取各方面的意见和建议。

第三，规范政府投资资金管理。编制政府投资的中长期规划和年度计划，统筹安排、合理使用各类政府投资资金，包括预算内投资、各类专项建设基金、统借国外贷款等。政府投资资金按项目安排，根据资金来源、项目性质和调控需要，可分别采取直接投资、资本金注入、投资补助、转贷和贷款贴息等方式。以资本金注入方式投入的，要确定出资人代表。要针对不同的资金类型和资金运用方式，确定相应的管理办法，逐步实现政府投资的决策程序和资金管理的科学化、制度化和规范化。

第四，简化和规范政府投资项目审批程序，合理划分审批权限。按照项目性质、资金来源和事权划分，合理确定中央政府与地方政府之间、国务院投资主管部门与有关部门之间的项目审批权限。对于政府投资项目，采用直接投资和资本金注入方式的，从投资决策角度只审批项目建议书和可行性研究报告，除特殊情况外不再审批开工报告，同时应严格政府投资项目的初步设计、概算审批工作；采用投资补助、转贷和贷款贴息方式的，只审批资金申请报告。具体的权限划分和审批程序由国务院投资主管部门会同有关方面研究制定，报国务院批准后颁布实施。

第五，加强和改善投资的宏观调控。首先应完善投资宏观调控体系。国家发展和改革委员会要在国务院领导下会同有关部门，按照职责分工，密切配合、相互协作、有效运转、依法监督，调控全社会的投资活动，保持合理投资规模，优化投资结构，提高投资效益，促进国民经济持续快速协调健康发展和社会全面进步。

改进投资宏观调控方式。综合运用经济的、法律的和必要的行政手段，对全社会投资进行以间接调控方式为主的有效调控。国务院有关部门要依据国民经济和社会发展中长期规划，包括必要的专项发展建设规划，明确发展的指导思想、战略目标、总体布局和主要建设项目等。按照规定程序批准的发展建设规划是投资决策的重要依据。协调投资宏观调控手段。根据国民经济和社会发展要求以及宏观调控需要，合理确定政府投资规模，保持国家对全社会投资的积极引导和有效调控。灵活运用投资补助、贴息、价格、利率、税收等多种手段，引导社会投资，优化投资的产业结构和地区结构。适时制定和调整信贷政策，引导中长期贷款的总量和投向。严格和规范土地使用制度，充分发挥土地供应对社会投资的调控和引导作用。

各级政府及其有关部门应努力提高政府投资效益，引导社会投资。制定并适时调整国家固定资产投资指导目录、外商投资产业指导目录，明确国家鼓励、限制和禁止投资的项目。建立投资信息发布制度，及时发布政府对投资的调控目标、主要调控政策、重点行业投资状况和发展趋势等信息，引导全社会投资活动。加强和改进投资信息、统计工作。重视投资统计工作，改革和完善投资统计制度，及时、准确、全面地反映全社会固定资产存量和投资的运行态势，并建立各类信息共享机制，为投资宏观调控提供科学依据。建立投资风险预警和防范体系，加强对宏观经济和投资运行的监测分析。

第六，加强和改进投资的监督管理。完善政府投资监管体系。建立政府投资责任追究制度，工程咨询、投资项目决策、设计、施工、监理等部门和单位，都应有相应的责任约束，对不遵守法律法规给国家造成重大损失的，要依法追究有关责任人的行政和法律责任。完善政府投资制衡机制。投资主管部门、财政主管部门以及有关部门，要依据职能分工，对政府投资的管理进行相互监督。审计机关要依法全面履行职责，进一步加强对政府投资项目的审计监督，提高政府投资管理水平和投资效益。完善重大项目稽查制度，建立政府投资项目后评价制度，对政府投资项目进行全过程监管。建立政府投资项目的社会监督机制，鼓励公众和新闻媒体对政府投资项目进行监督。

健全协同配合的企业投资监管体系。国土资源、环境保护、城市规划、质量监督、银行监管、证券监管、外汇管理、工商管理、安全生产监管等部门，要依法加强对企业投资活动的监管，凡不符合法律法规和国家政策规定的，不得办理相关许可手续。在建设过程中不遵守有关法律法规的，有关部门要责令其及时改正，并依法严肃处理。各级政府投资主管部门要加强对企业投资项目的事中和事后监督检查，对于不符合产业政策和行业准入标准的项目，以及不按规定履行相应核准或许可手续而擅自开工建设的项目，要责令其停止建设，并依法追究有关企业和人员的责任。审计机关依法对国有企业的投资进行审计监督，促进国有资产保值增值。建立企业投资诚信制度，对于在项目申报和建设过程中提供虚假信息、违反法律法规的，要予以惩处，并公开披露，在一定时间内限制其投资建设活动。

加强对投资中介服务机构的监管。各类投资中介服务机构应与政府部门脱钩，坚持诚信原则，加强自我约束，为投资者提供高质量、多样化的中介服务。鼓励各种投资中介服务机构采取合伙制、股份制等多种形式改组改造。健全和完善投资中介服务机构的行业协会，确立法律规范、政府监督、行业自律的行业管理体制。打破地区封锁和行业垄断，建立公开、公平、公正的投资中介服务市场，强化投资中介服务机构的法律责任。

完善相关法律法规，依法监督管理。建立健全与投资有关的法律法规，依法保护投资者的合法权益，维护投资主体公平、有序竞争，投资要素合理流动、市场发挥配置资源的基础性作用的市场环境，规范各类投资主体的投资行为和政府的投资管理活动。认真贯彻实施有关法律法规，严格财经纪律，堵塞管理漏洞，降低建设成本，提高投资效益。加强执法检查，培育和维护规范的建设市场秩序。

6. 完善钢铁产业技术政策体系

提高钢铁企业的自主创新能力是钢铁产业结构优化和升级的重要方面，产业发展中的创新主要源于两个方面，一是技术创新，二是制度创新。钢铁产业在发展过程中，离不开这两种力量对产业发展方式的影响。产业的创新能力日益成为一个国家的国际竞争能力、综合国力和可持续发展能力的决定性因素和直接源泉。各国政府都十分重视创新体系的构建。所谓国家创新体系，根据经合组织《国家创新系统》报告的描述，是指一个国家内主要由企业、大学、科研机构、中介机构和政府部门组成的，在政府主导下科技与经济有机结合的推动创新的网络。其"核心是企业组织生产和创新、获取外部知识的方式"，其基本功能是创新资源的优化配置和高效应用。

在国家创新体系中，政府发挥着特殊的激励、组织、引导作用，有时甚至成为一个直接的创新者。其具体作用主要是制定、评价创新政策使其与国家发展战略和产业政策的目标一致。

首先，应充分发挥科技对钢铁产业升级的支撑作用，完善相关税收优惠和金融支持政策，突破核心关键技术，推动企业转型和产业升级，提升以产品质量、标准、技术为核心要素的市场竞争力。着力构建以企业为主体、市场为导向、产学研相结合的技术创新体系，集中精力突破、掌握一批关键共性技术。鼓励钢铁企业实施技术改造，运用高新技术和先进适用技术，以质量品种、节能降耗、环境保护、改善装备、安全生产等为重点，对落后产能进行改造，推广应用更加节能、安全、环保、高效的钢铁工艺技术。支持符合国家产业政策和规划布局的钢铁企业，同时，通过优惠政策引导钢铁行业内部整合技术资源，形成联合开发、优势互补、利益共享、风险共担的自主创新型合作组织，构建"产—学—研—用"技术共享研发平台。

其次，引导资产重组整合技术资源。资产重组主要以改组、联合、兼并、股权转让等方式通过市场进行，为充分利用寓于存量资产中的技术资源，政府可运用财政、税收、金融杠杆和产业政策等手段，引导存量资产向优势钢铁企业流动，以充分利用和发挥现有技术资源优势。因而，在资产重组中应当打破地区界限，组建有技术优势的跨地区的钢铁企业集团。

最后，应通过在体制上进行创新，通过政策鼓励产业共性技术的创新，充分发挥大型国有企业集团在创新中的主导地位。采用财政税收优惠政策强化技术引进、技术改进与自主创新相结合的创新模式，引导企业对从国外引进技术进行消化和吸收，并在此基础上进行改进，逐步形成自主创新的能力。

（三）政府规制与市场调节的动态匹配

在我国社会主义市场经济的建立和发展时期，我们进行经济活动的每一个环节都可能会涉及政府与市场关系问题。事实上，我们现实经济生活中许多深层次的问题和矛盾，都源自于政府与市场的关系。因此，只有恰当地处理政府与市场的关系，经济发展才能取得新的进展。当前我国经济体制改革的内容和重点发生了较大变化，适应市场取向改革深入发展的要求，重视政府与市场的动态耦合已成为当前推动市场经济发展亟待解决的重大课题。在不同国家，由于社会传统文化的不同，人们的价值观也有所不同；市场发育的程度和市场作用的强度有所不同，政府维护参与市场的程度和方式也不同。在同一国家经济发展的不同阶段，在同一国家的不同经济体制下，市场发挥的作用和政府扮演的角色也不相同。

纯粹的市场经济或完全竞争的市场是不存在的，市场经济发展的任何阶段，政府都必须发挥其作用，履行其社会经济职能，只不过在不同的国家、在市场经济发展的不同阶段，政府干预的程度有所不同而已。现代市场经济是既有市场又有政府的"混合经济"，它的着力点在于各国根据自身经济发展的状况寻求市场调节与政府调控之间的动态平衡点，形成既要充分利用市场机制，促进资源最大化的高效率运转，又要政府采取各种间接调控手段和引导措施，促进结构优化，促进资源的合理配置，为经济健康持久的高效率运行奠定坚实基础的互补合作机制。这也正是对现代市场经济国家经验与智慧的考验。

政府与市场在许多情况下应是相互补充的，应呈现出一种动态融合的关系。在不同的发展时期，政府与市场关系会出现不同的组合方式和作用边界，政府和市场在资源配置方面的作用也会显示出不同特征。回顾三十多年来中国经济改革的动态演进过程，可以发现，市场的力量是从无到有，从小到大，市场与政府的关系正如父母与孩子的关系一样，在婴儿时期，父母的引导、帮助与干预是必要的。随着孩子的逐渐成熟，父母的干预就需要逐步减少，让孩子走向独立和自我发展。[①] 转型期政企之间是相互依赖、合作共生的关系，当产业转型成为政府和企业经营者的共同目标时，政府与企业经营者之间的互动合作变得十分必要，有人形象地用"政府种草、企业养牛"来比喻。规范的法治环境是培育良好政企关系的最好土壤。当前我国这种不平等的畸形的政企关系充满着不确定性，"关系陷阱"无处不在。作为市场经济中的两大主体，企业跟政府的关系应保持适当的距离，太近太远都不可取。双方要在各自保持相对自主性的同时实现良性互动合作，必要的指导行为的制度规范不可或缺。而根据制度转型理论以及各国的具体实践，随着法律体系的不断完善，市场化进程不断向前推进，以制度信任为核心的规则治理必将逐步代替以人际信任为基础的关系治理。

具体到某一产业领域，产业成熟的程度不同，在该国经济发展战略中的地位不同，市场和政府的作用也不一样。政府的产业调控与市场机制两者是相辅相成的。建立健全统一、开放、竞争、有序的现代市场体系，既是在更大程度上发挥市场在资源配置中的基础性作用的本质要求，也是构建产业调控平台、有效实施产业政策的客观需要。目前我国的市场体系还存在市场残缺、市场扭曲和市场分割等现象，这些现象不改变，势必会影响到产业调控作用的发挥。因此，要进一步优化和完善产业调控系统，就必须进一步培育发展门类齐全、功能完善的各类市场，包括商品市场和生产要素市场，

---

① 参见韩小威著：《经济全球化背景下中国产业政策有效性问题研究》，中国经济出版社 2008 年版，第 153 页。

并在此基础上完善市场体系，构建产业调控的平台。同时，尽快改变资源产品价格不合理现象，推动其市场化机制的形成。从国家对钢铁产业的管理模式的变化中可看出政府与市场关系的动态变化。于 1956 年成立的冶金工业部，在 1993 年国务院机构改革中得到保留，而在 2003 年机构改革中被撤销，部分职能由中国钢铁协会承担。冶金部存在期间，我国市场机制处于初级发展阶段，钢铁产业本身也处于从弱小到壮大的发展阶段。因为钢铁产业初期实行政企职责分开，宏观管住、微观放开，冶金部对全国钢铁产业进行综合规划、协调、监督、服务，监督检查国家有关法律、法规和产业政策的执行情况，等等，有效发挥了作用，在一定程度上保证了中国钢铁产业的有序、快速发展。

随着我国市场经济体制的不断完善，2003 年冶金工业部被撤销，政府管理钢铁产业相关事宜的人、财、物都大大缩减，相关事权也大大简化，原有的许多管理职能已不复存在。这一历史进程是与国家经济体制改革目标及具体产业发展管理目标的改革相一致的，是强化市场配置资源基础性作用的具体步骤。与此同时，对政府认识掌握钢铁产业具体发展特征，市场运行规律，归纳总结潜力与问题，有效调控钢铁产业发展能力提出更高要求。[1]

政府的调控作用是与市场机制共同对产业发展产生影响的，所以在产业政策的时效期内，产业调控目标初步实现，并不意味着产业政策的影响已经结束，此时产业政策会诱发市场主体继续进行选择，此时如果政府缺乏相应的配套调控政策，其结果又会迎来新的产业结构不合理和资源配置低效率。产业政策从颁布实施到这种影

---

[1]　参见陈凌："钢铁产业政策问题再认识"，载《冶金管理》2004 年第 1 期，第 39—41 页。

响与市场机制共同作用的前后时效是有很大差别的，政府的调控必须动态跟进。政府的产业调控职能必须与产业发展需求相契合，也应与市场的成熟度相适应。

从长远来看，随着市场体制的完善和钢铁产业自身的成熟以及钢铁行业协会作用的加强，政府的重心应转向为产业的发展提供公共服务，提高服务水平和专业化能力，切实减少审批事项、审批环节，把政府不该管的事转给企业、市场、行业协会和中介机构，切实把政府经济管理职能转到主要为市场主体服务和创造良好发展环境上来。总之，未来钢铁产业的进一步发展应在坚持发挥市场机制作用的基础上，由政府根据钢铁产业发展的不同阶段的需要，承担起市场所不能解决的问题，积极推进市场微观基础的再造与完善，为钢铁产业安全与健康发展提供更好的制度基础和公共服务。

（四）政府与市场的良性互动的法律保障

政府与市场的良性互动，需要有完备的法律体系作保障。就是说，只有在政府与市场互动中的各种经济行为都有相应的法律规范可遵循的条件下，才可能实现政府与市场的良性互动。这种法律体系主要由民商法、行政法、经济法和社会法构成。市场规制的运行，需要有相应的私法（民商法）来规范各种市场行为；政府干预的实施，需要有相应的公法（行政法）来规范政府各种经济行为。但传统私法不能满足弥补市场缺陷的需求，传统公法也不能满足弥补政府缺陷的需求，所以，市场缺陷和政府缺陷的弥补，不仅需要私法公法化和公法私法化，而且还需要兼容公法与私法的由经济法和社会法所构成的第三法域。其中，经济法主要由市场规制法和宏观调控法组成，它作为专门规范政府与市场互动的法律部门，肩负弥补政府和市场双重缺陷的使命，其调整对象应当既包括市场规制关系和宏观调控关系，又包括应对市场规制和宏观调控的市场关系。

政府与市场的良性互动有三个标志：一是市场供求标志，即供给与需求在总量和结构上的均衡状态；二是市场秩序标志，即经济人之间自由而公平的交易和竞争秩序；三是社会安全标志，即和谐与安定的社会环境。这也是规范政府与市场互动的法律所要追求的市场供求目标、市场秩序目标和社会安全目标。为实现市场供求目标，既需要用民商法来保障市场机制在资源配置上的基础性作用，又需要用宏观调控法和行政法来保障政府对市场供求作适度和有效的间接调控。政府能否对市场供求作适度和有效的宏观调控，还取决于有无经济人之间自由而公平的交易和竞争秩序作为其微观基础。如果受控主体不是具有经济人属性的市场主体，或者交易和竞争秩序混乱，政府用以调控的各种经济手段都将失去调控作用。为了构建这种微观基础，既需要用民商法来肯定和保护市场主体的经济人属性，并从正面规范其市场行为，又需要用市场规制法和行政法从负面规范市场交易和竞争。为实现社会安全目标，既需要用社会法来协调劳资、贫富、强弱等不同社会阶层的利益矛盾，保障基本人权和社会公平，又需要民商法、经济法和行政法与之配合，把社会政策目标纳入各自目标体系，发挥各自兼有的社会功能。

二、理顺中央和地方关系

（一）健全中央和地方的利益协调机制

改革开放的经验已经证明一个有权威的、能对社会发展进程实施有效领导的中央政府，是社会变革时期能以较小代价赢得快速平稳发展的必要保障。理顺中央与地方的利益关系，坚持中央统一领导下因地制宜地发挥地方的主动性和创造性，对钢铁产业的健康发展以及整个国民经济的发展具有重要意义。

1. 明晰中央和地方政府之间的事权

应对中央和地方政府之间的事权进行清晰划分，使中央与地方政府各司其职，各行其政，各尽其责。明确中央政府与地方政府事务管理范围及它们拥有的权力和职责。各级地方政府间的事权和财权都是相对应的，在财政分权体制下，我国分税制改革基本确定了中央与地方的财政权力，但是却没有相应的税收法律确定各级政府的事权。久而久之，造成了地方政府经济事权过大，而社会事务管理的投入严重不足，造成事权不明晰，对有利资源的争夺更为激烈。应进一步规范中央和地方的事权，一般关于国家的整体利益、全局利益的事务都应明确规定由中央处理，关于地方局部利益和地方自主发展的事务则归地方政府处理。完善相关的法律，通过法律效力来约束中央放权和收权行为的随意性和各种政策的不稳定性，并在客观上减少地方政府的短期行为和非规范的竞争行为，以约束地方政府任意扩张权力的可能性。在中央与地方政府的权力划分关系中，其内容主要有事权、财权、责任的划分，其中事权划分是基础，财权和责任划分应当与事权划分相对应。事权划分的主要依据是不同层次的公共物品的受益范围。

一般来说，受益面及于全国的公共物品，应当由中央政府提供，提供这种公共物品的事权就划给中央政府；受益面及于某地方的公共物品，应当由该地方政府提供，提供这种公共物品的事权就划给该地方政府；受益面从一定角度看限于一定地方，而从另一角度看及于全国的公共事务，应当按照中央政府为主、地方政府为辅的原则进行事权划分。在明确事权划分的基础上，应当进行与之相对应的财权划分。财权大小原则上取决于事权大小，但在地方经济和财政水平不均衡的情况下，有必要通过转移支付制度满足各地方实施事权的财力需求。责任的划分应该遵循权责对称的原则，根据事权和财权的大小进行分配。

2. 坚持财权与事权相一致原则

应进一步深化财税体制改革，坚持财权与事权相一致原则，完善中央和地方税制体系，结合我国税制改革的方向，在整体推进税种改革的基础上重新构建我国中央税体系和地方税体系。完善中央政府对地方政府的转移支付制度。中央对地方转移支付是均衡地区基本公共服务水平、实施中央对地方的特殊政策目标和中央对地方进行财政制衡的重要手段，归并和简化转移支付体系，以各地公共产品和公共服务水平基本均等化为目标，形成以一般转移支付为主体、以专项拨款为辅助的政府间转移支付结构模式，合理调节各地区间的差异，使地方政府的财政收入能够保障其事权的支出。通过财政体制的改革，通过理顺中央与地方的利益关系，从根源上减少地方政府执行国家的钢铁产业结构调整政策的阻碍因素。

3. 完善中央与地方利益冲突解决机制

中央政府与地方政府由于各自利益的不同需求而产生的博弈是产业政策失效的根源。中央政府应转变观念，尊重地方利益，改变主要靠中央政府采取单方面的行政措施来解决二者的利益冲突的做法。有独立的地方利益存在，就会存在利益的表达问题，如果没有正常的渠道表达，势必会通过非正常渠道表达，而非正常的渠道表达往往会造成不公平竞争的负面效应。为了克服这些负面效应，需要建立科学合理的中央与地方利益冲突协调机制。[1] 如果地方利益被强行压制，地方最终会以某种方式卷土重来，就可能会出现"上有政策、下有对策"的局面。解决中央政府与地方政府之间的利益冲

---

①　参见熊文钊著：《大国地方——中国中央与地方关系宪政研究》，北京大学出版社 2005 年版，第 158 页。

突，应建立正式的渠道，以合法的手段扩大地方参与涉及地方利益的重大决策的机会，在政策制定时确定中央政府与地方政府之间利益均衡点，尽量提高中央决策的科学化与民主化水平，以有利于中央政策在地方的顺利执行。

4. 建立合理的地方利益协调体系

地方政府之间在经济发展的过程中出现的利益矛盾与冲突，也需要中央政府来协调地方利益关系。中央政府应在遵循市场经济规律的基础上，建立合理的地方利益协调体系，即在平等、合作、互利的基础上形成地方之间既竞争又协作的关系，并通过地区间利益的共享来实现地区的共同进步。

（二）完善对地方政府的政绩考核体系

中央政府的政绩考核体系对地方政府的经济行为决策有着重大影响，政绩考核机制在政府推动现代化发展过程中具有重要的导向作用。为了增进中国现代化发展的包容性，需要建立健全科学发展的政绩考核机制。要破除钢铁产业的重复建设或落后产能淘汰地方保护主义的障碍，寄希望于一个开明的地方政府顾全大局至少在目前是不现实的，必须改变目前不合理的地方政府的政绩考核体系和官员考核晋升体制，重新构建政府行为的激励、约束机制。我国现行的政府绩效考核制度具有浓厚的"官本位"特点，即它以"对上一级负责"为政府行为的出发点，在绩效考核指标的设置方面带有很强的"官方"色彩且考核的标准单一，考核过程的封闭性使公众往往被排除在外，这种"官本位"的绩效考核制度明显助长了地方政府在政策执行博弈中采取"对策"行为的倾向和动机，在很大程度上降低了地方政府采取"对策"行为的风险和成本。

1. 政绩的评价指标应坚持可持续发展能力为导向

合理的地方政府绩效评价体系应以可持续发展的能力为中心。

对一个地方政府政绩的评价应该将该地方社会经济发展与其历史状况及长远发展有机结合。中国地区差别很大，不同层级、不同地区的政府绩效指标的设计也要体现其特点。尤其要注重该地方可持续发展的能力，政府的重要职能是提供社会需要的公共物品，提供公共物品的职能需要雄厚的资金作保障，这就要依靠经济的健康、可持续的发展。因此，应体现科学发展观的要求，坚持以人为本，既要有经济指标，也要有社会发展和环境建设的指标；既要考核已经表现出来的显绩，也要考核潜在绩效；既要考虑当前，也要考虑未来。

2. 应建立综合的指标体系

对地方政府官员的考核、评价应该取向于一个综合的指标体系。应当设计一套科学、规范、可量化的干部绩效考核指标体系，其中不仅要有经济数量、增长速度指标，更要关注经济增长的质量指标、社会效益指标和环保指标，指标体系中应体现政府职能转变的要求。国务院在2013年10月6日发布的《国务院关于化解产能严重过剩矛盾的指导意见》中提出将遏制重复建设、化解产能严重过剩矛盾工作列入地方政府政绩考核指标体系，这体现了国家已经开始运用考核指标来引导地方政府重视产业结构的调整和发展的质量。此方面可借鉴当代西方绩效管理的理论和实践成果。绩效管理和绩效评估在西方发达国家已经运行几十年，形成了一套成熟的经验和技术。在绩效指标的设计上，主要围绕经济、效率、综合效益等展开，这些原则和方法值得很好地借鉴。[①]

3. 坚持考核主体多元化的原则

应重视内部考核与外部考核相结合，促进考核主体的多元化。要全面、客观、公正地考核地方政府官员的政绩，应坚持内部考核

---

① 参见陈工著：《公共支出管理研究》，中国金融出版社2001年版，第264—265页。

与外部考核相结合，促进考核主体的多元化，这样更能综合地考察出地方政府履行职责的真实情况和能力，还有利于地方政府加快职能转换和推进政府管理制度的改革。目前的政绩考核是政府部门内部自上而下进行。虽然这种形式对调动地方政府积极性有一定的积极作用，但是也造成了一些地方政府官员行为和价值观念的错位，其局限性也日益显现，其中的表现之一就是导致地方政府只唯上、不唯下，只求上级政府满意而不管公众满不满意。而地方政府作为公共部门，应当接受多种考核主体的评价。

建立和完善专门的社会考核机构，由有关专家学者对各级政府的政绩进行科学的诊断和评估。成立专门的社会考核机构的作用，一方面，由于这种机构具有独立性，可以使考核的结果更加客观、公正；另一方面，专门的社会考核机构可以弥补单一政府内部考核的不足，尤其是当地方政府政绩考核本身存在较大缺陷的时候可发挥作用。开展公众评议活动，将管理和服务对象纳入政绩考核体系。关注当地居民和社会组织对地方政府政绩的评价，当地居民通过切实感受作出的评价，在一定程度上更具有说服力。可以通过政府网站开展网上评价政府政绩、委托社会调查机构实施的政务环境评价、政府邀请人大代表和政协委员进行评议等。

总的来说，完善政绩考核制度设计，其核心就是要对地方政府官员取得的政绩进行全面、客观和公正的评价。具体地说，就是既要看经济指标，也要看社会指标和环境指标；既要看当前的发展，也要看发展的可持续性；既要看经济总量的增长，也要看经济增长的质量；既要看成绩，更要看取得这些成绩所付出的成本，包括经济成本、社会成本、环境成本等。只有从根本上将以 GDP 为主导的评价体系转向以经济效益和社会效益等综合效益为主导的评价体系，才能从源头上控制地方政府过度干预经济的行为，才有可能优化地方政府的经济管理行为。

（三）加强中央对地方的监督制约机制

1. 完善监督制约机制

完善监督制约机制是正确处理中央与地方关系的保证。在转轨过程中，只有保持足够的中央权威，作为转轨"引领者"的中央政府才能通过对财政、金融与政治领域集权与分权相结合的控制及其调整，不断引导和制约地方政府的行为。在合理划分中央与地方的权限之外，必须建立有效的自上而下的制约机制，切实解决政令不畅这个我国当前中央与地方关系中最为突出的问题。政令不畅问题与我国分权改革下地方利益的独立化和自上而下监督制约的弱化有着密切的联系。地方利益的独立化，亦即作为中央政府代理人的地方政府形成了自己的利益诉求，并具有追求地方利益最大化的冲动，使得中央政策无法真正落实，从而弱化了中央政府的权威。完善自上而下的监督制约机制，实质上就是加强中央政府对地方政府的控制，以维护国家统一和市场统一。保持这种必要的控制权力，不仅是出于政治上的考虑，更是有深刻的经济动因。现代市场经济的发展，要求实现市场开放和维护市场统一。

中央政府的一个重要职能是制定统一的市场规则，遏制地方政府为谋求地方利益最大化而采取的保护主义政策。在中央与地方的关系中，基于维护国家利益、社会整体利益加强中央对地方具有适度的、必要的监督。在我国，中央政府对地方政府的控制主要依赖于行政手段，特别是人事控制。譬如，我国改革开放以来屡屡出现的经济过热，一个重要原因是地方政府和企业联手，不顾中央的三令五申，"大干快上"，结果导致投资的快速增长。中央试图采取市场化手段来抑制投资增长过快，但效果不彰，最后只能采取行政手段进行调控。但是，由于人事控制属于事后监督，难以及时有效地约束、惩处地方政府的违规行为。

2. 加强法治化建设

在地方分权日益深化的形势下，传统的以行政权运行为核心的行政监控模式逐渐丧失了其存在的条件，出现了中央与地方关系的失衡。从制度上规范中央与地方之间的关系，在市场经济条件下，用制度解决地方政府与中央政府之间的不合作博弈关系，使中央与地方的关系朝着理性化、制度化的方向发展。目前，中央与地方关系的指导思想仍主要停留在非操作化、非制度化的原则层面上，缺乏可操作性较强的制度和法规，行政性命令太多，"一刀切"现象较为普遍。因此，需要在既体现全局利益的统一性，又兼顾局部利益的灵活性的基础上，明确地方政府在经济发展转型中的责任与权力，并且要有清晰的制度化的规定，从而达到既有利于加强中央政府的宏观调控能力，又有利于充分发挥地方政府积极性的理想状态。

在重大决策前充分听取有关地方的意见，并辅之以相关配套制度。制度化参与途径缺失必然会导致非制度化的参与，"驻京办"现象即是例证，地方驻京办事机构已远非设立初始时的接待功能，而成了游说中央决策的强大利益团体，承担了与中央协商的重要职能。地方利益在追求实现的过程中出现的偏差，不能全部归责于地方政府，中央政府在决策时忽视地方利益，决策的科学性不足，也是重要原因之一。

我国应结合市场经济发展和行政管理体制改革深化的时代背景，建立符合经济社会发展要求的法律监控模式，以确保中央政令畅通，维护国家整体利益，促进经济社会和谐发展。除了完善行政手段，还要引入立法和司法等机制，形成事前、事中、事后监控相结合的全方位监控格局。中央政府应改变以往以直接的行政干预为主要手段的监督方式，建立权威性和系统性的监督体系，既保证中央不直接干预地方事务的管理，又能对地方的失范行为进行有效的制约。

3. 健全考核与问责

由于地方政府盲目追求经济增长是落后产能形成和存在的重要原因，因此中央制定淘汰落后产能的政策时也高度重视地方政府能动性的发挥，特别是针对地方政府片面追求增长的行为，在淘汰落后产能工作中实行监督考核和问责制度。《国务院关于进一步加强淘汰落后产能工作的通知》以及《淘汰落后产能工作考核实施方案》规定，将淘汰落后产能目标完成情况纳入地方政府绩效考核体系，对未按要求完成淘汰落后产能任务的地区进行通报，要求限期整改，整改措施落实到位前严格控制该地区的国家投资项目，实行项目"区域限批"，暂停对该地区项目的环评、核准和审批；对瞒报、谎报淘汰落后产能进展情况或整改不到位的地区，要依法依纪追究该地区有关责任人员的责任。从 2007 年开始，国家进一步将淘汰落后产能的任务分解到地方和企业。2007 年，国家发改委分别同 18 个主要钢铁省市及宝钢集团签订了两批《钢铁工业关停和淘汰落后生产能力责任书》。

为规范地方政府的经济行为，应当加强对地方政府执行中央产业政策情况的监督。地方在依法维护中央调控的前提下有权对中央权力进行有效的监督，地方政府在本地区内合法地行使行政与经济管理权，中央不能随意加以干涉。中央与地方的双向的监督机制，防止权力的蜕化和过分集中，使中央与地方的合法权力都得到充分的保障。在监督的过程中应坚持公开、公平、公正的原则。应加强各个关联部门之间应有的相互监督和牵制作用，实现政策执行过程的合作与协调。对地方政府来说，产业政策的制定主体是国家，它代表了中央政府对产业发展的扶持、调控和引导意图，体现了产业政策的统一性和权威性，地方各级政府有积极配合中央政府实施产业政策的责任和义务。

4. 促进地方之间的竞争和合作

在现代市场经济条件下，重构地方经济行政系统的框架，其关键是在理顺行政区与经济区关系的基础上，建立行政区经济与经济区经济、行政区管理与经济区管理相互协调的地方经济管理体制。行政区与经济区是两种不同性质的区域类型。行政区是指为实现国家的行政管理、治理和建设，国家对领土进行合理的分级划分而形成的区域或地方。经济区是指具有全国意义的专业化的地域生产综合体，是社会生产地域分工的表现形式。二者的区别主要在于：（1）行政区是与一定等级的政府相对应的政治、经济、社会综合体；而经济区则是与一定等级的经济中心（中心城市）相对应的自然、地理和经济综合体。（2）行政区所依托的是完整而发达的自上而下的垂直式行政系统；而经济区所凭借的是发育不均衡的水平式经济网络系统。（3）行政区具有决策权、调控权和自己的利益追求，地方政府是区内最高层次的全区性决策主体和利益主体；而经济区不存在全区性的决策主体和利益主体。（4）行政区具有明确和相对稳定的区域界定；而经济区的界限在现实生活中往往具有示意性和动态性，相邻经济区的边界不一定泾渭分明，往往形成一个过渡带。

尽管行政区与经济区有上述区别，但在计划经济条件下，各级地方都几乎没有独立的区域经济行为和区域经济利益，并且行政区与经济区在整体上完全重合，从而形成行政经济区，因而鲜见行政区与经济区的冲突。而实行市场化经济体制改革以来，行政区与经济区的冲突日益显露。究其原因，主要在于：

首先，在中央与地方政府关系的改革中，尤其是一系列简政放权和财政承包政策的出台，而政府职能转换又没有一步到位，就使以行政区为单元的区域经济利益格局开始形成并不断被强化。于是，具有决策权、调控权和自己利益追求的行政区在组织本行政区经济发展的过程中，必然与没有全区性利益主体而按市场机制运行的经济区经济的发展冲突。

其次，随着市场经济的发展，原与行政区经济重合的经济区经济必然突破行政区的界限，形成跨行政区的经济区，这就出现了行政区与经济区的非整体重合现象。也就是说，经济区与行政区不再是"一对一"的关系，而是在一个经济区内存在着多个相对独立的行政区利益主体。这就必然会出现不同行政利益主体间的冲突，进而影响经济区经济的发展。

最后，行政区具有相对稳定性而经济区的范围则具有动态性，各级地方政府按行政区来组织区域经济发展是长期以来形成的事实，而按经济区来组织和调控区域经济发展却是改革与发展的必然要求。在这种情况下，经济区由于区域经济发展水平的提高，尤其是经济中心的不断壮大和区内交通网络的发展变化，其范围也会扩大。于是，经济区的范围扩大难免与行政的相对稳定发生冲突。正因为如此，行政区经济必然对经济区经济的健康发展构成制约。这主要表现为：行政区经济的自成体系对经济区合理生产布局的制约；行政区经济的产业同构对经济区产业扩散及区域经济一体化进程的制约；行政区经济的地区封锁与地区垄断对经济区生产要素合理流动的制约；行政区经济的地方保护主义对经济区共同市场发展的制约。

在经济体制转轨的现阶段，地方政府作为一级独立区域利益主体，其经济职能转换不到位，是行政区与经济区发生冲突的根本原因。为此，按照市场经济发展规律的要求，在经济体制改革中，淡化地方政府的区域利益主体角色，彻底转化其经济职能，由以行政区经济为基础转化为以经济区经济为基础，构建宏观分级调控体系，是协调行政区与经济区关系的基本思路。遵循这一思路，重构地方经济行政系统的框架，应当从区域调整和区域经济行政系统调整两方面着手。

区域调整应当从行政区划和经济区划两个层面采取措施：首先，合理调整行政区划。即按照经济区的实然格局，并适当考虑经济区格局的未来变化，对行政区划作必要调整，使其尽可能与经济区格局相适应。特别是要改变"一刀切"式的实行"市带县"体制的做法，对于已有经济实力较强的中心城市的地区可实行"市带县"体制，但"市带县"的地域范围不能超出中心城市经济辐射能力的有效范围；而对于中心城市经济实力不足的地区，则不宜实行"市带县"体制。其次，合理调整经济区划。鉴于行政区划必须保持相对稳定性，现阶段在既存行政区划的基础上划分经济区，应当贯彻"国民经济全面发展与充分发挥地区优势相结合，地区经济现状与远景发展相结合，地区经济中心与其吸引范围相结合，以及地区自然条件、资源的相关性、地区经济联系的合理性和地区经济发展方向的一致性相结合"的原则。生产力布局（尤其是重大工程项目布局）对经济区的形成有决定性作用，而生产力布局在政府职能尚未转换到位的现阶段又受到行政区划的制约，所以，应当注重弱化行政区划对生产力布局的影响，在宏观上科学布局生产力，特别是要逐步改变和防范地区产业布局同构的现象。

区域经济行政系统调整是与区域调整相对应，并且制约区域调整的一个方面，应当围绕转换地方政府经济职能这一问题，对机构设置和权限划分作适当调整。这也应当从行政区和经济区两个层面采取措施：首先，在行政区层面，为淡化地方政府的区域利益主体角色，减少和消除地方政府的不合理经济行为，应当实行倾斜发展与公平发展相结合、区域政策与产业政策相结合的区域经济政策；构建开放式的区域市场体系；合理划分中央与地方的权限，并使财权与事权相适应；引导和促使政府职能由管理型向服务型过渡。其次，在经济区层面，鉴于目前行政区的区域利益主体角色弱化不够而经济区区域利益主体和决策主体缺位的局面，为建立以经济区为主体的宏观分级调控体系，应当建立跨行政区的经济区协调与管理机构，允许其在各相关行政区共同参与和协商下行使一定的决策权、调节权和争端处理权；制定一套经济区内各相关行政区政府或其部门相互沟通、谈判、协作的制度，以实现经济区内各利益主体相互竞争与合作的规范化。

三、完善政府与行业协会的合作治理

（一）加强行业协会的独立性与服务功能

1. 加强行业协会独立性

随着我国改革的深化，行业协会在社会主义市场经济中的作用愈加突出。促进行业协会的发展也是进一步完善社会主义市场经济体制的重要组成部分。行业协会是联系政府与市场主体的桥梁和纽带，也是缓冲政府与市场主体之间矛盾的中间地带。这就要求行业协会具有既独立于政府、又有独立于一般市场主体的地位。行业协会独立于政府的表现是：主体上为独立的法人；经费上独立筹集和运用；组织上自我建构；内部人员上自主安排；活动上自行组织。它独立于一般市场主体的表现是：一般市场主体以利润最大化为其经营目标，而行业协会追求的是行业整体利益的提高。

我国的行业协会虽然取得了社会团体法人的资格，但在实际地位上独立性不强，需要重构政府与行业协会的关系，为此，必须实行政会分开，在法律上赋予行业协会应有的独立性和自主性。首先，在人事方面的独立，应改变由政府分流人员担任行业协会领导职务的情形，行业协会的工作人员应以竞争上岗，综合进行考核的形式进行聘任。行业协会的负责人不仅应具有为行业发展服务的热情，还应具备促进行业整体利益的能力。其次，明确行业协会的工作职能，通过立法授予行业协会一定的行业管理权力，明确国家行政管理与行业协会管理各自的范围，政府不得直接干涉行业协会的自治权，尽力避免行业协会沦为政府的附属物；另外，法律也应赋予政府保障和促进行业协会享有独立地位的义务。在这方面，《俄罗斯联邦社会团体法》（1995 年）的规定十分明确，该法第 17 条规定："禁止国家权力机关及其领导人干涉社会团体的活动，……本联邦法规定的情况除外。"

国家应保证维护社会团体的合法权益，对它们的活动给予支持，从立法上调整给它们提供的税收和其他方面的优惠以及特权。提供国家援助的形式可以包括：根据社会团体的申请对其个别对社会有益的纲领给予专项拨款；订立任何形式的旨在完成工作和提供服务的合同；为完成国家各类纲领，在竞争的基础上面向所有社会组织进行社会性采购。我国对行业协会的立法，主要是从行政机关如何对其进行管理的角度规范的，但缺乏政府如何保护社会团体的独立地位和合法权益的相关规范，如它在授予政府对社会团体进行各种管理的权力的同时，没有规定政府对社会团体应尽的义务。《俄罗斯联邦社会团体法》的规定可资借鉴。总的目标是将行业协会建设成为一个职能明确、清晰的组织结构，提高行业协会工作的独立性和有效性。

2. 完善行业协会服务功能

服务是行业协会的宗旨，也是行业协会具有生命力的源泉。对于钢铁行业协会来说，应根据钢铁行业的特点，制定本行业的行规行约，以建立行业自律性机制，规范行业自我管理行为，促进企业平等竞争，提高行业整体素质，维护行业整体利益。加强行业统计工作。布置、收集、整理、分析全行业统计资料，为政府制定产业政策提供依据，为企业经营决策服务。受政府或有关公司委托对行业内重大的投资、改造、开发项目的先进性、经济性、可行性进行前期论证，并参与项目责任监督。组织国内、国际间的行业技术协作和技术交流。推荐行业内的高新技术产品、名牌产品。组织行业技术成果的鉴定和推广应用。

钢铁行业协会应积极推动我国钢铁协会与世界钢铁联盟、OECD钢铁委员会、东南亚钢铁协会等交流与合作，反映我国钢铁行业的意见与建议。积极帮助企业开拓国际市场，借鉴国外先进做法，在维护国内产业利益和支持企业参与国际竞争等方面充分发挥作用。组织国内企业开拓国外市场；建设行业公共服务平台，开展国内外经济技术交流与合作，联系相关国际组织，指导、规范和监督会员企业的对外交往活动；主动参与协调对外贸易争议，积极组织会员企业做好反倾销、反补贴和保障措施的应诉、申诉等相关工作，维护正常的进出口经营秩序；支持钢铁企业联合对外谈判，建立新的双赢铁矿石定价机制和长期稳定的合作关系，规范进口铁矿石市场秩序；协调国内用户与铁矿石供应商，规范钢材销售制度，建立产销风险共担机制，发挥流通环节对稳定钢材市场的调节功能；引导钢铁企业落实国家产业政策，提高钢铁行业整体素质，积极促进钢铁产业结构优化和升级。

（二）健全政府与行业协会的合作

1. 合作的基础

政府和行业协会因其所处地位、所占资源、所辖范围等不同，具有各自的优势和局限性，它们相互之间一般有分工、合作和制约等多重关系。在现代市场经济体制中，社会公共干预系统由政府干预和社会中间层主体干预两个层次构成，行业协会是社会中间层主体的重要组成部分，实践中，政府职能的精简离不开行业协会的配合，应将行业协会的功能作用纳入到行业管理体制和政府机构改革的系统框架中。在传统计划经济向市场经济的转型阶段，政府职能正在由部门管理、微观管理、直接管理转向行业管理、宏观管理和间接管理。政府有关部门在经济体制和政府机构改革方案中，应该把行业协会作业政府职能分解的对象之一，整体考虑、统筹安排，使之成为协助政府进行行业管理、实施间接调控的重要纽带。行业协会一方面应代表本行业企业利益，向政府反映本行业的情况、问题和要求；另一方面要向本行业传递国家的产业政策，发展规划，使本行业的发展服从并有利于整体国家经济的发展。

《关于国务院政府机构改革方案的决定》（1998 年）提出了将综合经济部门改组为宏观调控部门，调整和减少专业经济部门，加强执法监管部门，培育和发展社会中介组织的政府机构改革方案，专业经济部门的职能一分为三：宏观调控职能由政府机关行使；国有资产所有者的职能移交给国有资产管理机构；原来对其系统所属企业的管理职能将由不兼有任何行政职能的行业协会、商会等社会中间层承担，从而形成政府和行业协会各占其位、各司其职的格局。不管是政府还是行业协会，或者其他市场治理主体，都有各自的优势和局限性。政府不是万能的，同样，行业协会也非万能的主体。因为政府在市场治理中存在着无法克服的弱点，而去盲目崇拜，过分相信和依赖行业协会的作用也是不正确、不科学的。单独依靠任何一方的力量都是不行的，只有双方合作，才能将市场治理得更好。行业协会与政府在市场治理中可以分别作为一种组织化的私序和法制化的公序发挥作用。行业协会对市场主体的治理主要是以行业规章为依据，以行业自律为形式，对企业进行商业诚信的规范，可以将这种监管看成是一种组织化的私序在发挥作用；而政府主要是以法律为依据，以国家机器为保障，以行政执法为手段对企业进行监管，可以将这种监管看成是一种法制化的公序在发挥作用。

2. 合作的原则

在充分认识政府和行业协会各自的优势的基础上，构建二者新型的合作、互补关系。为了在政府与行业协会之间合理配置公共资源，法律在界定它们之间的分工时，应当遵循以下几个原则：

第一，效率原则。政府和行业协会各有优势。政府有强制力，有时强制也有利于效率，而行业协会的自律性管理带有行业公共性，介于政府与企业之间，处于市场治理的中观水平上，既不同于企业在市场上的微观活动，也不同于政府对市场所进行的全面的、宏观的治理。行业协会与会员企业的联系更紧密、更了解会员企业的需求。因而，行业协会与政府之间的分工应该有助于充分发挥各自的优势，避免各自的劣势，力图实现优势互补、效率优化。

第二，能力原则。政府与行业协会在社会经济过程的效用大小，受制于它们所处社会经济现实的制度环境与体制条件。政府职能的转移是与社会自治化相辅相成、相互缠绕在一起的，没有后者，前者也无法获取彻底的成功。政府职能向行业协会的让渡，取决于行业协会在既定的社会经济结构中所具有的能力。如果行业协会并未得到充分发展，不能弥补政府完全撤离所留下的空白，政府完全退出某些干预也是不可行的。在现阶段，社会经济领域中的公共管理职能仍然大量掌管于政府手中，这与我国行业协会发育不成熟、能力弱是有关的。为了顺应现代市场经济体制中"小政府、大社会"的潮流，我国应当在深化改革过程中，大力培育行业协会，为其介入公共管理创造体制、物质等条件，增强其应有的能力。

3. 合作的内容与方式

政府与钢铁业协会在履行各自的职责时应建立相互配合、相互补充、相互协作合作机制。健全政府与钢铁行业协会的分工与协作，应注重完善以下几个方面：

首先，凡是能由行业协会做的事情尽量放手由行业协会来完成。随着社会结构的变革，政府逐步缩小其行业管理的权力范围，向行业协会放权，或授权行业协会行使部分行业管理的职能，与此同时，行业协会逐步扩大其行业自治权的范围，这是社会发展的必然趋势。社会越发达进步，政府对行业的管理范围越小，行业自治的程度越高。政府及其部门进一步转变职能，将适宜于行业协会行使的职能委托或转移给行业协会。在出台涉及行业发展的重大政策措施前，听取和征求有关行业协会的意见和建议。行业协会应在在深入开展行业调查研究的基础上，积极向政府及其部门反映行业、会员诉求，提出行业发展和立法等方面的意见和建议，积极参与相关法律法规、宏观调控和产业政策的研究、制定，参与制定修订行业标准和行业发展规划、行业准入条件，完善行业管理，促进行业发展。在发达国家，行业协会广泛地参与经济、政治、社会事务，使得政府的决策更具有代表性，决策失误的概率大大降低。更为重要的是，通过行业协会与政府的互动，可以提高公民参与的积极性，民众的民主意识大大提高。日本的做法值得我国借鉴。日本政府强调"政企合作、行政指导"，充分发挥企业在产业政策制定、实施过程中的能动性和创造性，作为企业代表的行业协会的意见和建议更是受到政府的关注。[1] 日本钢铁联盟通过向政府审议会派遣委员的方式，积极参与有关行业发展以及与行业利益相关的政府决策论证，提出有关经济政策和立法的建议，此举使其产业政策更易得到企业的贯彻执行。

---

[1]　参见叶卫平："产业结构调整的反垄断法思考"，载《法商研究》2010 年第 11 期，第 119—125 页。

其次，在政府的日常管理工作中，让行业协会参与政府部门组织的一些行业性的检查、认证、资质审查，以及市场秩序整顿。行政执法与行业自律相结合，是完善我国市场监管体制的重要内容。行业协会担负着实施行业自律的重要职责，围绕规范市场秩序，健全各项自律性管理制度，制定并组织实施行业职业道德准则，推动行业诚信建设，建立完善行业自律性管理约束机制，规范会员行为，协调会员关系，维护公平竞争的市场环境。引导行业协会建立行业争议处理机制，帮助调节会员之间、会员与非会员之间、会员与消费者之间的纠纷、不同行业之间的纠纷及国际贸易中产生的摩擦等，维护行业整体利益。

最后，确立政府向行业协会购买服务的新型合作模式。政府应当从过去对行业协会布置任务，转化为向行业协会购买服务，这是一种最新的合作趋势。在实践中，政府经常通过委托项目形式让行业协会对行业运行情况进行调查和统计、对行业发展规划草案进行起草等。行业协会过去都是以提供无偿服务为主，并未引入合同购买的方式，这对行业协会的工作积极性带来不利影响，也难以保证质量。逐渐推行政府有偿购买服务的新机制既可以促进行业协会的工作热情，也可以在很大程度上保证行业协会提供服务的质量，促进行业协会更有效地发挥自身的职能。

（三）加强对行业协会的监管

1. 监管的必要性

行业协会是同行业企业联盟的利益代表，以维护其全体会员的合法权益和增进其共同利益为宗旨，但它毕竟只代表和维护某些特殊群体的共同利益，此种对特定行业利益的维护相对于整个社会的公共利益来说具有私益性的特征。实践表明，行业协会导致反不正当竞争和反垄断的现象就极为普遍。[①] 行业协会常常对协会成员实行业务统一管理和不自觉地排斥非协会成员的经济活动，尤其在行业协会所在行业处于激烈的市场竞争的时候，就很容易把天然的协调能力转化为共谋的能力，组织协会成员实施限制竞争行为。随着我国产业化、社会化水平的提高，不仅市场主体，而且行业协会的规模也越来越大，竞争也越来越激烈。在现实生活中，我国行业协会组织或参与的限制竞争行为层出不穷，对竞争的限制与损害是非常明显的，规范行业协会的限制竞争行为已经迫在眉睫。[②] 需要由作为社会公共利益的主要代表者——政府把握全局、明确重点，对行业协会进行有效监管。政府监管行业协会，从社会结构与社会控制的角度来说，是社会自觉机构对社会自发结构的监督、管理。2007 年国务院办公厅发布的《国务院办公厅关于加快推进行业协会商会改革和发展的若干意见》中也明确规定要改革和完善监管方式，提出要加强分类管理、健全自律机制。[③]

2. 加强对行业协会的监管

加强对行业协会的监管，应当从以下两个方面完善：首先，全程监管。目前我国对行业协会的监督方式主要局限于年检，但由于相关法规对行业协会年检的可操作性没有立法规定，使得年检成为例行公事，行业协会填写表格后上交就事，并且法律对于违反年检制度的行业协会的法律责任和处罚也未作明确规定，所以对行业协会进行监督并未真正落到实处。全程监管对行业协会进行事前、

---

① 参见郭薇、秦浩："行业协会与政府合作治理市场的可能性及限度"，载《东北大学学报》（社会科学版）2013 年第 1 期，第 56—61 页。

② 参见孟雁北："反垄断法视野中的行业协会"，载《云南大学学报法学版》2004 年第 3 期，第 22—25 页。

③ 参见《国务院办公厅关于加快推进行业协会商会改革和发展的若干意见》（国办发〔2007〕36 号）。

事中和事后的全过程的监管。除了在其办理申请登记手续时，对其
必备资格与成立条件依法做好查证核实工作外，还要对其成立后的
各种活动、各种未经登记而以行业协会名义从事活动的各种组织主
动进行监管，将监管的着力点从重视突击性检查与事后惩办，转变
为事前防范和事中经常性监督。特别是对行业协会反竞争的行为进
行规制。目前我国对行业协会进行规制的主要法律依据是《反垄断
法》、《价格法》、《反不正当竞争法》和《招标投标法》等法律，其
中《反垄断法》是规制行业协会反竞争行为的主要依据。①

　　其次，完善预警机制。预警机制是政府监管行业协会的主要辅
助机制，其主要功能是充分发挥社会对行业协会违法行为的监督和
抵制作用，包括鼓励会员利用业内大会或其他途径揭露行业协会的
违规、违法行为；鼓励消费者对行业协会的市场行为进行监督，充
分发挥新闻媒体的监督作用。对通过各种途径反映出来的行业协会
活动的各种信息，进行研究、分析、评估，以便及时有效地防范和
控制行业协会可能酿成的各种社会问题，以及妨碍社会稳定与发展
的不良因素。

---

① 《反垄断法》第11条规定：行业协会应当加强行业自律，引导本行业的经营者
依法竞争，维护市场竞争秩序。第16条规定：行业协会不得组织本行业的经营者从事
本章禁止的垄断行为。第46条第3款规定：行业协会违反本法规定，组织本行业的经
营者达成垄断协议的，反垄断执法机构可以处50万元以下的罚款；情节严重的，社会
团体登记管理机关可以依法撤销登记。

第 八 章

制定《中华人民共和国钢铁
产业调整法》的立法构想

一、制定《中华人民共和国钢铁产业调整法》的必要性

（一）规范政府依法调控的必要

市场经济是法治经济，法制的健全对于减少政府不当干预，维护企业正常经营，保护企业合法财产，维护市场公平竞争环境和秩序具有重要意义。改革开放三十多年来，我国经济的快速发展离不开国家之手和市场之手的双重调控，同时也离不开产业政策和产业法的双向协调。我国产业法制建设的产生、发展是伴随着我国经济体制改革的深入而进行的。我国产业法制建设需要从我国的经济现状、产业现状、法制现状出发，立足实际，以科学发展观为指导，建立和完善适合中国国情的产业法。加强产业法制建设，对于处在产业转型升级阶段的中国是非常必要的。

现代产业调控是在法治化的前提下进行的政府经济管理行为，既要避免政府管理不到位，又要避免政府过度干预，政府应在尊重

市场规律基础上，在系统完善的法律框架下，对产业进行有效的调控，优化结构，促进其升级。产业调控作为一种政府经济行为，如果不受法治原则的制约，很难保证产业政策的公益性和效率性。打破产业政策制定、实施过程中既有利益分配格局，保证产业政策的科学性和合理性，提高产业政策的可预期程度，优化产业政策决策机制、评价机制并完善产业政策的程序性控制措施。

将政府的产业调控行为纳入法治轨道也是依法管理和法治国家的必然要求。

产业法作为国家调控产业经济的重要法律以及协调市场机制与政府行为的重要法律手段，在我国一直未受到应有的重视。钢铁产业的健康发展关系到整个国民经济的中长期目标，需要建立钢铁产业法律规制的长效机制，关键在于将市场的需求与法律的鼓励、引导与规范相结合，对政府的产业调控行为进行规范并提供法律保障。法律的强制性与稳定性不同于政策的宣示性和提倡性，建立"法律规范、政府引导、市场主导、企业自主"的系统体系，有利于促进我国钢铁产业向规模化、高端化、国际化和绿色化方向发展。

从实践层面来说，近些年来，为促进钢铁产业结构优化，政府出台了一系列政策法规。2005年国家发改委公布了《钢铁产业发展政策》，2006年出台了《关于加快推进产能过剩行业结构调整的通知》、《关于钢铁工业控制总量淘汰落后加快结构调整的通知》、2009年国务院公布了《钢铁产业调整和振兴规划》，2010年的《国务院办公厅关于进一步加大节能减排力度加快钢铁工业结构调整的若干意见》、2010年的《国务院关于促进企业兼并重组的意见》，2012年的《钢铁企业生产经营条件》等一系列政策法规。这些政策、法规的颁布，对推进钢铁产业健康发展、加快淘汰落后钢铁产能、推动产品结构优化升级、优化调整产业布局起到了一定的推动和引领作用，但实践证明总体效果并不佳。其重要原因是政策法规的可操作性不强，更没有相应的监管机制与责任，根本无法发挥有效规制的作用。此外，有些政策法规本身是应对金融危机的临时措施，是政府的短期行为，没有标本兼治和考虑产业的长远利益，效果可想而知。

相比而言，国外对钢铁产业的调控大多采用法律的形式。例如，韩国于1970年颁布了《钢铁工业育成法》，对韩国钢铁产业的快速发展有很大的推进和保障作用。日本钢铁产业政策的实施都伴随有一系列相关法律的出台，使日本成为钢铁强国。当前世界范围内的钢铁产业结构调整正在加速，为适应国际竞争的需要，加快我国钢铁产业结构的战略性调整，提高我国钢铁产业的国际竞争力，推进产业结构优化和升级是一项艰巨和复杂的系统工程，涉及多方面的利益主体，需要明确各方面主体的职责。需要及时进行产业结构调整立法，塑造有利于产业结构调整的环境。从可行性来说，国务院、发改委和工信部等部门已经出台和发布了几十个对钢铁产业调整的法规、规章和其他规范性文件，在对其成败得失总结经验教训的基础上，制定《中华人民共和国钢铁产业调整法》，为钢铁行业管理和产业发展提供法制保障。

（二）整合钢铁产业法规体系的必要

任何制度功能的有效发挥都是在制度系统结构中实现的，若没有制度整体结构，制度绩效无法发挥；如果制度结构不合理，制度绩效就低，制度成本就高。制度本身需要协调整合的制度结构，制度功能的发挥总是以整体制度协调及互相配合和促进为前提的。法律制度更是如此，它必须依靠其制度结构的整体性系统功能的发挥才会产生实效，否则，尽管存在大量的制度，由于缺少协调和整合，可能会相互冲突与对抗，达不到应有的效果。法律体系是法律制度结构的存在形态，法律"体系化"是形成法律制度协调链接的整合方式。

在我国钢铁产业法律领域，同样需要法律的"体系化"。钢铁产业立法应当按照系统化思路确定产业发展方向，促进法律、法规和规章之间保持良好的协调关系，防止互相冲突矛盾。现行钢铁相关法律规定大多体现在规章或规范性文件中，冲突矛盾多，各部门与地方各行其是，主要原因在于"群龙无首"，缺少一部位阶高的权威性的基本法律法规对其予以整合和体系化。我国钢铁产业发展实践中的法律需求与法律供给仍然有较大的差距，为弥补现行法规体系的结构性缺陷和缺少统一的理念基础和制度框架，亟待国家制定统一的《钢铁产业调整法》推进和保障钢铁产业结构优化和产业升级，促进钢铁产业健康、协调和可持续发展。

二、《中华人民共和国钢铁产业调整法》的立法宗旨与基本原则

（一）《中华人民共和国钢铁产业调整法》的立法宗旨

立法宗旨具有导向性，为实体和程序规则的制定和实施提供价值基础。《中华人民共和国钢铁产业调整法》的立法宗旨主要体现在以下几个方面：

首先，保障钢铁产业安全。钢铁产业最基本的原材料铁矿石受制于人，是我国钢铁产业安全的最大隐患，一旦失去了可靠稳定的铁矿石供应，整个钢铁产业就会陷于瘫痪。确保钢铁产业的安全是《中华人民共和国钢铁产业调整法》的首要宗旨。

其次，促进钢铁产业结构的优化。随着我国工业化的深化，钢铁产业应与时俱进，不断进行结构优化和转型升级，以满足国民经济发展中对钢铁产品和服务的日益提高的需求。钢铁产业结构优化具体包括产品结构优化、产业技术结构优化、产业组织优化、产业

布局优化等几个方面。其中产品结构优化处于关键地位。产品结构优化要求提供高技术含量、高附加值的产品。在产业组织优化方面，按照市场化运作、政府引导的原则，支持优势大型钢铁企业开展跨地区、跨所有制兼并重组。引导钢铁企业兼并重组发挥协同效应，提高产业集中度，发挥规模效应。产业布局优化方面，在统筹考虑市场需求、交通运输、环境容量的基础上，继续推进东南沿海钢铁基地建设，改变东南沿海钢材供需矛盾。

最后，以提高我国钢铁产业的国际竞争力为宗旨，引导钢铁企业走集约型发展的道路，加快高附加值的钢铁产业群建设，增强钢铁产业的国际竞争力。

（二）《中华人民共和国钢铁产业调整法》的基本原则

首先，坚持市场调节与宏观调控相结合的原则。在制定相关法律政策时要坚持发挥市场机制和政府调控"双轮驱动"的原则。发挥市场配置资源的基础性作用，加强政府的宏观引导和平衡协调的作用。政府既不能缺位，也不能越位。政府不能随意干预市场，凡是市场能做得更好的，政府应让位于市场。政府的调控应在尊重市场规律的基础上，结合我国国民经济对钢铁产业的需求趋势和钢铁产业结构变化的特点，重点解决关系钢铁产业全局的重大问题。

其次，坚持统筹规划、协调发展的原则。统筹国内外两个市场、两种资源；国民经济作为一个有机的整体，各产业之间是相互联系、相互制约、相互促进的关系，因此钢铁产业规划应与国民经济与社会发展规划相协调；协调财税、金融、环保等政策与钢铁产业政策的衔接。

最后，合法、合理和效率原则。合法是指一切产业调节活动都必须于法有据，依法调控，公平地对待一切市场主体，避免主观随意性；合理是指政府对钢铁产业的调控应建立在尊重客观经济规律的基础上，力求客观、适度，避免全国大炼钢铁的"大跃进"式的情形再次出现；效率原则要求政府克服官僚作风，提高产业调控效率，面对瞬息万变的国内外钢铁产业的发展形势，及时收集信息，作出科学决策，有效解决钢铁产业发展过程的失衡与矛盾。

三、《中华人民共和国钢铁产业调整法》主要法律制度

在国外钢铁产业的立法实践中，具体制度多种多样，各国结合自己的产业和市场状况往往会作出不同的设计。根据我国钢铁产业面临的困境及未来的发展方向，主要应配置如下制度：

（一）钢铁产业规划制度

产业规划制度是产业法的基本制度，也是政府规制产业的主要工具之一。产业规划是指政府产业规制部门依法对特定产业的发展目标、方向、措施等内容进行部署的活动。根据国务院 2005 年发布的《关于加强国民经济和社会发展规划编制工作的若干意见》，我国建立"三级三类"规划管理体系。"三级"是指中央级、省级、市县级共三级规划，"三类"是指总体、专项和区域共三类规划。

产业规划一般属于专项规划，总体、区域规划中一般也含有产业规划内容。

钢铁产业规划是指规划部门在科学发展观的指导下，面对国际钢铁产业结构加速调整的形势和更加开放的市场环境，根据走新型工业化道路的原则，结合我国工业化、城镇化的历史进程和钢铁产业发展现状、问题和特征，提出钢铁产业长远发展方针、目标、布局和主要任务。通过钢铁产业规划制度，鼓励增加高附加值短缺钢材的供给能力，限制发展能力已经过剩、质量低劣、污染严重的钢材品种，降低资源消耗，实现清洁化生产，引导产业结构调整和升级，利用好国内外两种资源，提高我国钢铁产业在国内外市场的整

体竞争力。钢铁产业规划应与国家产业结构调整的总体要求以及与经济、社会、资源、环境相协调。产业规划合理化重要的标志是能否取得最佳的综合经济效益，在资源有限的条件下，能否合理利用人、财、物等资源，促使产业健康发展。

（二）产业损害预警制度

产业损害预警制度是预防国内钢铁产业受到国外钢材产品不正当冲击的一种保障机制，是国家采取相应保障措施的合法依据。产业损害预警机制在国外发达国家十分盛行，并取得了显著效果，比较著名的有欧盟建立的"进口监测快速反应机制"。欧盟在积极鼓励成员国出口的同时，利用各种手段限制进口对于欧盟的冲击，如对个别敏感商品进行反倾销和反补贴立案，设立卫生、技术和环保系列条款来限制欧盟以外国家商品的进入，建立进口监测和预警系统等。欧盟的进口监测预警系统多个行业，包括产业损害预警和产品风险预警。美国的产业损害预警分析主要由商务部所属的国际贸易署（ITA）负责。早在1998年，为避免金融危机可能带来的不利影响，美国商务部就建立了"扣动扳机机制"，主要目的是进行进口监测，紧密跟踪主要的进口敏感的部门，如钢铁、半导体、纺织和化学等行业的进口数量和价格，使国际贸易署能够对潜在的进口激增形成快速的反应。在预警体系中，钢铁行业的"进口监测和分析系统（SIMA）"最为典型。

钢铁进口监测的预警系统主要是对敏感产品进口趋势、贸易伙伴是否遵守WTO规则和协议进行监测，并提供用于预警分析的初步的钢铁进口统计数据。国际贸易署对钢铁进口数据进行预警分析，并作为行业决策的基础。为确保"进口监测和分析系统"的继续实施，美国于2005年3月又制定了该预警系统的过渡规则，对相关规定和措施进行了调整；印度建立了"进口监测系统"等。印度的进口监测由保障措施局局长办公室负责，进口监测机制主要是监测进口到印度的产品的数量，确定产品进入印度的进口数量增加情况。如果产品进口数量的增加，对国内产业造成了严重损害或严重损害威胁，由保障措施局局长向中央政府递交临时的或其他有关来自于某特定国家的进口产品给印度国内产业造成"严重损害"或"严重损害威胁"的调查报告，建议征收保障措施税的数额。产业安全预警监测工作是有效运用反倾销、反补贴、保障措施手段的基础性和预防性工作，已成为维护产业安全重要措施。

完善我国钢铁产业损害预警制度，目的是建立起相对完善、反应快速、高效实用的预警体系，及时发布预警信息，加强对企业反倾销等工作的指导。同时，对阻碍出口的因素及时预警，主要表现为对反倾销、反补贴开展预先研究和宏观指导，防患于未然，在产业可能受到损害时提出前瞻性的警示；对境外针对我国产品提出反倾销、反补贴调查时作出快速反应，提出对策，积极组织应诉；对境外钢材产品的倾销、补贴等不正当竞争行为及时监测，及时提起申诉；在国内钢铁产业受到严重损害或损害威胁时，及时提请国家产业损害调查局调查，快速作出保障措施等反应。

根据世贸组织的基本原则及通行的国际贸易惯例，建立由政府部门、钢铁行业协会和钢铁企业三方协作的产业损害预警体系，其中政府产业损害监控预警系统是核心，由其向钢铁行业协会和钢铁企业收集和分析各种相关信息，三者联合进行系统数据处理和分析，对产业损害预警提供意见。关键是对重点、敏感的钢材产品进出口数量、价格以及国内同类产品生产经营情况等重要参数变化的监测，分析其对国内钢铁产业的影响，发布钢铁产业受到实质性损害、实质性损害威胁或阻碍产业建立的预警信息，从而为及时、有效地提起反补贴、反倾销、保障措施调查提供信息资料和依据，使国内钢铁产业损害程度能够依据一系列指标得以迅速反映，钢铁产业界可及时抓住有利时机提起反倾销调查申请，国家调查机关也可以迅速立案并及时展开调查工作，确保我国钢铁产业的安全发展。

（三）产能利用情况监测制度

完善的产能监测系统，是政府对钢铁产业进行有效调控的基础。目前，我国在钢铁产能利用的统计与监测领域问题较多，远远不能满足宏观调控的需要，主要问题一是现有的数据覆盖面不够，无法对产能利用问题进行系统的指数化研究；二是仅对部分产品的生产能力进行统计，无法据此评价全行业的产能利用状况；三是时效性差，尚未建立定期的月度产能利用状况信息发布制度，微观主体无法据此进行有效的市场预期并调整投资行为；四是缺乏完善的产能监测系统，导致宏观调控较为粗放，更多地依赖经验判断。这也是政府越调控，产能越过剩的原因之一。

国际上产能监测系统最为先进的是美国，其产能监测是以美联储为主导，各部门充分协作。美国的产能监测系统在以下几个方面值得借鉴：首先，频率高，每月公布一次，有助于及时把握最新变化；其次，既有整个工业的生产能力利用率，也有多达三十六类行业的监测数据，有助于宏观调控对症下药；最后，有较长的时间序列监测数据，前后数据基本保持了可比性，为宏观调控政策的及时调整提供了依据。日本也有较为成熟完善的钢铁产能利用情况监测统计体系，为政府相关产业政策的制定及钢铁企业的投资决策提供了有价值的信息服务。

建立和完善钢铁产业产能利用情况监测制度，建立部门联合发布信息制度，适时向社会发布产业政策导向及项目核准、生产销售库存、产能利用、淘汰落后、企业重组、污染排放、银行贷款情况等信息，加强信息共享，为企业投资决策、银行贷款、土地预审等提供信息指导。建立全国统一的投资项目信息库[①]，涵盖现有生产企业在建项目和已核准或备案项目的动态情况，充分发挥信息化在市场监管中的作用，通过建设项目信息公开和服务，并与国土、环保、金融等信息系统互联互通，形成协同监管机制。完善的产能利用信息对政府和企业具有重要意义。一方面，为政府制定钢铁产业相关法律政策提供可靠数据支撑，增加钢铁产业法律政策的科学性，同时也对提高政府监管的效果有积极的促进作用；另一方面，引导地方政府和企业理性投资。钢铁行业一般投资规模大、周期长，全面准确和及时的市场信息对正确的投资决策具有重要参考作用。

（四）钢铁产业结构优化制度

我国钢铁产业已完成了量的扩张的任务，结构优化和产业升级是钢铁产业面临的重要任务之一。钢铁产业的进一步深化发展，生产率和经济效益的提高，取决于产业结构的优化。针对我国钢铁产业结构存在的生产布局不合理，钢铁企业分布较分散，产业集中度低，产品结构不合理，高附加值产品偏少，技术创新能力不强等问题，我国钢铁产业应在可持续发展理念的指导下，以产业结构优化为主线，将控制钢铁落后产能、优化布局、联合重组、科技进步、清洁生产、节能减排作为转变钢铁产业发展方式的突破口，提升产业素质，走科技含量高、环境友好、资源消耗低、经济效益好、国际竞争力强的新型钢铁工业发展道路。

（五）规范钢铁企业生产经营制度

规范钢铁企业生产经营制度属于产业经营制度的重要组成部分。产业经营是指企业组织按照法律规定的条件和程序从事生产经营，

---

① 国务院 2013 年 10 月 6 日公布的《国务院关于化解产能严重过剩矛盾的指导意见》（国发〔2013〕41 号）中提出要率先建立钢铁、电解铝等产能严重过剩行业项目信息库。

为社会提供符合需求的商品。政府通过制定经营规则，对产业进行专业化管理，确保产品符合经济、社会与生态效益。政府对产业经营的管理主要通过标准得以实现。规范钢铁企业生产经营制度主要规定钢铁行业生产经营必须达到的基本条件和标准，旨在改变部分钢铁企业产品质量低下，污染严重、能耗高的现状。根据我国钢铁工业目前发展水平，钢铁行业生产经营必须在能源消耗和资源综合利用、产品质量、环境保护、工艺与装备、生产规模、安全与卫生和社会责任等方面达到国家规定的基本标准。

钢铁企业应按基本条件和标准向工业和信息化部提出申请，工业和信息化部收到申请后，对申请材料组织审查并提出审查意见，对符合规范条件的企业进行公示，无异议后予以公告。对不具备规范条件的钢铁企业，需按照规范条件要求进行整改，整改后仍达不到要求的企业应逐步退出钢铁生产。对不符合规范条件的企业，有关部门不予核准或备案新的项目、不予配置新的矿山资源和土地、不予新发放产品生产许可证、不予提供信贷支持。对于已公告符合生产经营规范条件的钢铁企业，也并非一劳永逸，应实行动态管理，工信部发现已公告企业有下列情况，将撤销其公告资格：填报相关资料有弄虚作假行为的；拒绝接受监督检查的；不能保持规范条件的；未按要求淘汰落后产能的；发生重大责任事故、造成严重社会影响的。

工业和信息化部于 2010 年制定了《钢铁行业生产经营规范条件》，2012 年予以修订，是对现有钢铁企业全部存量产能开展行业管理的新举措，对改变目前我国钢铁工业发展模式，引导产业健康发展，节能降耗、治污减排，促进淘汰落后、推动兼并重组具有重要的现实意义。《钢铁行业生产经营规范条件》是对钢铁行业全方位管理的部门规章，其位阶较低，在《中华人民共和国钢铁产业调整法》

中设专章对《钢铁行业生产经营规范条件》中被实践证明是行之有效地制度予以肯定，以期更有效的在钢铁行业贯彻实行。

（六）监督检查与法律责任制度

为了确保前述制度得到遵守和执行，《中华人民共和国钢铁产业调整法》规定了监督检查与法律责任制度。钢铁管理部门的监督检查人员进行监督检查时，有权向钢铁企业或者用户了解有关执行法律、法规的情况，查阅有关资料，并有权进入现场进行检查。钢铁企业和用户对依法执行监督检查任务的钢铁管理部门的监督检查人员应当提供方便。钢铁管理部门的监督检查人员对钢铁企业违反法律、法规的行为，有权要求其依法改正。《中华人民共和国钢铁产业调整法》针对违法行为规定相应的法律责任。责任种类包括责令停止违法行为、责令改正、罚款、没收违法所得等行政责任以及刑事责任。

结束语

改革开放以来，我国钢铁产业得到快速发展，已成为钢铁大国，但还不是钢铁强国。其中存在诸多突出问题，如钢铁产业总量产能过剩且结构失衡；产业集中度低，铁矿石资源控制力弱；产业布局不合理，运输成本高；创新能力不强，技术效率低；污染严重，高能耗、高污染、高排放；国际竞争力低，国际贸易摩擦多等。我国钢铁产业陷入困境原因是多方面的。

从体制的视角而言，主要存在三个方面的体制性障碍：在政府与市场的关系中，政府越位与缺位并存；在中央与地方的关系中，地方利益与中央目标冲突，地方事权与财权的不匹配加之不合理的政绩考核指标体系导致"上有政策，下有对策"的现象严重；在政府规制和社会规制的关系中，行业协会的独立性不强，政府和钢铁行业协会未能建立良好的合作互动机制，行业协会未能发挥应有的桥梁和服务作用，还存在政府对行业协会监管不力的问题。根据国钢铁产业存在的问题、国民经济发展对钢铁产业的需要以及国外钢铁产业政策实践的启示，我国钢铁产业法规制应当确立产业安全、产业结构优化、节能减排和保护生态环境、提高国际竞争力等政策目标，为实现上述目标：

首先，应当合理界定政府与市场的关系；政府在尊重市场规律的基础上，构建整体系统的钢铁产业规制框架，从"道、势、术"三个方面进行系统治理。加强政府对海外铁矿石投资的监管与服务，加强节能减排的激励与约束机制和完善钢铁产业技术政策体系，根据钢铁产业自身及国民经济发展变化与市场调节动态平衡。

其次，理顺中央政府和地方政府的关系；深化财税体制改革，保障地方政府的财权和事权相匹配。改革以 GDP 为主的政府官员的考核标准，需要深化行政体制改革，积极转变政府经济职能，完善对地方政府的政绩考核标准和地方领导干部考核任用制度，引导地方政府功能角色的重新定位和优化地方政府经济行为，从根源上消除地方政府干预钢铁产业的冲动。

最后，重构政府与行业协会的关系。在增强行业协会独立性的基础上，充分发挥钢铁行业协会沟通政府与钢铁企业的桥梁作用，做好行业自律工作，发挥为会员企业提供良好服务的功能，构建政府与钢铁行业协会的新型合作关系。除加强合作外，政府也应加强对行业协会的监督管理，防止行业协会为自身或个别会员利益而发生异化现象。政府应在充分保障钢铁行业协会独立性的前提下，避免过度干涉和疏于管理两种极端，引导其成为促进钢铁产业健康发展的重要社会规制力量。

钢铁产业的健康发展，需要建立保障政府、市场、社会相互协调的长效机制，而任何长效机制的形成和运行，都必须以与法律机制一体化为前提。为此，应当健全钢铁产业立法。鉴于现行钢铁产业立法存在理念不统一，制度体系不完整，低位阶规范性文件较多，政出多门，内容冲突等缺陷，需要制定《中华人民共和国钢铁产业调整法》，作为完善钢铁产业立法的统领。在该法律中，应当明确产业安全、产业结构优化和提高国际竞争力等立法宗旨和坚持市场调节与宏观调控相结合、坚持统筹规划、协调发展和合法、合理和效率等基本原则，并确立钢铁产业安全与预警、钢铁产业规划、钢铁产业结构优化等基本制度，以此为健全我国钢铁产业法律体系奠定法律基础。

由于受本人水平和篇幅的限制，对我国钢铁产业法规制的问题只是作出总体的框架式研究，有待在本书的基础上作后续的进一步研究。

参考文献

一、中文文献

（一）著作类

1. 陈小洪、金忠义著：《企业市场关系分析——产业组织理论及其应用》，科学技术出版社 1990 年版。

2. 曹建海著：《过度竞争论》，中国人民大学出版社 2000 年版。

3. 陈淮著：《日本产业政策研究》，中国政法大学出版社 1991 年版。

4. 陈清泰主编：《商会发展与制度规范》，中国经济出版社 1995 年版。

5. 陈富良著：《放松规制与强化规制》，上海三联书店 2001 年版。

6. 陈立敏著：《中国制造业国际竞争力评价方法与提升策略》，武汉大学出版社 2008 年版。

7. 崔树军著：《钢铁产业循环经济发展评价与模式研究——以河北省为例》，知识产权出版社 2009 年版。

8. 陈瑾玫著：《中国产业政策效应研究》，北京师范大学出版社 2011 年版。

9. 陈佳贵著：《宏观调控、经济发展与深化改革》，中国社会科学出版社 2013 年版。

10. 国家计委编：《宏观经济调控》，中国计划出版社 1995 年版。

11. 丁敬平著：《产业组织与政府政策》，经济管理出版社 1991 年版。

12. 董进宇著：《宏观调控法学》，吉林大学出版社1999年版。

13. 党耀国著：《区域产业结构优化理论与实践》，科学出版社2008年版。

14. 窦彬主编：《钢铁行业投资过度、产能过剩原因及对策》，经济科学出版社2009年版。

15. 杜春丽著：《基于循环经济的中国钢铁产业生态效率评价》，水利水电出版社2010年版。

16. 窦彬著：《动态竞争与产业内部结构的关系研究——以中国钢铁行业为例》，经济科学出版社2012年版。

17. 邓炜著：《区域经济一体化的产业区位效应分析》，知识产权出版社2012年版。

18. 邓英淘著：《新发展方式与中国的未来》，上海人民出版社2013年版。

19. 冯宪芬著：《社会公共利益的经济法保障研究》，西安交通大学出版社2011年版。

20. 冯辉著：《论"经济国家"——以经济法学为语境的研究》，中国政法大学出版社2011年版。

21. 冯刚主编：《经济发展风险与维护产业安全》，中央编译出版社2012年版。

22. 方孺康、孙辰编著：《钢铁产业与循环经济》，中国轻工业出版社2009年版。

23. 傅勇编：《中国式分权与地方政府行为：探寻转变发展模式的制度性框架》，复旦大学出版社2010年版。

24. 冯俊新著：《经济发展与空间布局：城市化、经济集聚和地区差距》，中国人民大学出版社2012年版。

25. 国家经贸委产业政策司：《中国行业协会改革与探索》，中国商业出版社1999年版。

26. 干春晖著：《并购经济学》，清华大学出版社 2004 年版。

27. 龚仰军、应勤俭著：《产业结构与产业政策》，立信会计出版社 1999 年版。

28. 郭茜琪著：《制度视角——从产业同构走向产业分工》，中国财政经济出版社 2008 年版。

29. 管斌著：《混沌与秩序——市场化政府经济行为的中国式建构》，北京大学出版社 2010 年版。

30. 国务院发展研究中心产业经济研究部课题组著：《中国产业振兴与转型升级》，中国发展出版社 2010 年版。

31. 工业和信息化部产业政策司、中国社会科学院工业经济研究所著：《中国产业发展和产业政策报告》，中信出版社 2011 年版。

32. 工业和信息化部原材料工业司、冶金工业信息标准研究院、世界金属导报社编：《钢铁产业发展报告 2012》，化学工业出版社 2012 年版。

33. 何诚颖著：《中国产业结构理论和政策研究》，中国财政经济出版社 1997 年版。

34. 胡书东著：《经济发展中的中央与地方关系——中国财政制度变迁研究》，上海人民出版社 2001 年版。

35. 何维达、宋胜洲著：《开放条件下的产业安全与政府规制》，江西人民出版社 2003 年版。

36. 黄淑和著：《中国行业分析报告（2005）：钢铁工业》，中国经济出版社 2005 年版。

37. 黄贤金主编：《循环经济：产业模式与政策体系》，南京大学出版社 2004 年版。

38. 韩小威著：《经济全球化背景下中国产业政策有效性问题研究》，中国经济出版社 2008 年版。

39. 胡元聪著：《外部性问题解决的经济法进路研究》，法律出版社 2010 年版。

40. 红光著：《日本钢铁产业低碳化发展研究》，人民出版社 2013 年版。

41. 黄亮著：《中央宏观调控权力配置研究》，法律出版社 2012 年版。

42. 江小涓著：《经济转轨时期的产业政策——对中国经验的实证分析与前景展望》，上海人民出版社 1996 年版。

43. 金晓晨著：《商会与行业协会法律制度研究》，气象出版社 2003 年版。

44. 蒋昭侠著：《产业结构问题研究》，中国经济出版社 2005 年版。

45. 姜昕、杨临宏主编：《产业政策法》，中国社会科学出版社 2008 年版。

46. 蒋昭侠著：《产业组织问题研究——理论政策实践》，中国经济出版社 2007 年版。

47. 科学技术部专题研究组编：《我国产业自主创新能力调研报告》，科学出版社 2006 年版。

48. 贾西津、沈恒超、胡文安著：《转型时期的行业协会——角色、功能与管理体制》，社会科学文献出版社 2004 年版。

49. 李时岳、胡滨著：《从闭关到开放——晚清"洋务"热透视》，人民出版社 1988 年版。

50. 刘鹤、杨伟民著：《中国的产业政策——理念与实践》，中国经济出版社 1999 年版。

51. 卢炯星著：《宏观经济法》，厦门大学出版社 2000 年版。

52. 鲁篱著：《行业协会经济自治权研究》，法律出版社 2003 年版。

53. 林毅夫著：《自生能力，经济发展与转型》，北京大学出版社

2004 年版。

54. 刘吉发主编：《产业政策学》，经济管理出版社 2004 年版。

55. 李华等著：《产业结构优化与国有经济战略性调整：模型分析及政策研究》，中国经济出版社 2005 年版。

56. 李江涛著：《产能过剩——问题、理论及治理机制》，中国财经出版社 2005 年版。

57. 刘瑞复著：《企业法学通论》，北京大学出版社 2005 年版。

58. 刘铁南著：《钢铁产业发展政策指南》，经济科学出版社 2005 年版。

59. 陆铭、陈钊著：《中国区域经济发展中的市场整合与工业集聚》，上海人民出版社 2006 年版。

60. 李江涛著：《产能过剩：问题、理论及治理机制》，中国财经出版社 2006 年版。

61. 李凯、韩爽等著：《钢铁工业发展前景研究报告》，经济科学出版社 2007 年版。

62. 李国本著：《中国经济法基本理论与基本制度研究》，中国社会出版社 2007 年版。

63. 刘瑞复主编：《经济法学原理》（第三版），北京大学出版社 2008 年版。

64. 卢炯星著：《产业调节法理论创新与实务研究》，厦门大学出版社 2011 年版。

65. 刘桂清著：《反垄断法中的产业政策与竞争政策》，北京大学出版社 2010 年版。

66. 史际春著：《探究经济与法互动的真谛》，法律出版社 2002 年版。

67. 李孟刚主编：《中国产业安全报告》，社会科学文献出版社 2011 年版。

68. 李传轩著：《生态经济法：理念革命与制度创新》，知识产权出版社 2012 年版。

69. 李小霞著：《国际投资法中的根本安全利益例外条款研究》，法律出版社 2012 年版。

70. 马晓河等著：《中国产业结构变动与产业政策演变》，中国计划出版社 2009 年版。

71. 马子红著：《中国区际产业转移与地方政府的政策选择》，人民出版社 2009 年版。

72. 马建堂著：《结构与行为：中国产业组织研究》，中国人民大学出版社 1993 年版。

73. 苗淼、田艳芬著：《基于地方政府支出的区域经济增长研究》，吉林大学出版社 2011 年版。

74. 茅芜著：《金刚涅槃——中国钢铁经济透视》，华中科技大学出版社 2012 年版。

75. 欧阳日辉著：《宏观调控中的中央与地方关系》，中国财政经济出版社 2008 年版。

76. 漆彤著：《跨国并购的法律规制》，武汉大学出版社 2006 年版。

77. 漆多俊主编：《经济法学》，高等教育出版社 2007 年版。

78. 孙毓棠编：《中国近代工业史资料》第一辑（上），科学出版社 1957 年版。

79. 史际春著：《国有企业法论》，中国法制出版社 1997 年版。

80. 史际春等著：《反垄断法的理解与适用》，中国法制出版社 2007 年版。

81. 史际春、邓峰著：《经济法总论》（第二版），法律出版社 2008 年版。

82. 史言信著：《新型工业化道路，产业结构调整与升级》，中国社会科学出版社 2006 年版。

83. 宋彪著：《分权与政府合作——基于决策制度的研究》，中国人民大学出版社 2009 年版。

84. 孙彦红著：《欧盟产业政策研究》，社会科学文献出版社 2012 年版。

85. 苏剑著：《内外失衡下的中国宏观调控》，北京大学出版社 2012 年版。

86. 孙浩康著：《中国区域政策法制化研究》，华夏出版社 2013 年版。

87. 童之伟著：《国家结构形式论》，武汉大学出版社 1997 年版。

88. 田穗生等编著：《地方政府学》，中国地质大学出版社 2001 年版。

89. 田银华主编：《产业规制与产业政策理论》，经济管理出版社 2008 年版。

90. 田玉红著：《WTO 框架下中国贸易政策与产业政策的协调》，人民出版社 2009 年版。

91. 唐晓华、苏梅梅著：《产业过度竞争测度及聚类分析》，中国工业经济出版社 2003 年版。

92. 谭英平著：《中国钢铁工业国际竞争力研究》，中国标准出版社 2007 年版。

93. 汪同三、齐建国著：《产业政策与经济增长》，社会科学文献出版社 1996 年版。

94. 魏后凯著：《从重复建设走向有序竞争》，人民出版社 2001 年版。

95. 王名、刘国翰、何建宇著：《中国社团改革——从政府选择到社会选择》，社会科学文献出版社 2001 年版。

96. W. T. 霍根著：《21 世纪的钢铁工业竞争重塑世界钢铁工业新

秩序》，冶金工业出版社 2002 年版。

97. 王全兴著：《经济法基础理论专题研究》，中国检察出版社 2002 年版。

98. 魏后凯著：《市场竞争、经济绩效与产业集中》，经济管理出版社 2003 年版。

99. 吴柏均、钱世超著：《政府主导下的区域经济发展》，华东理工大学出版社 2006 年版。

100. 吴宏伟主编：《经济法》，中国人民大学出版社 2007 年版。

101. 吴越著：《经济宪法学导论——转型中国经济权利与权力之博弈》，法律出版社 2007 年版。

102. 王俊豪主编：《反垄断与政府管制：理论与政策》，经济管理出版社 2009 年版。

103. 王伟光著：《自主创新、产业发展与公共政策——基于政府作用的一种视角》，经济管理出版社 2006 年版。

104. 王晓晔著：《经济法学》，社会科学文献出版社 2010 年版。

105. 王欣新主编：《企业和公司法学》（第二版），中国人民大学出版社 2010 年版。

106. 汪伟全著：《区域经济圈内地方利益冲突与协调》，上海人民出版社 2011 年版。

107. 文学国、孟雁北、高重迎著：《反垄断法执行制度研究》，中国社会科学出版社 2011 年版。

108. 王欣新主编：《公司法》（第 2 版），中国人民大学出版社 2012 年版。

109. 王晓晔著：《竞争执法能力建设》，社会科学文献出版社 2012 年版。

110. 王可山、白成太著：《中国钢铁行业产业集中度研究》，中国财富出版社 2013 年版。

111. 王斐民著：《反垄断法视野中的中国产业政策法》，法律出版社 2013 年版。

112. 夏大慰、史东辉著：《产业政策论》，复旦大学出版社 1995 年版。

113. 熊文钊著：《大国地方——中国中央与地方关系宪政研究》，北京大学出版社 2005 年版。

114. 徐涛著：《大企业与区域经济发展》，武汉大学出版社 2007 年版。

115. 肖国安主编：《区域与行业产业政策》，经济管理出版社 2008 年版。

116. 徐孟洲著：《耦合经济法论》，中国人民大学出版社 2010 年版。

117. 谢显弟主编：《区域竞争与地方经济政策》，四川大学出版社 2012 年版。

118. 肖明辉著：《和谐经济宏观调控论》，中国社会科学出版社 2012 年版。

119. 杨沐著：《产业政策研究》，上海三联书店 1989 年版。

120. 杨治著：《产业政策与结构优化》，新华出版社 1999 年版。

121. 余晖著：《行业协会及其在中国的发展：理论及案例》，经济管理出版社 2002 年版。

122. 于雷著：《市场规制法律问题研究》，北京大学出版社 2003 年版。

123. 杨伟民主编：《中国可持续发展的产业政策研究》，中国物价出版社 2004 年版。

124. 原毅军、董琨著：《产业结构的变动与优化：理论解释和定量分析》，大连理工大学出版社 2008 年版。

125. 姚昊著：《生态文明理念下的产业结构优化——以贵州为

例》，经济科学出版社 2010 年版。

126. 于淑艳著：《产业结构调整与区域经济发展研究——以辽宁为例》，经济科学出版社 2012 年版。

127. 姚德文著：《产业结构优化升级的制度分析——以上海为例》，经济科学出版社 2012 年版。

128. 周振华著：《产业政策的经济理论系统分析》，中国人民大学出版社 1991 年版。

129. 郑永年、吴光国著：《论中央—地方关系：中国制度转型中的一个轴心问题》，牛津大学出版社 1995 年版。

130. 翟鸿祥著：《行业协会发展理论与实践》，经济科学出版社 2003 年版。

131. 中国钢铁工业协会著：《中国钢铁工业改革开放 30 年》，冶金工业出版社 2008 年版。

132. 周叔莲、杨沐主编：《国外产业政策研究》，经济管理出版社 1988 年版。

133. 植草益著：《微观规制经济学》，中国发展出版社 1992 年版。

134. 张守文、于雷著：《市场经济与经济法》，北京大学出版社 1993 年版。

135. 中国钢铁工业五十年编辑委员会主编：《中国钢铁工业五十年》，冶金工业出版社 1999 年版。

136. 赵英著：《超越危机——国家经济安全的监测预警》，福建人民出版社 1999 年版。

137. 《中国钢铁工业五十年数字汇编》编辑委员会编：《中国钢铁工业五十年数字汇编》，冶金工业出版社 2001 年版。

138. 张守文著：《经济法理论的重构》，人民出版社 2004 年版。

139. 中国法制出版社编：《经济法论文选萃》，中国法制出版社 2004 年版。

140. 中国钢铁业协会著：《中国行业分析报告——钢铁工业》，中国经济出版社 2005 年版。

141. 张曙光：《"铁本事件"谁是主谋？市场未热地方政府先热》，社会科学文献出版社 2005 年版。

142. 张雪楳著：《产业结构法研究》，中国人民大学出版社 2005 年版。

143. 喆儒著：《产业升级：开放条件下中国的政策选择》，中国经济出版社 2006 年版。

144. 周叔莲等主编：《中国产业政策研究》，经济管理出版社 2007 年版。

145. 张军扩、侯永志主编：《协调区域发展：30 年区域政策与发展回顾》，中国发展出版社 2008 年版。

146. 张世明著：《经济法学理论演变研究》，中国民主法制出版社 2009 年版。

147. 种明钊主编：《国家干预法治化研究》，法律出版社 2009 年版。

148. 张卫华主编：《市场规制与宏观调控法律热点问题研究》，中国人民公安大学出版社 2009 年版。

149. 张五常著：《中国的经济制度》，中信出版社 2009 年版。

150. 张平、王树华主编：《产业结构理论与政策》，武汉大学出版社 2009 年版。

151. 张泽一著：《产业政策与产业竞争力研究》，冶金工业出版社 2009 年版。

152. 赵大平著：《政府激励、高科技企业创新与产业结构调整》，中国经济出版社 2012 年版。

153. 郑鹏程著：《对政府规制的规制：市场统一法律制度研究》，法律出版社 2012 年版。

154. 钟刚著：《反垄断法豁免制度研究》，北京大学出版社 2010 年版。

155. 张玉柱、胡长庆、李建新著：《钢铁产业节能减排技术路线图》，冶金工业出版社 2011 年版。

156. 赵英主编：《中国产业政策变动趋势实证研究（2000—2010）》，经济管理出版社 2012 年版。

157. 张雪樵著：《经济行政权的法律监督——利益衡平的视角》，北京大学出版社 2012 年版。

158. 赵嘉辉著：《产业政策的理论分析和效应评价》，中国经济出版社 2013 年版。

159. 张守文主编：《经济法研究》（第 12 卷），北京大学出版社 2013 年版。

（二）论文类

1. 安丽玲："2006 年主要钢铁产品进出口形势分析"，载《中国钢铁业》2007 年第 1 期。

2. 白丙中："日本、美国高新技术发展简况及其钢铁工业产品结构的调整"，载《鞍钢技术》1992 年第 3 期。

3. 宾雪花："当前中国产业政策法与反垄断法的冲突、调和"，载《湘潭大学学报》（哲学社会科学版）2011 年第 11 期。

4. 陈凌："英国钢铁协会及主要工作简介"，载《冶金管理》2000 年第 2 期。

5. 陈继东："WTO 相关基本规则对印度钢铁工业发展的影响"，载《南亚研究季刊》2001 年第 3 期。

6. 陈凌："钢铁产业政策问题再认识"，载《冶金管理》2004 年第 1 期。

7. 陈汉欣："新世纪我国钢铁工业的发展与布局及其愿景"，载《经济地理》2006 年第 1 期。

8. 成华："钢铁产业发展政策及其约束力探讨"，载《河南冶金》2006 年第 5 期。

9. 才森、张晓焱："日本钢铁产业政策研究分析"，载《财经界》2007 年第 7 期。

10. 陈路、邓宏武："行业协会发展的中国视角：发展模式及与政府的关系"，载《科教文汇》2009 年第 8 期。

11. 陈子琦："钢铁产业：标本兼治破困境"，载《中国科技投资》2009 年第 4 期。

12. 陈中涛："标本兼治振兴钢铁"，载《中国金属通报》2009 年第 5 期。

13. 陈历幸、徐澜波："产业布局法若干基本问题研究"，载《南京社会科学》2009 年第 11 期。

14. 陈剩勇："中国政府的宏观调控为什么失灵——以 1996 年以来中国钢铁产业的宏观调控为例"，载《学术界》2013 年第 4 期。

15. 崔小爱、吴云波："钢铁产业政策导向及在环评中应注意的问题"，载《环境科学与管理》2011 年第 11 期。

16. 荻原充著，秦胜译，吴健熙校："国民政府的钢铁产业政策"，载《史林》1992 年第 2 期。

17. 单尚华、王小明："中国需要多少钢要由市场决定"，载《宏观经济究》2003 年第 12 期。

18. 丁皓："当前我国钢铁工业面临的问题及对策"，载《经济论坛》2004 年第 18 期。

19. 单尚华、张壮志、关克正："钢铁工业优化结构正当时"，载《冶金经济与管理》2006 年第 1 期。

20. 单尚华、王小明："产业结构调整为何困难重重"，载《冶金经济与管理》2007 年第 1 期。

21. 窦斌："日韩钢铁行业节能政策及启示"，载《当代经济》

2007 年第 8 期。

22. 杜立辉、佘元冠："战后日本钢铁工业的发展特点及启示"，载《经济纵横》2007 年第 10 期。

23. 邓菁："从宝钢集团面临的困境管窥中国钢铁行业现状"，载《黑龙江对外经贸》2010 年第 3 期。

24. 段新虎："日本钢铁行业节能减排经验及启示"，载《节能与环保》2009 年第 2 期。

25. 董明树："钢铁产业节能降耗任重道远"，载《现代商业》2013 年第 9 期。

26. 冯果、辛易龙："论我国产业政策与反垄断法的时代调和"，载《武汉理工大学学报》（社会科学版）2009 年第 8 期。

27. 冯辉："产业法和竞争法的冲突与协调"，载《社会科学家》2010 年第 12 期。

28. 国家统计局课题组："重复建设、盲目建设的成因及对策（上）"，载《中国统计》2005 年第 2 期。

29. 国家统计局课题组："重复建设、盲目建设的成因及对策（下）"，载《中国统计》2005 年第 3 期。

30. 耿嘉川、周晓曼："中国钢铁产业竞争力评析——兼评《钢铁产业发展政策》"，载《福建论坛·人文社会科学版》2008 年第 6 期。

31. 郭薇、秦浩："行业协会参与市场治理的内生障碍、外部条件及动力路径分析"，载《前沿》2012 年第 12 期。

32. 郭振中、王凯艳："中国钢铁产业技术政策的演进特征解析"，载《材料与冶金学报》2012 年第 2 期。

33. 郭薇、秦浩："行业协会与政府合作治理市场的可能性及限度"，载《东北大学学报》（社会科学版）2013 年第 1 期。

34. 胡金林、王长征："论转轨时期的市场缺失与政府越位"，载

《江汉论坛》1998 年第 8 期。

35. 侯海英："倾销与反倾销缘何在钢铁产业中盛行：美国钢铁产业案例研究"，载《世界经济研究》2004 年第 3 期。

36. 黄洪斌："对中国钢铁产业集中度的分析"，载《中国经贸导刊》2005 年第 1 期。

37. 贺振华："寻租、过度投资与地方保护"，载《南开经济研究》2006 年第 2 期。

38. 何丹、张孟："我国钢铁工业发展研究"，载《中国经贸导刊》2010 年第 13 期。

39. 何维达、何丹、张孟："我国钢铁产业发展态势分析及对策——基于'十二五'钢铁产业政策研究"，载《价格理论与实践》2010 年第 7 期。

40. 郝雅琦、戴淑芬："'十二五'期间我国钢铁工业铁矿石供给保障问题研究"，载《冶金经济与管理》2011 年第 1 期。

41. 黄文："供需矛盾有所缓解边际成本支撑价格——2012 年铁矿石市场分析"，载《冶金管理》2012 年第 3 期。

42. 胡辉华、段珍雁："论我国行业协会自律职能失效的根源"，载《暨南学报》（哲学社会科学版）2012 年第 7 期。

43. 侯梦薇、杨丹丹："我国钢铁企业境外铁矿石资源直接投资的风险防范"，载《东方企业文化》2013 年第 4 期。

44. 江飞涛、曹建海："市场失灵还是体制扭曲——重复建设形成机理研究中的争论、缺陷与新进展"，载《中国工业经济》2009 年第 1 期。

45. 江飞涛、陈伟刚、黄健柏、焦国华："投资规制政策的缺陷与不良效应"，载《中国工业经济》2007 年第 6 期。

46. 蒋冬梅、闫翠翠："论产业结构法的生态化构建路径"，载《学术论坛》2011 年第 11 期。

47. 蒋荷新、贾琼玲："取消出口退税对钢铁产品出口贸易的影响——以中韩贸易为例"，载《国际商务研究》2013 年第 1 期。

48. 荆竹翠、李孟刚、王冲："我国钢铁产业安全状况的评估与应对策略"，载《经济纵横》2012 年第 12 期。

49. 吕忠梅："产业结构调节法再探"，载《中南政法学院学报》1996 年第 6 期。

50. 李国平："日本钢铁工业发展与空间格局演化的机制研究"，载《地理研究》1999 年第 3 期。

51. 林毅夫、刘志强："中国的财政分权与经济增长"，载《北京大学学报》（哲学社会科学版）2000 年第 4 期。

52. 刘文华、张雪楳："论产业法的地位"，载《法学论坛》2001 年第 6 期。

53. 李鹏："中国钢铁工业国际竞争力分析"，载《经济纵横》2002 年第 11 期。

54. 林民书、林枫："经济全球化条件下中国的竞争政策与产业政策的选择"，载《东南学术》2002 年第 4 期。

55. 聂元贞、章文光："美国钢铁贸易保护争端及其对世界经济贸易的影响"，载《国际贸易探索》2003 年第 1 期。

56. 刘静海、朱小萍："日本钢铁工业的战略调整"，载《财经界》2000 年第 11 期。

57. 李军杰、钟君："中国地方政府经济行为分析——基于公共选择视角"，载《中国工业经济》2004 年第 4 期。

58. 卢炯星："论宏观经济法中产业调节法理论及体系的完善"，载《政法论坛》2004 年第 1 期。

59. 刘玉、焦兰英："论我国钢铁工业集中度"，载《钢铁》2004 年第 12 期。

60. 陆满平："钢铁行业究竟出了什么问题"，载《上海国资》

2004 年第 10 期。

61. 李新创："认真贯彻产业政策全面提高钢铁行业竞争力"，载《中国钢铁业》2005 年第 10 期。

62. 廖隆国、陆岩、马续香："国外主要产钢国的钢铁产业政策"，载《冶金管理》2005 年第 9 期。

63. 卢满生："政府主导型并购重组的形成机制分析"，载《企业经济》2005 年第 5 期。

64. 李景云："钢铁工业发展循环经济的对策"，载《循环经济》2005 年第 5 期。

65. 李军杰、周卫峰："基于政府间竞争的地方政府经济行为分析——以'铁本事件'为例"，载《经济社会体制比较》2005 年第 1 期。

66. 李昌麒："政府干预市场的边界——以和谐产业发展的法治要求为例"，载《政治与法律》2006 年第 4 期。

67. 刘国慧、詹凤荣："关于钢铁企业兼并与重组的思考"，载《河北企业》2006 年第 5 期。

68. 刘望辉："重组并购：提高中国钢铁工业竞争力的根本途径"，载《当代经理人》2006 年第 3 期。

69. 李景云："钢铁企业并购重组整合的选择与思考"，载《宏观冶金》2006 年第 5 期。

70. 刘西顺："产能过剩、企业共生与信贷配给"，载《金融研究》2006 年第 3 期。

71. 李拥军、高学东、刘玉："中国成为钢铁强国所涉及的支撑性要素"，载《宏观经济研究》2007 年第 5 期。

72. 吕铁、周维富："美国钢铁工业的调整与改造及对中国的启示"，载《中国社会科学院院报》2007 年第 10 期。

73. 李新创："加快钢铁结构调整实现可持续发展"，载《冶金管理》2008 年第 6 期。

74. 李拥军、武森："中国钢铁产业集中度相关产业环境的解析"，载《冶金管理》2008 年第 8 期。

75. 李拥军、高学东："对日本战后四十年钢铁产业政策的分析"，载《中国钢铁业》2008 年第 10 期。

76. 梁东黎："转轨期企业落后产能的淘汰机制研究"，载《江海学刊》2008 年第 5 期。

77. 李拥军："对中国钢铁产业国际竞争力的剖析"，载《中国钢铁业》2007 年第 8 期。

78. 李拥军、仲海洋："中国钢铁产业集中度的政策性因素分析"，载《冶金经济与管理》2008 年第 4 期。

79. 李拥军："2007 年中国钢铁产业集中度指标分析"，载《冶金管理》2008 年第 6 期。

80. 李拥军："对中国钢铁工业深化产业发展的认识"，载《冶金经济与管理》2009 年第 6 期。

81. 李拥军："中国钢铁产业组织结构状况分析"，载《中国钢铁业》2009 年第 5 期。

82. 李博、靳取："我国钢铁产业国际竞争力的 SWOT 分析"，载《北方经济》2009 年第 2 期。

83. 李拥军："日本钢铁联盟管理体制研究"，载《冶金经济与管理》2010 年第 5 期。

84. 林春山、白龙："中国钢铁长期需求：影响因素与政策选择"，载《经济管理》2010 年第 1 期。

85. 刘军、王腊芳、谢锐："中国钢铁产业国际竞争力对比研究——基于钢铁产业链的视角"，载《湖南大学学报》（社会科学版）2011 年第 2 期。

86. 李拥军："关于钢铁企业重组中政府导向作用的分析"，载《中国钢铁业》2011 年第 8 期。

87. 李永周、覃艳平、谭园："我国钢铁产业集中度对能源消耗影响的实证研究"，载《工业技术经济》2011年第10期。

88. 吕阳、杨云超："我国钢铁工业发展低碳经济的路径与政策研究"，载《财政经济》2011年第10期。

89. 刘军、谢锐、王腊芳："中国钢铁产业链各环节附加值的国际比较"，载《财经理论与实践》2011年第2期。

90. 李岭："应对当前我国钢铁工业产业安全问题的创新路径研究'，载《冶金经济与管理》2013年第2期。

91. 马敬华："我国企业并购：由政府主导型向市场主导型的转变"，载《理论学习》2003年第6期。

92. 孟雁北："反垄断法视野中的行业协会"，载《云南大学学报》（法学版）2004年第3期。

93. 孟雁北："产业政策与反垄断法的冲突与协调"，载《社会科学研究》2005年第2期。

94. 马玲、胡朝阳："创新型国家与产业技术政策法治化"，载《科技与经济》2007年第5期。

95. 毛艳丽、周文涛、陈妍："巴西钢铁行业的现状与发展"，载《冶金丛刊》2008年第8期。

96. 倪献娟、曾节胜："从进出口看钢铁行业的喜与忧"，载《中国钢铁业》2010年第3期。

97. 欧阳小缨："辩证地看待钢铁行业的集中度"，载《钢铁》2004年第12期。

98. 潘小娟："中央与地方关系的若干思考"，载《政治学研究》1997年第3期。

99. 潘红波、夏新平、余明桂："政府干预、政治关联与地方国有企业并购"，载《经济研究》2008年第4期。

100. 裴安遥："美国次贷危机给快速发展的中国钢铁工业的警

醒",载《冶金管理》2008年第9期。

101. 潘贻芳、门峰:"加快淘汰钢铁工业落后产能的研究",载《钢铁》2009年第3期。

102. 钱津:"中国企业并购中的地方政府行为",载《中南财经大学学报》1996年第2期。

103. 齐虹丽:"产业政策与竞争政策的关系——中国入世后面临的挑战与日本的经验",载《经济科学》2003年第3期。

104. 钱津:"钢铁产业发展与中国工业化",载《经济纵横》2007年第6期。

105. 漆多俊:"中国经济法理论之创新与应用——30年回顾与启示",载《法学评论》2009年第4期。

106. 戚向东:"2009年我国钢铁行业发展关注的问题与思考",载《冶金财会》2008年第12期。

107. 任敏:"政府行为与博弈",载《武汉大学学报》(社会科学版)2005年第5期。

108. 孙宝瑾:"我国钢铁工业为什么会长期徘徊",载《江汉论坛》1980年第4期。

109. 孙皆豹:"对产业规划问题的探讨",载《商业研究》2003年第14期。

110. 沈正、胡波:"反垄断法对竞争政策与产业政策的协调",载《合作经济与科技》2005年第3期。

111. 索贵彬、王延增:"基于自主创新和绿色制造的我国钢铁工业发展策略研究",载《科学管理研究》2008年第4期。

112. 宋彪:"论产业政策的法律效力与形式——兼评可再生能源政策",载《社会科学研究》2008年第6期。

113. 宋彪:"我国省际经济合作决策制度研究",载《财经问题研究》2009年第4期。

114. 史际春、陈岳琴："论从市民社会和民商法到经济国家和经济法的时代跨越"，载《首都师范大学学报》（社会科学版）2001年第5期。

115. 史际春："新发展观与经济法治新发展"，载《法学家》2004年第1期。

116. 史际春、肖竹："《反垄断法》与行业立法、反垄断机构与行业监管机构的关系之比较研究及立法建议"，载《政法论丛》2005年第4期。

117. 史际春、杨子蛟："反垄断法适用除外制度的理论和实践依据"，载《学海》2006年第1期。

118. 史际春："论规划的法治化"，载《兰州大学学报》（社会科学版）2006年第4期。

119. 史际春、冯辉：" '问责制'研究——兼论问责制在中国经济法中的地位"，载《政治与法律》2009年第1期。

120. 孙晋、王菁、翟孟："经济转轨三十年：中国经济法学的嬗变与新生——以'国家调节理论'为主要考察视角"，载《中南大学学报》（社会科学版）2010年第2期。

121. 史际春："论地方政府在经济和社会发展中的权与责"，载《广东社会科学》2011年第4期。

122. 陶莉、田银华："论我国企业并购中政府行为的诺斯悖论"，载《湖南工程学院学报》2003年第13期。

123. 谭金可："产业结构调节法生态化变革探析"，载《现代经济探讨》2010年第8期。

124. 唐兴春："国外钢铁产业政策及其对我国的启示"，载《科技信息》2013年第9期。

125. 田国强："中国经济发展中的深层次问题"，载《学术月刊》2011年第3期。

126. 王振海："美国钢铁工业的改造和复苏"，载《冶金管理》1996 年第 5 期。

127. 魏建新："国际上保护钢铁企业的做法及其对我国企业的启示"，载《冶金经济与管理》2002 年第 2 期。

128. 王健："产业政策法若干问题研究"，载《法律科学》2002 年第 1 期。

129. 王先林："产业政策法初论"，载《中国法学》2003 年第 3 期。

130. 吴宏伟："我国反垄断法与产业政策、竞争政策目标"，载《法学杂志》2005 年第 2 期。

131. 王熙、闫卫东："美国钢铁生产消费及对我国的启示"，载《国土资源情报》2005 年第 6 期。

132. 吴印玲、沈化森："浅析我国钢铁产业组织结构"，载《中国冶金》2004 年第 10 期。

133. 王骏、杨波、余子鹏："中国铁矿石供需战略分析"，《经济学家》2005 年第 4 期。

134. 万崛："市场集中度和我国钢铁产能过剩"，载《宏观经济管理》2006 年第 9 期。

135. 吴溪淳："中国钢材市场发展趋势及对铁矿石市场的影响"，载《金属矿山》2006 年第 9 期。

136. 王泰昌、迟京东："我国钢铁工业节能降耗现状分析与措施建议"，载《冶金管理》2007 年第 3 期。

137. 王忠诚："钢铁推进结构调整和联合重组"，载《中国投资》2007 年第 1 期。

138. 王晓晔："我国反垄断立法的宗旨"，载《华东政法大学学报》2008 年第 2 期。

139. 王琼："日本钢铁产业政策对我国的启示"，载《中小企业管理与科技》2009 年第 1 期。

140. 王利月、张丙宣："企业重组、政府作用与市场秩序——对近年来国内几个钢企并购案的分析"，载《浙江大学学报》2010 年第 9 期。

141. 王立国、张日旭："财政分权背景下的产能过剩问题研究——基于钢铁行业的实证分析"，载《财经问题研究》2010 年第 12 期。

142. 王先林、丁国峰："反垄断法实施中对竞争政策与产业政策的协调"，载《法学》2010 年第 9 期。

143. 王勇："对中国钢铁产业政策有效性的实证分析"，载《山西社会主义学院学报》2010 年第 1 期。

144. 万学军、何维达："中国钢铁产业政策有效的影响因素分析"，载《经济问题探索》2010 年第 8 期。

145. 王建军："政府在钢铁产业整合中的主导作用"，载《产业经济》2011 年第 2 期。

146. 王建军："世界钢铁产业整合的历程及其对我国的启示"，载《创新》2011 年第 1 期。

147. 王晴："我国钢铁行业的市场结构分析"，载《中国外资》2011 年第 10 期。

148. 吴溪淳："对钢铁业当前困境的思考"，载《冶金经济与管理》2012 年第 5 期。

149. 王小明："加速转型升级实现科学发展"，载《钢铁规划研究》2013 年第 1 期。

150. 王兴艳、袁开洪："国外特钢产业发展对我国的启示"，载《冶金经济与管理》2013 年第 2 期。

151. 王海峰："基于生态产业链协同的钢铁集成创新网络研究"，载《重庆科技学院学报》（社会科学版）2012 年第 24 期。

152. 徐二明、高怀："中国钢铁企业竞争力评价及其动态演变规律分析",载《中国工业经济》2004 年第 11 期。

153. 谢锐、赖明勇、刘冠宇等:"基于产业链视角的中国钢铁产业国际竞争力研究",载《湖南大学学报》2011 年第 8 期。

154. 徐康宁、韩剑:"中国钢铁产业的集中度、布局与结构优化研究——兼评 2005 年钢铁产业发展政策",载《中国工业经济》2006 年第 2 期。

155. 徐匡迪:"低碳经济与钢铁工业",载《钢铁》2010 年第 3 期。

156. 徐孟洲:"论经济社会发展规划与规划法制建设",载《法学家》2012 年第 2 期。

157. 闫旭骞:"我国钢铁业的国际竞争力分析",载《工业技术经济》2003 年第 4 期。

158. 杨俊琴:"经济全球化与我国产业立法",载《山西财经大学学报》2004 年第 2 期。

159. 殷瑞钰:"中国需要绿色化钢铁业",载《科技和产业》2004 年第 7 期。

160. 殷瑞钰:"中国钢铁工业的回顾与展望",载《鞍钢技术》2004 年第 4 期。

161. 杨正林:"中国钢铁产业集中度的影响因素研究",载《当代经理人》2006 年第 1 期。

162. 冶金工业经济发展研究中心课题组:"提高我国钢铁产业集中度研究",载《冶金管理》2006 年第 4 期。

163. 于凯、黄涛:"全球钢铁工业纵览",载《冶金信息导刊》2008 年第 2 期。

164. 杨宝峰、徐卫、张士宝等:"钢铁产业重在结构调整",载《资本市场》2009 年第 3 期。

165. 冶金工业规划研究院:"钢铁企业要积极应对低碳经济的挑

战"，载《中国钢铁业》2010 年第 5 期。

166. 杨捷、邱迪："中国钢铁企业海外矿产资源并购影响因素及策略"，载《冶金经济与管理》2010 年第 6 期。

167. 杨紫烜："对产业政策和产业法的若干理论的认识"，载《法学》2010 年第 9 期。

168. 叶卫平："产业结构调整的反垄断法思考"》，载《法商研究》2010 年第 11 期。

169. 杨婷："国外钢铁工业低碳技术发展与我国减排 CO_2 策略"，载《中国钢铁业》2011 年第 8 期。

170. 杨化邦："中国钢铁产业安全关键要素分析"，载《中国管理信息化》2011 年第 2 期。

171. 于海涛："我国钢铁产业发展循环经济的竞争力分析和对策"，载《兰州学刊》2012 年第 2 期。

172. 张延军、张学军："日本的产业调整援助政策及其对我国的启示"，载《改革与战略》1996 年第 1 期。

173. 张信传："中国钢铁工业优化结构的历史回顾"，载《冶金管理》1999 年第 9 期。

174. 张文魁："对我国产业重组问题的思考"，载《管理世界》2000 年第 2 期。

175. 张通、周宁："韩国钢铁工业国际竞争力述评"，载《南方金属》2001 年第 6 期。

176. 臧旭恒、裴春霞："中国产业组织结构分析及展望"，载《财经研究》2001 年第 2 期。

177. 张爱华："中国钢铁工业集中度比较分析"，载《冶金经济与管理》2005 年第 2 期。

178. 张新："并购重组是否创造价值"，载《经济研究》2003 年第 6 期。

179. 张维迎、周黎安、顾全林："经济转型中的企业退出机制"，载《经济研究》2003年第10期。

180. 祝年贵："利用外资与中国产业安全"，载《财经科学》2003年第5期。

181. 周江："对产业重组中政府作用的认识"，载《云南社会科学》2004年第1期。

182. 周黎安："晋升博弈中政府官员的激励与合作——兼论我国地方保护主义和重复建设问题长期存在的原因"，载《经济研究》2004年第6期。

183. 赵立新、梁开银："论构建我国产业安全法律保障体系"，载《湖北社会科学》2004年第12期。

184. 赵立新："产业法的地位研究"，载《江汉大学学报》2004年第3期。

185. 周维富："我国钢铁工业布局与结构现状、问题及对策"，载《中国经贸导刊》2005年第1期。

186. 张爱华："中国钢铁工业集中度比较分析"，载《冶金经济与管理》2005年第2期。

187. 张晓玉："行业协会的自治与转型"，载《瞭望》2005年第41期。

188. 朱淑枝、周泳宏："近50年来我国产业组织形态的变迁——基于产权变革的分析"，载《学术研究》2005年第8期。

189. 郑敏："美国的两起保障措施案例研究与运用启示"，载《科教文汇》2006年第9期。

190. 郑建明、孙娜、何为："铁矿石供求格局、中国的市场地位与博弈策略"，载《宏观经济研究》2006年第8期。

191. 郑东："迎接钢铁并购整合时代的到来"，载《冶金管理》2006年第4期。

192. 张亚东："外资参股并购行为对我国钢铁业的影响"，载《冶金管理》2006 年第 3 期。

193. 张勇："论扩大开放与维护产业安全的协调机制——《中国产业安全法》立法研究"，载《国际贸易》2007 年第 8 期。

194. 张冉："我国行业协会管理体制弊端、实践创新及变革趋势"，载《昆明理工大学学报》（社会科学版）2007 年第 4 期。

195. 周黎安："中国地方官员的晋升锦标赛模式研究"，载《经济研究》2007 年第 7 期。

196. 张寿荣："钢铁工业的发展趋势与我国钢铁工业 21 世纪应对挑战的策略"，载《宏观经济研究》2007 年第 2 期。

197. 中国钢铁工业协会："'十一五'中国钢铁企业信息化发展建议"，载《冶金自动化》2007 年第 2 期。

198. 周劲："产能过剩的概念、判断指标及其在部分行业测算中的应用"，载《宏观经济研究》2007 年第 9 期。

199. 曾培炎："淘汰落后产能推进节能减排，促进钢铁工业增长方式根本转变"，载《宏观经济管理》2007 年第 6 期。

200. 赵丽红："巴西钢铁业的竞争力研究"，载《拉丁美洲研究》2008 年第 3 期。

201. 朱娅琼："钢铁振兴规划能否标本兼治"，载《中国投资》2009 年第 2 期。

202. 张新海："产能过剩的定量测度与分类治理"，载《宏观经济管理》2010 年第 1 期。

203. 中国钢铁工业协会中外行业协会管理体制研究课题组："借鉴日本行业协会经验完善我国行业协会建设"，载《中国钢铁业》2010 年第 10 期。

204. 张守文："'双重调整'的经济法思考"，载《法学杂志》2011 年第 1 期。

205. 赵玉、江游："产业政策法基础理论问题探析"，载《天府新论》2012 年第 6 期。

206. 张士元："完善产业政策法律制度应注意的几个问题"，载《法学》2010 年第 9 期。

207. 周维富："'十二五'时期我国钢铁工业结构调整政策导向分析"，载《中国经贸导刊》2011 年第 7 期。

二、外文中译文献

1. ［美］A. 米切尔·波林斯基著，郑戈译：《法和经济学导论》（第三版），法律出版社 2009 年版。

2. ［英］安东尼·奥格斯著，骆梅英译：《规制：法律形式与经济学理论》，中国人民大学出版社 2008 年版。

3. ［美］布罗克主编，罗宇等译：《美国产业结构》（第十二版），中国人民大学出版社 2011 年版。

4. ［英］迪肯著，刘卫东等译：《全球性转变——重塑 21 世纪的全球经济地图》，商务印书馆 2008 年版。

5. ［美］戴维·格伯尔著，陈若鸿译：《全球竞争：法律、市场和全球化》，中国法制出版社 2012 年版。

6. ［美］E. 博登海默著，邓正来译：《法理学：法律哲学与法律方法》，中国政法大学出版社 2004 年版。

7. ［美］F. M. 谢勒著，张东辉等译：《产业结构、战略与公共政策》，经济科学出版社 2010 年版。

8. ［英］弗里德里希·冯·哈耶克著，邓正来等译：《法律、立法与自由》（第一卷），中国大百科全书出版社 2000 年版。

9. ［英］弗里德利希·冯·哈耶克著，邓正来等译：《法律、立法与自由》（第二、三卷），中国大百科全书出版社 2000 年版。

10. ［德］弗里德里希·冯·萨维尼著，许章润译：《论立法与法学的当代使命》，中国法制出版社 2001 年版。

11. ［德］哈贝马斯著，童世骏译：《在事实和规范之间》，三联书店 2003 年版。

12. ［美］科斯、阿尔钦、诺斯等著，刘守英等译：《财产权利与制度变迁——产权学派与新制度学派译文集》，上海人民出版社 2004 年版。

13. ［美］理查德·A. 波斯纳著，蒋兆康译：《法律的经济分析》（上卷、下卷），中国大百科全书出版社 1997 年版。

14. ［美］理查德·A. 波斯纳著，武欣、凌斌译：《法律理论的前沿》，中国政法大学 2003 年版。

15. ［美］罗斯科·庞德著，沈宗灵译：《通过法律的社会控制》，商务印书馆 2010 年版。

16. ［德］马克斯·韦伯著，林荣远译：《经济与社会》（上卷、下卷），商务印书馆 1997 年版。

17. ［德］马克斯·韦伯著，张乃根译：《论经济与社会中的法律》，中国大百科全书出版社 1998 年版。

18. ［德］马克斯·韦伯著，康乐、简惠美译：《法律社会学》，广西师范大学出版社 2005 年版。

19. 美国律师协会反垄断分会编，孟雁北、李然译：《企业合营——竞争者之间合作行为的反垄断分析》，北京大学出版社 2011 年版。

20. 美国律师协会反垄断分会编，［美］威廉·R. 维格多主编，郝倩等译：《企业并前的协同：关于抢先合并与信息交换的新规则》，北京大学出版社 2011 年版。

21. ［美］曼昆著，卢远瞩译：《宏观经济学》（第 7 版），中国人民大学出版社 2011 年版。

22. ［美］斯蒂文·萨维尔著，柯华庆译：《法律的经济分析》，中国政法大学出版社 2009 年版。

23. ［美］詹姆斯·马奇等著，童根兴译：《规则的动态演变》，上海人民出版社 2005 年版。

24. ［美］乌戈·马太著，沈宗灵译：《比较法律经济学》，北京大学出版社 2005 年版。

25. ［美］约翰逊著，金毅、许鸿艳、唐吉洪译：《通产省与日本奇迹——产业政策的成长（1925—1975）》，吉林出版集团有限责任公司 2010 年版。

26. ［美］麦加恩著，孙选中等译：《产业演变与企业战略：实现并保持佳绩的原则》，商务印书馆 2007 年版。

三、外文文献

1. Acs, Zoltan J, Audretsch, David B. Small – firm Entry in US Manufacturing. Economica, 1989, (56) 255 – 265.

2. Anthony P. D Costa . Overcoming Structural Barriers: Steel Industries inBrazil, India and Korea. Economic and Political Weekly , Vol. 34, No. 9, 1999, 2 – 16.

3. Alwyn Young. The Tyranny of Numbers: Confronting the Statistical Realities of the East Asian Growth Experience. Quarterly Journal of Economics, 1995, (11), 641 – 680.

4. Amit Chatterjee. Transition of the Indian steel industry into the twenty – first century. Ironmaking and Steelmaking, 2009, Vol. 36, No. 7, 491 – 499.

5. Antoine Faure – Grimaud, Jean – Jacques, Laffont and David Martimort. Collusion Delegation and Supervision with Soft Information. Review of Economic Studies, 2003, (7): 253 – 279.

6. Amit Chatterjee. Transition of the Indian steel industry into the twenty – first Century. Iron and Steel making, 2009 (7): 207 ~ 209.

7. Brozen Y. The antitrust task force deconcentration recommenda-

tion. Journal of Law and Economics, 1970, 13: 279 – 292.

8. Aumol, William J. Contestable Markets: An Uprising In the Theory of Industry Structure. American Economic Review, 1982 (3), pp. 1 – 15.

9. BRANDER J A, B J SPENCER. Trade warfare: tariffs and cartels. Journal of International Economics, 1984, 16: 227 – 242.

10. Barn, B. Jay. Firm Resources and Sustained Competitive Advantage. Journal of Management, 1991, (1) . 8 – 15.

11. Crompton, Paul. Future Trends in Japanese Steel Industry. Resource Policy, 2005, (26) . 90 – 93.

12. Chen, Dongling, Clements. Kenneth W. Roberts, E. John and Weber, E, Juerg. Forecasting steel demand in China. Resources Policy, Vol. 17, No. 3 (Sep. 1991), pp. 196 – 210.

13. Demsetz, H. Industry Structure. Market Rivalry and Public Policy. Journal of Law and Economics, 1973, Vol. 16: 1 – 10.

14. Denison. Some Major Issues in Productivity Analysis: An Examination of theEstimates by Jorgenson and Griliches. Survey of Current Business, 1972, 1 – 27.

15. David Gilbert: Mergers. Diversification and the Theories of the Firm. The Journal of Finance. Vol. 28, No. 1. Mar. 1973, pp. 217 – 218.

16. Demsetz, Harold. Industry Structure, Market R rivalry, and Public Policy. Journal of Law&Economics, 1973, 16 (1), pp. 1 – 9.

17. Dale W. Jorgenson and Mieko Nishimizu. U. S. and Japanese Economic Growth, 1952 – 1974: An International Comparison. The Economic Journal, Vol. 88, No. 352 (Dec. , 1978), pp. 707 – 726.

18. Demsetz, H. Industry Structure, Market Rivalry and Public Policy. Journal of Law and Economics, 1973, Vol. 16: 1 – 10.

19. Douglas W. Caves, Laurits R. Christensen and W. Erwin Diew-

ert. The Economic Theory of Index Numbers and the Measurement of Input, Output, and Productivity. Econometrica, Vol. 50, No. 6 (Nov. , 1982), pp. 1393 – 1414.

20. Edwards, John Richard. Costing, Pricing and Politics in the British Steel Industry, 1918 – 1967. Management Accounting Research, 2003, (14): 56 – 59.

21. Fagerberg Jan. echnological Progress, Structural change and Productivity Grouth: a Comparative Study. Structural Change and Economic Dynamics, 2000, vol 11: 393 – 411.

22. G. C. Loury. Market Structure and Innovation. Quarterly Journal of Economics, 1979, Vol. 93: 395 – 410.

23. Gary H. Jefferson, Thomas G. Rawski and Yuxin Zheng. Growth, Efficiency, and Convergence in China's State and Collective Industry. Economic Development and Cultural Change, Vol. 40, No. 2 (Jan. , 1992), pp. 239 – 266.

24. Gregory C. Chow. Capital Formation and Economic Growth in China. The Quarterly Journal of Economics, Vol. 108, No. 3 (Aug. , 1993), pp. 809 – 842.

25. G. L. Mullin, J. C. Mullin, and W. P. Mullin. The Competitive Effects of Mergers: Stock Market Evidence from the U. S. Steel Dissolution Suit. Rand Journal of Economics, 1995, Vol. 26 : 314 – 330.

26. Hiroshi Ohashi. Learning by doing, export subsidies, and industry growth: Japanese steel in the 1950s and 1960s. Journal of international economics, 2005, pp. 297 – 323.

27. Hsueh – Liang Wu. Behavior, Performance and Policy Effectiveness: Lessonsfrom Taiwan's Steel Industry. Journal of the Asia Pacific Economy, May 2007, Vol. 12 Issue 2, pp. 90 – 91.

28. Jeong, Kap – Young, Masson, Robert T. Market Structure, Entry and Performance. Review of Economics & Statistics, 1990（72）: 455 –459.

29. Jean Jacques, Laffont, David Martimort. Collusion under asymmetric information. Econometrica, 1997, 7（4）: 875 –911.

30. Jin long Ma David G. Evans Robert. Technical efficieny and productivity change of China's iron and steel industry. Int J Production Economics, 76, 2002, 293 –312.

31. Junichiro; Akimoto, Keigo; Sano, Fuminori; Tomoda, Toshimasa. Diffusion of energy efficient technologies and emission reductions in iron and steel sector. Energy Economics, Jul 2007, Vol. 29 Issue . pp. 45 –47.

32. Kalirajan, K. P. , Cao Y. Can Chinese state – enterprises perform like market entities Productive efficiency in the Chinese steel industr. Applied Economics, 1993, Vo25: 1071 –1080.

33. Krtlgman, P. andA. Venables. Globalization and the Inequality of Nations. Quarterly Journal of Eeonomics, 1995, 110: 857 –880.

34. K. P. Kalirajan. Frontier production functions and technical efficiency measures. Journal of Economic surveys, Vol. 13. No. 2. 1999, 149 –172.

35. Karagiannis Giannis, Mergos George J. Total Factor Productivity Growth and technical change in a Profit Function Framework. Journal of Productivity Analysis, 2000, vol14: 31 –51.

36. Kumbhakar S. C. Estimation and Decomposition of Productivity Change when Productivity Measurement: A Comparison among Altenative Models Scandinavian. Journal of Economics, 1999, Vol101: 405 –424.

37. Laffont, J – J and D. Martimort. Mechanism design with collusion and correlation. Econometrica, 2000（68）: 309 –342.

38. Lay, Tzyy – Jane. The Determinants of and Interaction between Entry and Exit in Taiwan's Manufacturing. Small Business Economics, 2003

(20): 319 – 334.

39. Lee, Myunghun: Environmental regulation and production structure for the iron and steel industry. Resource & Energy Economics, Jan 2008, Vol. 30 Issue 1, pp. 1 – 11.

40. Martin P, C. A. Rogers. Industrial Location and Public Infrastructure. Journal of International Eeonomies, 1995, 39 (3): 335 – 351.

41. Montinola, G. , Y. Qian, and B. R. Weingast. Federalism, Chinese Style: The Political Basis for Economic Success in China. WorldPolitics. 1995, 48 (1): 50 – 61.

42. Marvin B. Lieberman Douglas R. Johnson. Comparative productivity of Japanese and U. S. 1958 – 1993. Japan and the World Economy, 11, 1999, pp. 1 – 27.

43. Movshuk Oleksandr. Restructuring, productivity and technical efficiency in China's iron and steel industry 1988 – 2000. Journal of Asian Economics, 15, 2004, pp. 135 – 151.

44. Norgate, T. E. ; Jahanshahi, S; Rankin, W. J. Assessing the environmental impact of metal production processes. Journal of Cleaner Production, May 2007, Vol. 15 Issue 8/9, pp. 838 – 848.

45. Nakamura, Ohashi. effects of Technology Adopt iron Productivity and Industry Growth. The Journal of industrial Economics, 2008 (3): 470 – 499.

46. Orr, Dale. : The determinants of entry. a study of the Canadian manufacturing industry. Review of Economics & Statistics, 1974 (56): 58 – 66.

47. O' Brien, Patricia A. Industry Structures as Competitive Advantage: The History of Japan's Post – War Steel Industry. Business History, 1992, 34 (1), pp. 128 – 159.

48. Ohashi, Hiroshi. Learning by Doing, Export Subsidies, and Indus-

try Growth: Japanese Steel in the 1950´and 1960´. Journal of International Economics, 2005, (66): 90 – 97.

49. Porter. M. Clusters and the New Economics of Competition. Harvard Business Review. 1998, 76 (6): 78 – 89.

50. Potter, Andrew; Yang, Biao. A simulation study of despatch bay-performance in the steel processing industry. Lalwani, Chandra. European Journal of Operational Research, Jun 2007, Vol. 179 Issue 2, pp. 567 – 578.

51. Rolf Färe, Shawna Grosskopf, Mary Norris and Zhongyang Zhang. Productivity Growth, Technical Progress, and Efficiency Change in Industrialized Countries. The American Economic Review, Vol. 84, No. 1 (Mar. 1994), pp. 66 – 83.

52. Reppelin – Hill, Valerie. Trade and Environment: An Empirical A-nalysis of the Technology Effect in Steel Industry. Journal of Environmental Economics and Management, 1999, (38): 50 – 57.

53. Robert J . fuller, Donald F. Stewart. technical efficiency and pro-ductivity change of Chinese iron and steel industry. production Economics, 2002 (9): 89 – 94.

54. Susmita, Dasgupta. SteelIndustry: Structural Crisis. Economic and Political Weekly, 2003 (8) pp. 25 – 34.

55. T. Dunne, M. Roberts, and L. Samuelson. Patterns of Firm Entry and Exit in U. S. Manufacturing. Rand Journal of Economics, 1988, Vol. 19: 495 – 515.

56. Tirole, J. Hierarchies and Bureaucracies. on the role of collusion inorganization. Journal of Law, Economics and Organization, 1986 (2): 181 – 214.

57. T. Bresnahan and P. Reiss. Entry and Competition in Concentrated Markets. Journal of Political Economy, 1991, Vol. 99: 977 – 009.

58. Tansey, Michael. Price Control. Trade Protectionism and Political Business Cycles in the U. S. Steel Industry. Journal of Policy Modeling, 2005, (27): 89 - 93.

59. Webb Steven B. tariffs, cartels, technology, and growth in the German steelindustry, 1879 to 1914. The Journalof Economic History, Vol. 40, No. 2, 1980, pp. 309 - 330.

60. Hogan, S. J. The changing shapeofthe Chinese steel industry. New Steel, 1999, 15 (10), pp. 28 - 33.

61. Wu, Yunrui. The Chinese Steel Industry: Recent Development and Prospects. Resource Policy, 2000, (26) : 89 - 97.

62. Woet, Jonathan. Remaking China's giant steel industry. McKinsey Quarterly, 2001 (4), PP. 93 - 102.

63. Wang Ke. scenario analysis on CO2 emissions reduction potential in china's iron and steel industry. Energ Policy, 35, 2007, pp. 2320 - 2335.

64. Y. Cao. The Impact of Partially - Introduced Market Mechanisms on the Efficiency of Chinese Industry : The case of Steel Industry. Economic Systems, 1994, Vol. 18: 335 - 362.

附录一：参考的主要法规、规章和其他规范性文件

名称	文件号
《90 年代国家产业政策纲要》	国发〔1994〕33 号
《关于做好钢铁工业总量控制工作的通知》	国经贸运行〔1999〕29 号
《关于做好 2000 年总量控制工作的通知》	国经贸运行〔1999〕1205 号
《关于下达 2000 年钢铁生产总量控制目标的通知》	国经贸冶金〔1999〕1212 号
《关于制止钢铁电解铝水泥行业盲目投资若干意见的通知》	国办发〔2003〕103 号
《国务院关于投资体制改革的决定》	国发〔2004〕20 号
《国家发展和改革委员会关于钢铁、电解铝、水泥行业项目清理有关意见的通知》	发改工业〔2004〕1791 号
《关于进一步加强产业政策和信贷政策协调配合控制信贷风险有关问题的通知》	发改产业〔2004〕746 号
《国务院办公厅关于江苏铁本钢铁有限公司违法违规建设钢铁项目调查处理情况的通报》	国办发〔2004〕41 号
《钢铁产业发展政策》	国家发改委令〔2005〕35 号
《促进产业结构调整暂行规定》	国发〔2005〕40 号
《关于加快推进产能过剩行业结构调整的通知》	国发〔2006〕11 号）

《关于钢铁工业控制总量淘汰落后加快结构调整的通知》	发改工业〔2006〕1084 号
《国务院办公厅关于加快推进行业协会商会改革和发展的若干意见》	国办发〔2007〕36 号
《钢铁产业调整和振兴规划》	国发〔2009〕6 号
《关于抑制部分行业产能过剩和重复建设引导产业健康发展若干意见的通知》	国发〔2009〕38 号
《关于进一步加强原材料工业管理工作的指导意见》	工信部原〔2009〕294 号
《钢铁行业烧结烟气脱硫实施方案》	工信部节〔2009〕340 号
《国务院关于进一步加强淘汰落后产能工作的通知》	国发〔2010〕7 号
《国务院关于进一步加大工作力度确保实现"十一五"节能减排目标的通知》	国发〔2010〕12 号
《部分工业行业淘汰落后生产工艺装备和产品指导目录》	工产业〔2010〕第 122 号
《关于禁止将落后炼铁高炉转为铸造生铁用途的紧急通知》	工信部原〔2010〕66 号
《国务院办公厅关于进一步加大节能减排力度加快钢铁工业结构调整的若干意见》	国办发〔2010〕34 号
《国务院关于促进企业兼并重组的意见》	国发〔2010〕27 号
《贯彻落实国办关于加大节能减排力度加快钢铁工业结构调整意见的通知》	工信部原〔2010〕381 号
《外商投资产业指导目录（2011 年修订）》	发改委〔2011〕12 号
《关于开展现有钢铁生产企业环境保护核查的通知》	环办〔2010〕128 号

《工业转型升级规划（2011—2015）》	国发〔2011〕47 号
《钢铁工业"十二五"发展规划》	工信部规〔2011〕480 号
《淘汰落后产能中央财政奖励资金管理办法》	财建〔2011〕180 号
《关于印发淘汰落后产能工作考核实施方案的通知》	工信部联产业〔2011〕46 号
《节能减排"十二五"规划》	国发〔2012〕40 号
《钢铁行业生产经营规范条件（2012 年修订）》	工信部公告〔2012〕35
《产业结构调整指导目录（2013 年本）》	发改委〔2013〕21 号
《中西部地区外商投资优势产业目录（2013 年修订）》	发改委、商务部〔2013〕1 号
《国务院关于化解产能严重过剩矛盾的指导意见》	国发〔2013〕41 号

附录二：《中华人民共和国钢铁产业调整法》
（民间建议稿）

目 录

第一章 总 则

第一条 为了加快钢铁产业结构调整，推动产业升级，规范钢铁生产、经营活动，提高我国钢铁产业的国际竞争力，确保产业安全，促进我国钢铁产业健康发展，制定本法。

第二条 在中华人民共和国领域从事钢铁生产、经营活动，适用本法。

第三条 国家对钢铁产业实行加强宏观引导、完善服务、依法规范的方针，为钢铁产业的结构优化创造有利的环境。

第四条 调整钢铁产业发展应当遵循以下原则：

（一）市场主导与政府引导相结合的原则；

（二）统筹规划、协调发展的原则；

（三）合法、合理和高效原则。

第五条　国务院工业和信息化部为钢铁产业发展的主管部门，按照国务院调整钢铁产业发展协调机制的统一部署，依法管理和监督钢铁产业发展调整和振兴工作，为钢铁产业发展振兴工作提供综合协调、指导和服务。

第六条　国务院设钢铁产业政策研究机构，调查研究全国钢铁产业发展振兴的现状与需求，编制钢铁产业发展报告，研究钢铁产业政策，为立法机关和行政机关提供参考意见。

第七条　充分发挥中央和地方两个积极性，建立明确的各级政府责任分工制度；国家将钢铁产业发展纳入国民经济和社会发展规划，制定钢铁产业专项规划，引导形成统一开放、竞争有序的钢铁市场，振兴钢铁产业。

省级地方人民政府根据本纲要的要求，结合本地区实际情况，研究制定具体实施细则。县级以上地方各级人民政府根据全国调整钢铁产业发展的需要，建立钢铁产业发展协调机制，协调解决本行政区域内钢铁产业发展中的重大问题。

第八条　国务院其他各部委在各自的职能范围内做好对钢铁产业发展的服务工作，并协助钢铁产业主管部门做好工作。

第九条　国家权力机关与行政机关在制定钢铁产业发展规划和产业政策时，应当采取多种形式广泛征求社会各界意见。

第十条　钢铁产业行业协会是依照章程自发组织实施自我管理，履行市场协调、行业自律、行业服务与维护行业、企业权益等职能，协助政府做好钢铁产业调整与振兴工作的自律组织。国家大力支持钢铁行业协会，并积极指导其开展工作。

第十一条　管理钢铁产业的各职能部门可以适应社会化管理需要，依法将部分管理职能授权行业协会行使，对其加强监督管理。

第十二条　行业协会建立和完善钢铁市场供求、生产能力、技术经济指标等方面信息定期发布制度和行业预警制度，向政府行政部门及时反映行业动向和提出政策建议，协调行业发展的重大事项，引导钢铁企业的健康发展。

第十三条　国家完善装备、汽车、造船、家电等相关产业发展政策，带动钢铁产品消费和产业升级。鼓励和支持钢铁企业与相关领域用钢企业开展合作，实现产业间的协调发展。

第十四条 国家建立产能利用情况监测和评价制度和钢铁产业信息披露制度，建立部门联合发布信息制度，适时向社会发布相关信息。

第二章 钢铁产业安全

第十五条 加大境外矿产资源合作开发，整合国内铁矿资源开发，规范国内铁矿石市场秩序，建立健全铁矿石资源战略保障体系。

第十六条 加大国内铁矿资源的勘探力度，鼓励大型钢铁企业开展铁矿勘探开发，适度开发利用低品位矿和尾矿，加强对共生矿、伴生矿产资源的研究、开发和综合利用，合理配置与开发国内铁矿资源，增加资源储备。

第十七条 鼓励沿海钢铁企业充分利用区位和运输优势，尽可能利用国外铁矿石资源。

第十八条 支持符合准入条件的重点骨干企业到境外开展资源勘探、开发、技术合作和对外并购。

第十九条 加强境外资产的经营管理，切实防范和化解境外资产风险。

第二十条 完善出口信用保险政策，支持钢铁企业建立境外营销网络，稳定高端产品出口份额。

第二十一条 实施互利共赢的开放战略，提高对外开放水平。控制高能耗高污染钢材产品的出口，鼓励进口先进技术设备和国内短缺资源。

第二十二条 行业协会通过行业协调，加强自律，规范进口铁矿石市场秩序，保持进口铁矿石资源稳定。

第二十三条 充分发挥行业协会的桥梁和纽带作用，支持钢铁企业联合对外谈判，组织用矿企业统一对外谈判，建立新的双赢定价机制。

第二十四条 由钢铁协会会同相关商会协调企业，积极应对国际贸易中的反补贴、反倾销诉讼，维护市场秩序和公平竞争环境。

第二十五条 健全外资并购国内钢铁企业国家安全审查制度，鼓励和规范外资以参股、并购方式参与国内钢铁企业改组改造和兼并重组，维护国家安全。

第二十六条　健全钢铁产业损害预警机制，完善产业安全保障体系。

第三章　钢铁产业结构优化

第二十七条　钢铁产业结构调整坚持坚持市场调节和政府引导相结合原则。充分发挥市场配置资源的基础性作用，加强国家产业政策的合理引导，促进结构调整，淘汰落后产能、优化布局，实现资源优化配置。

第二十八条　以自主创新提升钢铁产业技术水平。建立以企业为主体、市场为导向、产学研相结合的技术创新体系，大力提高原始创新能力、集成创新能力和引进消化吸收再创新能力，提升产业整体技术水平。

第二十九条　优化钢铁产业组织结构，依法开展兼并重组，提高钢铁企业规模经济水平和产业集中度，增强产业的国际竞争力。

第三十条　国家支持具备条件的联合重组的大型钢铁联合企业通过结构调整和产业升级适当扩大生产规模，提高集约化生产度。禁止以兼并重组为名盲目扩张产能和低水平重复建设。

第三十一条　统筹协调，分类指导，促进钢铁企业重组，促进大中小企业协调发展，促进各种所有制企业公平竞争和优胜劣汰，形成结构合理、竞争有效、规范有序的市场格局。

第三十二条　为确保钢铁工业产业升级和实现可持续发展，钢铁工业装备水平和技术经济指标应符合准入条件。

第三十三条　优化钢铁产业布局，统筹协调发展。建设沿海钢铁基地，推进城市钢厂搬迁，引导产业有序转移和集聚发展，减少城市环境污染。

第三十四条　调整钢材品种结构，提高产品质量。提高认证标准，加强政策引导，振兴钢材实物质量达到国际先进水平。

第三十五条　完善落后产能退出机制，严格实行节能减排、淘汰落后问责制。

第三十六条　加大淘汰落后产能的财政奖励力度，支持钢铁企业在淘汰落后产能过程中妥善解决职工安置、企业转产、债务化解等，促进社会和谐稳定。

第四章　钢铁企业生产经营

第三十七条　钢铁企业须具备完备的产品质量管理体系，保持良好的产品质量信用记录，产品质量须达到国家和行业标准要求。

第三十八条　严禁生产《部分工业行业淘汰落后生产工艺装备和产品指导目录》中规定的须淘汰的钢材产品。

第三十九条　钢铁企业须具备健全的环境保护管理体系，配套完备的污染物排放监测和治理设施，按照规定安装自动监控系统并与当地环保部门联网。

第四十条　钢铁企业排污须持有排污许可证，达标排放，其中水和大气污染物排放须符合《钢铁工业水污染物排放标准》（GB13456）、《钢铁工业大气污染物排放标准》等国家和地方标准。

第四十一条　钢铁企业污染物排放总量不得超过环保部门核定的总量控制指标。有单项污染物减排任务的企业，须落实减排措施，达到减排指标要求。

第四十二条　钢铁企业须具备健全的能源管理体系，配备必要的能源计量器具。有条件的钢铁企业应建立能源管理中心。

第四十三条　钢铁企业主要生产工序能源消耗指标须符合有关法律规定。注重资源综合利用，提高各种资源的循环利用率。

第四十四条　钢铁企业的工艺与装备必须达到法定条件。钢铁企业主体工序须配备节能减排设备，其中高炉应配套煤粉喷吹和余压发电装置，高炉、转炉应配套煤气回收装置。焦炉应配套除尘、脱硫、污水生化处理、煤气回收利用以及干熄焦装置。烧结机应配套烟气余热回收及脱硫装置。钢铁企业必须依法淘汰落后的工艺装备。

第四十五条　钢铁企业须具备健全的安全生产和职业卫生管理体系，焦化、氧气及相关气体制备、煤气生产等危险化学品生产单位须取得危险化学品生产企业安全生产许可证。

第四十六条　工业和信息化部定期受理钢铁企业符合生产经营规范条件

的申请。地方企业通过本地区工业主管部门向工业和信息化部申请,中央企业直接向工业和信息化部申请,并抄送省级工业主管部门。

第四十七条 省、自治区、直辖市、计划单列市工业主管部门负责接收本地区钢铁企业符合生产经营规范条件申请和初审,中央企业自审。初审或自审须按规范条件要求对企业的相关情况进行核实,提出初审或自审意见,附企业申请材料报送工业和信息化部。

第四十八条 工业和信息化部对申请企业进行核查,符合规范条件的进行公示,无异议后予以公告。

公告符合生产经营规范的钢铁企业名单,作为相关政策支持的基础性依据。对未列入公告名单的钢铁企业,不给予相关政策支持。

第四十九条 工业和信息化部对公告企业名单进行动态管理。地方各级工业主管部门每年要对本地区企业执行规范条件的情况进行监督检查。工业和信息化部对公告企业进行抽查。鼓励社会各界对公告企业生产经营规范情况进行监督。

公告企业有下列情况的将撤销其公告资格:

(一)填报相关资料有弄虚作假行为的;

(二)拒绝接受监督检查的;

(三)不能保持规范条件的;

(四)未按要求淘汰落后产能的;

(五)发生重大责任事故、造成严重社会影响的。

第五十条 不具备规范条件的企业应按照规范条件要求积极进行整改,整改期满后仍达不到要求的企业应逐步退出钢铁生产行业。

第五十一条 中国钢铁工业协会协助政府有关部门做好规范条件实施工作。中国钢铁工业协会、五矿进出口商会组织钢铁企业做好行业自律、加强协调,使铁矿石资源流向符合规范条件的企业。

第五章 监督检查

第五十二条 钢铁管理部门和有关部门有权依法对钢铁企业进行监督

检查。

第五十三条　钢铁管理部门和有关部门的监督检查人员应当公正廉洁,秉公执法。

第五十四条　钢铁管理部门和有关部门的监督检查人员进行监督检查时,有权向钢铁企业或者用户了解有关执行法律、法规的情况,查阅有关资料,并有权进入现场进行检查。钢铁企业和用户对依法执行监督检查任务的钢铁管理部门和有关部门的监督检查人员应当提供方便。

第五十五条　钢铁管理部门和有关部门的监督检查人员对钢铁企业违反法律、法规的行为,有权要求其依法改正。

第五十六条　钢铁管理部门和有关部门的监督检查人员进行监督检查时,应当出示证件。

第六章　法律责任

第五十七条　对不符合本法规定生产经营条件的钢铁企业予以公告的,由其上级主管机关责令改正,并给予直接负责的主管人员和其他直接责任人员行政处分;构成犯罪的,由司法机关依法追究刑事责任。

第五十八条　钢铁管理部门和有关部门的工作人员玩忽职守、徇私舞弊、滥用职权的,依法给予行政处分;构成犯罪的,由司法机关依法追究刑事责任。

第五十九条　违反本法有关环境保护的规定,由环保部门责令改正,并给予直接负责的主管人员和其他直接责任人员行政处分;构成犯罪的,由司法机关依法追究刑事责任。

第七章　附　　则

第六十条　本法自　年　月　日起施行。

图书在版编目（CIP）数据

中国钢铁产业的法律规制研究/林红珍著．—北京：
中国法制出版社，2015.7
ISBN 978 - 7 - 5093 - 6551 - 9

Ⅰ．①中…　Ⅱ．①林…　Ⅲ．①钢铁工业－工业法－研
究－中国　Ⅳ．①D922.292.4

中国版本图书馆 CIP 数据核字（2015）第 148465 号

策划编辑　唐　鹂　　　　　责任编辑　唐　鹂　　　　　封面设计　杨泽江

中国钢铁产业的法律规制研究
ZHONGGUO GANGTIE CHANYE DE FALÜ GUIZHI YANJIU

著者/林红珍
经销/新华书店
印刷/人民日报印刷厂
开本/880×1230 毫米　32
版次/2016 年 2 月第 1 版
印张/ 9.25　字数/213 千
2016 年 2 月第 1 次印刷

中国法制出版社出版
书号 ISBN 978 - 7 - 5093 - 6551 - 9
定价：38.00 元

北京西单横二条 2 号
邮政编码 100031
网址：http://www.zgfzs.com
市场营销部电话：010 - 66033393
值班电话：010 - 66026508
传真：010 - 66031119
编辑部电话：010 - 66066820
邮购部电话：010 - 66033288

（如有印装质量问题，请与本社编务印务管理部联系调换。电话：010 - 66032926）